葛剑雄写史

中国历史的二十个片断

葛剑雄 著

上海书店出版社
SHANGHAI BOOKSTORE PUBLISHING HOUSE

再版弁言

《葛剑雄写史——中国历史的十六个片断》2007 年由上海书店出版社出版，2015 年由上海人民出版社再版时增加了三篇，书名改为《葛剑雄写史——中国历史的十九个片断》。之所以不改书名，仅将"十六"改为"十九"，就是因为我不希望钟爱我的读者误以为这是我出的一本新书而重复购买。今年上海书店出版社又向我提出再版的建议，得知自己一二十年前的旧作（有几篇首次发表的时间更早）还会有新的读者，自然感到欣慰，但我还是坚持沿用原来的书名。但隔了六年，总得稍有增添，于是补充了一篇《宝船远航》，书名也改动了数字，成为《葛剑雄写史——中国历史的二十个片断》。《宝船远航》一文原来以《郑和为何下西洋》为题发表过，这次增补了一些内容。与上次再版一样，所有文章都未作修改，仅改正了若干错字。

一二十年前写的文章，为什么不趁再版之机增补改写呢？这倒不是我过于怠惰或自负，而是这些文章的类型性质所致。这类文章共同的特点，都是对历史上某一人物、某一事件、某种制度、某一现象作出钩稽、挖掘、辨析，重构、复原为事实，在此基础上或在此过程中发表自己的意见，作出自己的评判，表明自己的态度；或者只讲事实，让事实本身说话。

其中历史事实部分，属于科学，只有一种标准答案，理论上说都是可以验证，可以重复的。在缺乏最低限度的基本史料的条件下，无法找到标准答案，只能推测。但再严密的推理都不能取代事实的重构，更不能成为标准答案。对我文章中这一部分，无论是我自己发现，还是读者指出，只要存在错误，无论大小，都得无条件地修改。例如，《江陵焚书》（原名《江陵焚书一千四百四十年祭》）一文在《读书》杂志发表时，我将"项羽重瞳"注为项羽有两个眼珠。不久就有一位懂眼科医学的读者来信指出，"重瞳"是指有两层眼珠，是见于临床报告的罕见病例，而有两个眼珠的病例尚未见记录，显然不存在。在此文再次发表时我就改为"项羽有两层眼珠"。

另一部分则是看法、观点、评论、评价，属于人文，不存在标准答案，完全可以见仁见智，异说并存。只要自己认为是正确的，完全可以坚持。对别人的议论批评，既可以公开答复，或作出反批评，也可以置之不理，不作无谓的争论。《冯道长乐》（原名《乱世的两难选择——冯道其人其事》）一文在《读书》发表后，曾引起激烈争论，有人发表文章对我作不指名的批判。我认为他故意曲解我的观点，并且都是陈词滥调，不值一驳，没有作出回应。我始终坚持自己的看法，至今一字未改。

有些内容，因撰写和发表时受到某种局限，或不得不作了些删节。今天看来显得不足，或语焉不详，或有片面性，却反映了当时我的实际。既然是谈历史的文章，本身可能也是今后历史的一部分，还是保持原状为好。

不知读者诸君以为然否？

葛剑雄

2021 年 12 月 1 日

目录

片断一

战国：胡服骑射

自从周威烈王二十三年（公元前四〇三年）赵与韩、魏同时被承认为诸侯之后，魏国一度执三国牛耳，赵国却一直不能有所作为。公元前四〇八年魏文侯派乐羊越过赵境进攻中山（在今河北中西部），两年后灭中山。但以后中山又复国了，作为近邻的赵却奈何它不得。就在赵武灵王继位的前几年间，齐与魏联兵攻赵，赵国决黄河之水才使他们退兵。赵将赵疵在河西被秦军所杀，秦军夺取蔺（今山西吕梁市离石区西）和离石（今离石区）。公元前三二六年赵肃侯死，秦、楚、燕、齐、魏各派精兵一万来参加葬礼，无疑是要给这位继位的少年新君——武灵王一个下马威。

武灵王初年，日益强大的秦国成为赵国的主要威胁，赵国参加魏、韩、燕、楚的五国联合抗秦，与魏、韩联兵攻函谷关（今河南灵宝市东北），以失败告终。次年（武灵王九年，前三一七年），秦将樗里疾在修鱼（今河南原阳县西南）击败赵、魏、韩联军，赵军被杀八万人，损失惨重。接着，赵国的中都（今山西平遥西南县）、西阳（一作中阳，今山西中阳县）为秦所攻占，蔺再度为秦所占，将军赵庄被俘。

但武灵王并非碌碌无为，实际上他继位之初就有不同凡响之举。当时他尚未成年，不能处理政务，就任命了三位"博闻师"和三位"司过"，接受他们的指导和监督。到亲政时，先听取先王的重臣肥义的建议，并给他增加秩禄。当各诸侯国纷纷称王时，武灵王却下令国内称他为"君"，原因是"无其实，敢处其名乎"（没有王的实际，怎么敢用王的名义呢）。他一直在积蓄力量，寻求强国之道。

武灵王十七年（前三〇九年），他前往东北边境九门（今河北石家庄市藁城区西北）之外，在那里的高地上建了一座野台，观察齐国和中山国的形势。第二年，秦武王与武士孟说比举鼎，失足骨折，突然死亡。武灵王抓住时机，派代相赵固去燕国迎秦武王的异母弟公子稷，护送回秦国继位，即秦昭王。这无疑使赵国暂时消除了来自秦国的军事压力，可以集中力量向其他方向进攻拓展了。

十九年元旦，武灵王在信宫大会群臣，并召肥义密商大计，得到了他的支持。不久，武灵王大举进攻中山，占据房子（今河北高邑县西南）。他亲自率军北上，从代北而西，在今河套一带渡过黄河，登上黄华山。这不仅使赵国获得了大片土地，也使武灵王进一步了解了胡人的习俗，特别是他们战斗力强的原因。于是他召来谋士楼缓，正式提出了改革计划。武灵王说：

> 先王抓住有利时机，掌握了南部的土地，利用漳水、滏水的天险，筑了长城，又取得了蔺、郭狼（一作皋狼，今山西吕梁市离石区西北），在荏（今地不详）击败了林胡，但还没有将它消灭。现在中山是我们的心腹之患，北面有燕国，东面有胡，西面有林胡、楼烦和秦国、韩国的边境，这

样的形势下如果没有强大的兵力，国家就要亡了，怎么办呢？要干成一件惊天动地的事业，必定会受到不尊重传统的指责。我现在决定改穿胡服。

楼缓完全赞成，群臣却一致反对。于是武灵王只得再与肥义商议：

现在我要继承先王襄子的事业，将国土开拓到胡人、翟人的地方，却得不到臣子的支持。实行胡服骑射后可以削弱敌人，付出的代价少，获得的利益多，可以使百姓的负担不至太重，而能实现先王的宏图大略。要建立不世之功，不得不承担改变传统的责任。考虑实行一种独特的方案，肯定会招致众人的怨恨。如今我要教百姓胡服骑射，臣民们一定会议论反对我，怎么办呢？

在这关键时刻，肥义这位老臣一锤定音：

没有信心办不成大事，怀疑自己的行动就不能名正言顺。大王既然已经准备承担不尊重传统的指责，那就不必再顾虑天下的议论反对了。最高的德行必定与众人不同，要办成大事不能与普通人商量。以往舜在有苗部落时与当地人一起跳舞，禹到了裸国也脱掉上衣，不是真的喜欢这样做，而是为了尊重他们的习俗，办事方便。愚蠢的人在事情办成前总是看不清，智者才能作正确的预测，大王还有什么可犹豫的？

　　　　　　　　　　葛剑雄写史：中国历史的二十个片断

武灵王说："我不是对改穿胡服有犹豫，而是怕天下人笑话我。其实，狂人的快乐，智者看了会感到悲哀；愚人所讥笑的，贤者反要加以分析。国人能听从我，改穿胡服的好处无可限量。纵然天下人笑我，胡人的土地和中山国必定会落入我手中。"他决心已定，自己带头穿了胡服。

但是武灵王深知反对势力的强大，为了顺利推行胡服，必须取得一些关键人物的支持，其中一位就是叔父公子成，于是派了一位使者传达自己的意见：

寡人将穿胡服举行朝会，希望叔父也能穿胡服参加。家里听长辈的，国中听君主的，这是古今不变的道理。……现在寡人定了改换服装的政策，如果叔父不执行，恐怕会引起全国的议论。治国的根本原则就是有利于百姓，从政的基本方针就是政令得到执行。要讲清道理先得从基层做起，而政令的施行首先靠高层带头。现在改穿胡服，并不是随心所欲，出于个人的好恶，而是事出有因，要建功立业，等目的达到了，才能算大功告成。我怕叔父不服从，提出反对意见。我也知道，做有利于国家的事应该光明正大，得到贵戚的支持能增加声望，所以希望得到您老人家的成全，使改穿胡服的政策能实行。特地派来使者，请您穿上胡服。

果然，公子成说了反对的理由：

臣的确听说了大王穿胡服的事，可惜疾病在身，不能亲自去见大王，贡献鄙见。既然大王要我发表意见，怎么敢不尽愚忠？臣听说，中国这地方，是聪明智慧的人所住，各种财富和用品所积聚，圣贤进行教化，仁义得以施行，诗书礼乐所运用，有异常本领的人可以一显身手，远方来宾所向往观摩，作为蛮夷学习的榜样。现在大王舍弃中国的服装，却采用远方的胡服，不遵守自古以来的规矩，改变了传统，违背了人心，不顾学者的意见，脱离了中国实际，所以臣请大王再慎重考虑。

使者回报后，武灵王说："既然叔父有病，我就亲自去向他说明"。他来到公子成家，恳切地讲了一番道理：

衣服是为了便于穿着，礼仪是为了便于办事。圣人考察往事，以顺应形势；根据客观条件，制定礼仪；目的都是为了对百姓有利，增强国力。瓯越的人民短发，文身，左臂袒露，吴国的百姓牙齿染黑，脸上刺花，却没有像样的帽子。所以礼仪和服装可以不同，但都是为了方便。时代不同了，办法可以改变；形势变化了，礼仪不必固定。所以圣人只要对国家有利，从来不是一成不变；只要便于实行，也可以采用不同的礼仪。儒家的宗旨是一致的，但做法可以不同；中国的礼仪是共同的，但方式可以有差异；何况各地有特殊的地理环境？正因为如此，智者从来不要求做法都得一致，圣贤也不能将不同地区的服装统一。偏僻的地方会有少见的事物，常人不注意的学问有它自己的道理。出于公心的人，对不了解的事物不会随便怀疑，对不同意见不任意反对，而是尽量争取一致，共同加以完善。现在叔父所说的，只是代表了一般人的意见，而我正是要超脱一般人的见解。

我国东部的河水（黄河，当时流经今河北）和漳水，是与齐国、中山国的界河，所以没有航运之利。从常山到代、上党一线，东面是燕国和东胡的境界，而西边与楼烦、秦、韩相交，目前也没有防卫实力。我要是没有舟楫可用，沿河水、漳水的百姓将如何守卫？实行胡服骑射，就是为了能防守与燕、三胡（东胡、楼烦、林胡）、秦、韩的边界。

以往先王简子没有固守晋阳，一直扩张到上党一带；先王襄子吞并了戎人，夺取了代地，击退了诸胡；这是大家都明白的功业。早先中山国倚仗齐国国力强大，侵略我国领土，残害我国百姓，引水围困了鄗城（今河北柏乡县东北）。要不是社稷的神灵，鄗城几乎守不住了。先王视为奇耻大辱，却一直不能报仇。如果实行骑射，就近可以利用上党的地形优势，远可以报中山国之仇，可叔父您因循中国的旧俗，违背了简子、襄子的意图，讨厌改变服装的名声，却忘了我们在鄗城蒙受的耻辱，实在使寡人失望。

公子成听后就向武灵王表示歉意："臣太愚蠢，不理解大王这样做的道理，竟敢说这些世俗的短见，这是臣的罪过。现在大王要继承简子、襄子的计划，实现先王的遗志，臣怎敢不听命令？"恭恭敬敬地接受了武灵王赐给他的胡服，并在第二天穿着胡服参加朝会。于是武灵王正式发布了改穿胡服的命令。不过从以后的事实看，公子成的顺从只是形势所迫。

但大臣赵文、赵造、周绍、赵俊又极力劝阻，认为还是原来的服装好，要求撤销胡服令。为此，武灵王再次强调了他的理由：

先王没有同样的习俗，有什么旧俗必须效法？帝王间本来就不相互继承，有什么礼仪必须遵循？虙戏、神农的做法是对百姓只教导而不杀，黄帝、尧、舜对百姓即使杀了也不发怒。到了三王，都是随时代的变化而制定法律，根据事物的不同而确定礼仪。法制和政令都要讲究合理，衣服和器械都要便于使用，所以礼仪不一定只有一种，有利于国家的事也不必学古代的样子。圣人的兴起，并不一定靠继承才能获得统治地位；夏、商二朝的衰落，也不是因为改变了礼制才灭亡。因此不能由于不照古法办就加以批评，而遵循旧礼也不值得肯定。再说，衣服穿得太奇特了人的志向不专一，所以邹鲁一带的人没有什么杰出的行为。风俗过于封闭百姓就会保守，所以吴越一带出不了有本领的人。况且圣人对服装的要求就是便利身体，对礼的要求就是便于办事。进退的规矩，衣服的样式，都是用来管束普通百姓的，并不是评论贤人的标准，所以说普通百姓因循习俗，而贤人总是追求变革。俗话说："照书本上知识去驾车的人不懂得马的性情，只会以过去的办法来处理现实的人不理解事物的变化，遵循传统的不足以建立盖世之功，一味效法古代不足以解决现实

　　　　　　　　　　　　葛剑雄写史：中国历史的二十个片断

问题。"你们都不懂呀！

武灵王没有再理会一些大臣的反对，坚决实行胡服骑射的政策，不久就开始见效。武灵王二十年，他亲自率军进攻中山，占据了宁葭（今河北石家庄市鹿泉区北），又西征林胡，夺取榆中（今内蒙古与陕西相交处一带），林胡王不得不向他献马。二十一年，赵军大举进攻中山，夺取了丹丘（今河北曲阳县西北）、华阳（今恒山）、鸱之塞（鸿上塞，今唐县西北），武灵王亲自率军攻下了鄗、石邑（今鹿泉区东南）、封龙（今鹿泉区东南）、东垣（今正定县南），中山王献出四城求和，赵军才暂停攻势。二十三年和二十六年，赵军继续夺取中山国的土地，使北至燕国和代（今河北西北及相邻内蒙古地区），西至云中和九原（今内蒙古阴山以南）的新疆土连成一片。四年后，中山国被灭，国君被迁往肤施（今陕西榆林市榆阳区东南）。至此，赵国的疆域和国力都达到极盛。

二

今天的读者或许很难理解，一位国君要臣民改变服装竟会这样困难，而胡服骑射竟有如此大的威力。由于史料非常简略，我们要详细考察这次改革的过程已不可能，但结合当时的历史背景，再从史料的字里行间作一番挖掘，还是能有所发现。

马很早就成为家畜，但中国的农耕民族与游牧民族对马的利用却形成了两种不同的方式：华夏诸族主要用来拉车，而胡人（泛指北方游牧民族，包括东胡、林胡、楼烦、匈奴等）主要用于骑。所以华夏诸族，包括春秋及战国前期各诸侯国军队主要军事力量是兵车，步兵是兵车的辅助力量，而胡人基本上都是骑兵。骑兵的机动性和战斗力当然要胜过兵车，特别是在长距离和复杂地形条件下。诸侯国之间的战争因各方都用兵车，这种方式的优劣难以显示，而在华夏与胡人的战争中，兵车对骑兵的劣势就会很明显，对此赵武灵王必定比其他诸侯国君有更深的体会。

由于马车普遍使用，御（驾驶马车）就成为一项成年男子必须掌握的技艺。因为无论贫富贵贱，人人都有驾车的可能和需要。举凡日常生活、婚丧礼仪、行军出征等都离不开车，替贵族或国君驾车得有一定身份，战时为主帅、主将驾车更不同寻常。所以孔子教学生的"六艺"之一，就是御术。

射箭倒不是胡人的专利，孔子的"六艺"中也有一项是射。但胡人习惯于骑在马上射箭，华夏人都是站在车上或步行射箭，技术孰优孰劣不言自明。而且胡人经常骑马狩猎，要射飞禽走兽，其弓箭威力自非华夏可比。而华夏除了打仗外，弓箭的利用机会不多，往往成为一种装饰和单纯的技艺，结果是中看不中用。

赵武灵王能够意识到胡人骑射的优势，当然与赵国的地理位置接近胡人有关，但更重要的是他事先进行了长期深入的考察。《史记·赵世家》记载他在十七年与十九年间"出九门，为野台，以望齐、中山"；"遂至代北，至无穷，西至河，登黄华之上"；自然不是为了游山玩水，这从他此后对形势的熟悉程度也可以证明。他从亲政到正式颁布胡服骑射令，已经做了十多年的准备。

从武灵王推行胡服骑射的过程可以看到，对实行骑射没有人公开抵制，大概也提不出什么不赞同的理由，而对改胡服则不仅普遍反对，而且相当激烈。我前面之所以要不避繁琐，将武灵王与贵族大臣的争论详细写出，就是希望读者能注意到这一点。

但胡服是骑射的前提，不改服，骑射就是一句空话。当时的男子服装，是"上衣下裳"，下身穿的"裳"就是不分裤腿的裙子，站在或坐在车上当然没有问题，但如何骑马奔跑和作战？就是上身的"衣"，贵族所穿也是宽袍大袖，站在车上挥戈指挥尚无大碍，骑马射箭或格斗也是不适宜的。

可是服饰是等级的标志、地位的象征，要贵族穿上与奴隶的服装差不多式样的紧身衣裤——胡服，他们如何能接受？就是一般士人，也视服饰为生命的一部分，甚至比生命还重要。孔子的得意门生子路，在格斗中帽缨被打断，他明知危险，竟停止战斗说："君子死而冠不免。"为了保持帽子的完整，他将帽缨重新扎上，从容被杀。

而且，华夏优于夷狄的观念已经根深蒂固，这从公子成等人的反对言论中可以看得很清楚。"中国者，盖聪明徇智之所居也，万物财用之所聚也，贤圣之所教也，仁义之所施也，诗书礼乐之所用也，异敏技能之所试也，远方之所观赴也，蛮夷之所义行也"。中国应该是蛮夷的学习榜样，现在反过来要向蛮夷学习，岂非是非颠倒？

我以为还有一点贵族们不便说的原因。当时文武官员还没有分化，一般贵族大臣必须文武兼资，胡服骑射涉及众人。但胡服骑射对个人技艺的要求比车战更高，在战斗中的危险性也更大，对那些平时养尊处优的人，或者只会滥竽充数的南郭先生，自然是一场难关。正因为如此，一旦实行胡服骑射，不仅会迫使贵族大臣们精心骑射，而且会淘汰一大批素质低又不能提高的人。也因为如此，改革后的赵国才能拥有如此强大的军事实力。

为了使这场改革能推行下去，武灵王与他的支持者必定要作周密的部署，他与肥义一连开了五天秘密会议就是明证。这些措施不会只是辩论说服，可惜史料中缺乏更详细的记载。但可以肯定，当时还采用了编造神话、假借天意的方式，《史记·赵世家》中能找到证据。

据说赵简子曾大病七天，不省人事，醒来后说："我到了天帝的住所，与众神在一起，听到钧天广乐，见到九奏万舞。有一熊扑来，帝命我射它，我射中了，又射死了一头罴。帝很高兴，赐给我两个竹盒，都有同样的小盒子。我又见到帝旁边有个孩子，帝给我一条翟犬，说：'等你孩子长大了就赐给他。'帝告诉我：'晋国快衰落了，七代后灭亡。嬴姓将在范魁（地名）以西大败周人，但不能占有这些土地。我想到虞舜的功勋，将以他的嫡传女子配给你的七世孙。'"

不久赵简子遇到有人挡道，非要与他密谈，结果此人竟是当时也在帝身旁的，他为简子解释了帝的预言：熊和罴是晋国其他二卿的祖先，所以将能灭二卿。赐给他的两个竹盒都有"副"，象征着将消灭两个子姓的翟国（代和智氏）。帝旁的小孩是他儿子，而翟犬是代国的祖先，他的儿子必定能拥有代国，后代一定会实行改革，穿胡服。

这些预言的前面部分在武灵王之前已经实现，当然可能在此前已经编造出来。但涉及武灵王的却正是他最引人争议的两件事，一件是胡服骑射，另一件是他娶吴娃。武灵王十六年，他到大陵游玩，回来后梦见一位美女弹琴唱歌，后来在饮酒时就描述了美女的形象，吴广就将自己的女儿献上，据说正是虞舜的后代，称为孟姚。武灵王对孟姚十分宠爱，甚至一度影响处理政务，孟姚生了儿子后，他就废了长子，立其为太子，以后又将王位传给了刚满十岁的太子。所以可以肯定，这两件事都是武灵王时编造的。之所以能流传下去，并能载入史册，是因为胡服骑射的改革大功告成，而孟姚的儿子成为惠文王并在位三十三年。

武灵王为改革实在是用心良苦，但很多具体过程，我们只能加以想象了。

武灵王在胡服骑射初见成效后，又作出了惊人之举。二十七年（前二九九年）五月，他在东宫举行大朝会，将王位传给太子（惠文王），并任肥义为相国，辅佐幼主处理政务。他自己称为"主父"，准备身穿胡服，率领军队经营西北，继续夺取胡地。他还有一项更大的计划：从云中、九原南下袭击秦国。为了亲自察看地形，并见识一下秦昭王，他假装成赵国的使者进入秦国，并求见秦昭王。昭王开始没有在意，事后觉得此人气度不凡，不像一般人，立即派人追赶，但主父已经飞速出关。此时秦国才知道来人就是主父，不禁大惊。

但就在灭了中山国，举国大庆，论功行赏时，这位雄才大略的君主却犯了一个致命的错误，导致了他的最终失败。他看到长子章向十三岁的弟弟俯首称臣时，觉得过意不去，就封章为代安阳君，任命田不礼为他的相，据说还准备"两王之"，将他同样立为王。《赵世家》分析主父这样做的原因是因为惠文王之母孟姚死后，他对惠文王的感情逐渐淡薄，觉得长子被废可怜。这话不是随意猜测，就是出于惠文王一派的编造。因为武灵王立惠文王为君时孟姚已死了两年，而他自己不过四十出头，要真有这样的想法，完全来得及改立太子，至少不必急于传位给幼子。

其实武灵王是受了他祖先赵简子和赵襄子的影响。赵简子发现"贱翟婢"所生儿子毋卹贤能，就废了太子伯鲁，立为太子。毋卹（襄子）继位后，伯鲁已死，封其子周为代君。襄子之妻空同氏生有五子，但襄子坚持要传位于伯鲁之后，立代成君之子浣为太子，死后即传位于浣。武灵王封长子为代安阳君，果然有弥补他损失的意思，同时也是希望惠文王能学襄子，今后再将王位传回长子一系。但是他却完全高估了这两位儿子——长子章并不像伯鲁的子孙那样安分守己，而惠文王也不具有襄子这样的风范。果然，就在第二年（惠文王四年，前二九五年），章趁主父与惠文王游沙丘（今河北广宗县西北）离宫时作乱，杀了肥义。公子成与李兑起兵攻章，章败后逃入主父宫中，被主父收留了。公子成与李兑包围沙丘宫，章走投无路被杀。他们命令宫中人员全部撤出，否则灭族，却将主父一人围在宫中。主父出不来，饿得受不了，只能掏鸟巢里的小鸟吃，三个月后终于饿死。公子成、李兑这样做，据说是因为害怕主父出来会追究他们包围王宫的责任，其实只是借口，真正的原因是担心主父会废了惠文王，而公子成对主父未始没有反对胡服的宿怨。

一位杰出的改革家就这样结束了他的一生，但骑射从赵国推广到各国，兵车基本退出了历史舞台。只是赵国从此失去了与秦国争雄的机会，尽管有廉颇、蔺相如、李牧等良将贤臣尽忠竭力，终究回天无力，难逃覆灭的命运。

一个偶然的巧合是，八十五年后，灭了赵国的秦始皇正是病死在沙丘的。

四

至于胡服的推广，显然只限于军队。因为秦汉时代，士大夫的服装与战国时并无明显变化。东汉灵帝时胡服流行，史官认为是东汉灭亡的不祥预兆，可见胡服并没有在中原得到流传。以后中国北方经过一次次的"胡化"，但"汉家衣冠"一直传到了明末清初。而进入中原的胡人，最终大多改着汉装，不过主动实行全面改汉装的君主，大概只有北魏孝文帝一人。

清朝强制推行薙发和满装，曾经引发汉人激烈的反抗，不知多少人头为之落地。而且即使在全国改穿满装以后，民间为死者准备的寿衣往往还是明式的，为祖先画像时也一律穿明式服装。具有讽刺意义的是，士大夫声讨太平天国的罪行中，有一条就是变衣冠；日本明治维新后改穿西装，也为李鸿章等讥讽议论；到了清末以至民国，又有一批文人为维持这套完全可称为"胡服"的"大清衣冠"而号呼奔走。

不过中国史上最彻底的变化还是发生在一九四九年之后，几年之内，满装和西装被一扫而光，除少数民族外，中国大陆的服装统一为一个模式，真正是"全盘西化"了。改革开放以来，各种西式服装流行普及，但除了旗袍一枝独秀外，连满装都无影无踪，更何况汉族真正的传统服装！前几年恢复祭孔，用的都是清朝衣冠仪式。孔老夫子要真有灵，面对这样的"夷礼"，不知作何感想？一些人什么都要讲传统，动不动就是不合国情，那么国人在穿衣方面为什么可以将传统全部抛光？为什么完全由外国传入的服装倒能适应中国的国情呢？

在欧洲常可见到一些穿着传统甲胄的仪仗队或警卫，汉城奥运会开幕式的表演者大多穿韩国古装，去年见到日本京都市的市长穿着和服在成人节大会上致词，阿拉伯国家的元首大多作传统穿戴。有时我想，要是我们在服装上要"传统"一下，究竟应该穿什么样式？

据一份回忆录介绍，解放初陈毅就任上海市长时，就遇到过这个难题。他认为市长是民政官，不宜穿军装；刚解放，穿西装也不合适；于是他穿长袍马褂出席就职典礼。此事如记载无误，我真佩服陈毅的通达，但也为世界上人口最多的民族居然没有自己的传统服装而感叹。

我丝毫没有非穿传统服装不可的意思，但回顾赵武灵王胡服骑射以来的历史，服装与政治的关系、传统与现实的关系，倒是值得我们反复思考的。

片断二

秦汉：鹿死谁手

公元前二〇二年初，西楚霸王项羽的军队被汉王刘邦和各路诸侯的联军牢牢地包围在垓下（今安徽灵璧县东南）。入夜，四周传来一片楚歌，使项羽大吃一惊："莫非汉军已经占了楚国？怎么汉军中会有那么多楚人？"他知道大势已去，再也睡不着觉，在营帐中喝着闷酒。喝着喝着，按捺不住内心的冲动，唱起一曲悲歌：

　　　力拔山兮气盖世（我有盖世的勇气，有撼山的伟力），
　　　时不利兮骓不逝（可惜时机不利，连宝马也跑不快），
　　　骓不逝兮可奈何（宝马也跑不快，我奈何它不得），
　　　虞兮虞兮奈若何（虞姬啊虞姬，我怎么才对得起你）！

在左右的哭声中，项羽泣别爱姬，趁黑夜率领八百骑兵突围南奔。黎明时分，汉军发觉，立即派灌婴率五千骑兵紧追不舍。渡过淮河后，项羽的随从已逃得只剩下百余人。到阴陵（今安徽定远县西北）时，项羽迷了路，向一位农夫问路，他指点往左走，使项羽一行陷于一片沼泽，让汉军追上了。项羽且战且奔，到东城（今定远县东南）时，只剩下二十八骑。在数千汉军骑兵的追击下，项羽自知不免，感到老天爷实在不保佑他，对部下

说："我起兵到现在八年了，亲自打了七十多仗，所向无敌，从来没有败过，所以才称霸天下。可是今天却被困在这里，这是天要亡我，不是我作战的过失。现在我要决一死战，快速打三次胜仗给你们看看，每次都要突围，杀掉对方的将军，砍断汉军的军旗。让你们明白这是天要亡我，不是我仗打得不好。"果然，项羽所向披靡，三次在汉军中夺旗斩将，但却无法摆脱汉军的追击。

项羽逃至乌江（今安徽和县东北），亭长请他上船过江，劝道："江东（江南）还有地方千里，数十万民众，也足以称王。现在只有我有船，大王快上来过江，汉军无法渡江。"项羽笑道："天要亡我，我还渡江干什么？况且我当初与八千江东子弟一起渡江而西，如今没有一个人能回去，就是江东父老可怜我，还尊我为王，我有什么脸再见他们？纵然他们不骂我，我心里难道不感到惭愧吗？"项羽将坐骑送给亭长，用短刀与汉军搏斗，又杀了数百汉军，自己也受伤数十处。这时，他见到了熟人吕马童，问："这不是老朋友吗？听说汉王用一千斤金子和一万户封邑买我的头，就成全了你吧！"说着举刀自刎。王翳抢上去砍了他的头，将士一哄而上争夺他的尸体，自相残杀，死了数十人。最后，吕马童等四人各抢到一块，于是将万户分封给他们五人为侯。

项羽死后，楚地全部降汉，只有他的封地鲁城（今山东曲阜市）还在坚守。汉军扬言要屠城也不起作用，直到将项羽的头拿来，城内人确信他已死，才开门投降。至此，楚汉之争以汉王刘邦的胜利而告终。

自从公元前二〇六年秦王子婴出咸阳城投降，交出皇帝玺绶，经过三年四个月，秦朝失去的"鹿"终于被刘邦夺得。

实际上，在秦末参与逐鹿的群雄中，刘邦一开始并不具有"高材"的资格。

在刘邦成为汉朝的"太祖高皇帝"后，尽管史臣给他编造了一系列神话，却无法掩盖他出身"细微"的事实。刘邦出生在一个普通农家，父母连名字都没有，史书上只能称为"太公"和"刘媪"（刘大娘）；本人只担任过亭长，是最低级的史。而项羽家世代楚将，是名将项燕的孙子，项梁的侄子。参与角逐的其他诸侯中，章邯是秦朝大将，曾经统率数十万大军；司马欣是章邯的长史（秘书长兼参谋长）；董翳是都尉；魏咎、魏豹是原魏国王族；韩王成是原韩国公子；赵王歇是原赵国王族；田儋、田市、田都、田安、田假都是原齐国王族；张耳、陈余是原魏国的名士。论出身和家庭背景，他们都比刘邦有更大的号召力。

起兵前的刘邦没有什么能耐，好吃懒做，不治家业。有一次他拉了朋友来家吃饭，大嫂很讨厌，故意将锅底刮得很响，使他们以为锅里已经没有什么羹了。他爱喝酒，却没有钱，经常向王媪、武负家赊账。据说王、武二人见他醉卧时上面有龙，常常将他的账一笔勾销。这是他当了皇帝后的记载，实际上可能是他经常赖账。他好色，大儿子刘肥就是他和一位"外妇"（姘妇）曹氏生的。刘邦当亭长后，与同事吃吃喝喝，关系拉得不错，但押送刑徒去咸阳时，还没有出县境就让不少人逃跑了。单父（今山东单县南）人吕公是沛县令的朋友，来到沛县后贺客盈门，负责收贺仪的萧何只能规定："礼钱不满一千的人，请在堂下就座。"刘邦登门后声称"贺钱万"。其实刘邦身上一文不名，萧何知道他底细，怕自己为难，就说："刘邦一向好说大话，办不成正经事。"刘邦却仗着人头熟，大模大样坐了上座。这居然引起吕公的好感，将女儿（吕雉，以后的吕后）许配给了他。正因为如此，刘邦的父亲称他为"亡（无）赖"，其行为可见一斑。

相比之下，项羽年轻时虽不愿读书学剑，却希望能学"万人敌"（能对付万人的本领），并能粗通兵法。他身长八尺余，力能扛鼎，才气过人，武功不可谓不强。见到秦始皇巡游的排场后，竟说"他可以被取而代之"，比刘邦在咸阳说"大丈夫当如此耳"更有气派，志向不可谓不高。

从他的作战记录，特别是最后的垓下之战看，他称得上是当时最勇猛的将领，当然远在刘邦之上。他自杀时三十一岁，没有后人，仅与虞姬的泣别见于记载，大概不像刘邦那样寻花问柳。笃信儒家礼仪的鲁城父老居然愿意为他死守，作为一位失败者而没有留下个人丑闻，项羽的人品看来比刘邦要好得多。

刘邦起兵时，只在沛县征集到二三千人，而项梁、项羽渡江时已有子弟兵八千。刘邦连故乡丰邑也攻不下，得到项梁资助的五千士卒和十名"五大夫将"后才取胜。项梁在时，刘邦听从他的调遣。项梁死后，对付秦军主力章邯的是项羽，刘邦打的硬仗不多。入关后，刘邦的军队只有十万，而项羽拥有四十万大军。刘邦去汉中时，项羽只拨给他三万士卒，沿途还有不少人逃亡。

就是在楚汉之争中，刘邦也屡次失败，父母妻子被俘，胸口中箭，几次死里逃生。

但是历史恰恰让刘邦成为最后的胜利者，给项羽安排了一个悲剧的结局。

我们当然可以说，推翻秦朝的统治，重新建立统一政权，是符合历史潮流的。但推翻秦朝的起义是由陈胜、吴广发动的，在刘邦之前已有很多人参加，项梁、项羽是与刘邦同时起兵的。实际上，消灭或牵制秦军主力的并不是刘邦，即使没有刘邦参与，秦朝也不可能再延续。刘邦入关后废除了秦朝的暴政，但在其他诸侯控制的地区似乎也没有再继续实行秦朝的政策。如果由包括项羽在内的其他人来重新统一，并不一定比刘邦建立的汉朝差。所以，秦朝的覆灭和新朝代的建立可以说是历史的必然，但并没有注定非得由刘邦来完成。

还有人说，项羽的失败是因为他分封诸侯，从秦始皇的郡县制和中央集权制倒退了。可是刘邦在与项羽抗争时也大封诸侯，汉朝建立之初又加封了不少同姓诸侯。如果说这是权宜之计，那么项羽为什么不能也权宜一下呢？

以前还有人说，项羽出身楚国贵族，而刘邦出身劳动人民，所以刘邦能继承农民起义的事业，那就更可笑了。且不说刘邦的最终目标也是当皇帝，他所建立的汉朝与秦朝并没有本质上的区别；即使真是如此，陈胜、吴广，还有诸侯中的黥（英）布、韩信、彭越、卢绾等的出身都属于劳动人民，也未必轮到刘邦。

所以说，历史提供了一种机遇，但并非只给刘邦一人，却让刘邦争取到了。从这一角度看，刘邦的成功自然不是偶然的。

刘邦初登帝位时，曾经让列侯诸将说出他所以得天下、项羽所以失天下的原因，要求他们直说无隐。高起和王陵说："陛下为人傲慢，对人没有礼貌。项羽讲仁义，又爱护别人。但您派人去攻城略地后，战利品和俘虏都赏给了他们，有利益与大家共享。项羽妒贤嫉能，陷害有功劳的人，怀疑有本领的人，打了胜仗的人不给记功，得了土地的人不给予好处，这就是他失天下的原因。"刘邦说："你们只知其一，不知其二。要说运筹决策于帷幄之中，决胜于千里之外，我不如张子房（良）；主持行政机构，管理百姓，保证供应，使粮食的运输线不断绝，我不如萧何；率领百万大军，每战必胜，每攻必克，我不如韩信。这三位都是杰出人物，我能使用他们，这才是我得到天下的原因。而项羽连一个范增都不能用，所以会败在我手里。"

刘邦与韩信也有过两次对话，一次是他刚拜韩信为大将，韩信问他："大王自料勇悍仁强比项羽怎样？"刘邦沉默了好久，只得承认"弗如"。另一次，刘邦与已被剥夺了兵权和王位的韩信讨论诸将带兵的本领，问道："像我这样的人能带多少兵？"韩信说："陛下不过能带十万。"刘邦问："那你呢？"答："像臣这样，多多益办（善），带得越多越好。"刘邦笑道："多多益办！那怎么会被我抓住呢？"韩信说："陛下不能带兵，而能带将，所以我会被你抓住。况且你的本领是上天赋予的，非人力可比。"

看来，刘邦还是有自知之明的，他知道自己的本领有限，远不如项羽，所以如要战胜项羽，只能重用杰出人物，发挥他们的作用，才能弥补自己的不足，克敌制胜。韩信的评价虽有溢美之处，但也说明刘邦的用将本领比他自己带兵要强，所以尽管他本人的武功和指挥能力远不如项羽，却能利用韩信等将领去战胜项羽。

或许正因为刘邦明白自己没有多大能耐，所以善于听取别人的意见。他开始的决定往往很成问题，但得到正确的意见后就不再坚持己见，楚汉之争中几次关键性的决策都是他采纳别人的意见的结果。

郦食其去见刘邦时，他正让两个侍女替他洗脚，郦食其数落他道："要是你真想消灭无道的秦朝，就不应该对长者如此无礼。"刘邦立即起身，整理好衣服致歉，请他上坐，并采纳他的建议袭击陈留（今河南开封市祥符区东南），获得了秦朝的储备粮。

刘邦的军队攻至南阳郡时，秦朝的郡守死守宛城（今河南南阳市宛城区），他准备绕过宛城继续西进。张良劝道："你虽然急于入关，但秦兵尚多，又占据了险要。现在如不攻下宛城，它在后面袭击，强大的秦军又在前面，是很危险的。"于是刘邦连夜返回，到黎明就完成了对宛城的包围。当南阳郡守派舍人来讲了一番道理后，刘邦及时接受他的投降，赢得了首先进入关中的宝贵时机。

进入咸阳后，刘邦原来打算住在宫中，听了樊哙、张良的劝阻后，就将秦朝的重宝财物府库全部封存，回到城外霸上驻扎。他误听了别人意见，派军队封锁武关，以便阻挡诸侯入关，独霸关中，被激怒了的项羽不仅攻破武关，还准备发动袭击，消灭刘邦。刘邦闻讯后，完全听从张良的安排，结交项羽的叔父项伯，通过他向项羽疏通，又亲赴鸿门宴，在张良、项伯的协助下消解了这场灾难，死里逃生。

项羽背约封刘邦为汉王，刘邦气得想与项羽拼命，周勃、灌婴、樊哙等也劝刘邦动手，萧何却加以劝阻："现在兵力不如人家，百战百败，岂不是白白送死！"他劝刘邦接受汉王的封地，以汉中、巴蜀为基地，还定关中，进而统一天下。

萧何多次推荐韩信，没有受到刘邦重视。萧何亲自追回韩信后，再次向刘邦推荐："您如果打算长期统治汉中，韩信没有什么用；如果一定要争天下，不用韩信就没有人可以商量，您自己打主意吧！"刘邦立即同意用韩信为大将。萧何说："您一向傲慢无礼，现在拜大将就像找个小孩来玩玩，怪不得韩信要走。如果您真想拜他为大将，必须选个好日子，斋戒，专门建拜将坛，举行隆重的仪式。"刘邦一一照办，这才获得了韩信这员大将，赢得了还定三秦的胜利。

以后，刘邦一度听信郦食其立六国的后人为诸侯的建议，连印都刻好了，听了张良的八点反对理由，刘邦又气又急，大骂："这臭小子，差点坏了老子的大事。"立即将印销毁。在荥阳被围时，采用了陈平的离间计，使项羽失去了范增。刘邦准备再次东进时，听从袁生的计谋，改为出武关，进军南阳盆地，调动项军南下。韩信灭齐后不听调遣，刘邦想以武力镇压，经张良劝阻后改为封韩信为齐王，赢得韩信在关键时刻的支持。项羽同意以鸿沟划定双方界线，释放了刘邦的父母妻子，刘邦心满意足准备退兵回关中，又是张良、陈平进策，刘邦才转而追击项羽。在最后决战时，兵力最强的诸侯韩信、彭越按兵不动，汉军被楚军击败，只能深沟高垒固守，刘邦接受张良建议，调整扩大韩、彭封地，换来他们的出兵，形成对项羽的合围。要是刘邦像项羽那样自以为是，刚愎自用，以上每一步都可能失误，都会导致无可挽救的失败。

不过，仅仅能用人，能从善如流是统一不了天下的，作为一个开国皇帝，刘邦还有他独特的本领。或许他不愿当众表白，以往的史家似乎也没有充分注意，那就是他在"争天下"的坚定目标下，实行相当灵活的策略，甘冒风险，又能屈能伸，甚至不择手段，从来不讲究光明正大，说话算数，不愧为"亡（无）赖"。但我们不能不承认，对于刘邦这样一个出身"细微"的人来说，这是取得成功的唯一办法。

就拿他见吕公的事来说，按他的家境是拿不出千钱作为贺仪的，要是按规矩办事，只能老老实实坐在堂下看热闹。就是咬咬牙，凑上千钱，也不过坐在堂上当陪客。而他一句"贺钱万"使他轻而易举坐了首席，成为吕公嘉宾，还娶到了有身份的妻子。这个险是值得冒的，也无伤大雅。就是被揭穿了真相，问题也不大，萧何定的办法毕竟不是法律，算不上犯法。刘邦本来就是无赖，也不怕在同事面前丢脸。

楚怀王派军队入关伐秦时，秦军还很强大，诸将都不敢争这个先，刘邦却敢于接受"西略地入秦"的命令，说明他有胆略，不怕死。但项羽想与刘邦一起入关，却始终没有被准许，原因是怀王身边的"诸老"反对。诸老认为项羽"为人剽悍猾贼"，经过的地方都被他烧杀破坏，而刘邦一向是"宽大长者"。其实，诸老对刘邦的了解并不全面，也不深入，只是刘邦的表面文章做得更好，又重视公关。

诸老对项羽的坏印象之一是他曾将襄城（今河南襄城县）的人全部杀光，但刘邦初起兵时就曾威胁沛县百姓，要不响应他，就会"父子俱屠"；西进时攻下颍阳（今河南许昌市西南）后也"屠之"，杀了个一干二净，也有过很残暴的表现。

就是刘邦最受人称道的入关后的表现，更多的也是宣传手段。他不是不想住豪华的宫殿，只是张良等加以劝阻。他封了秦朝的珍宝府库，但在进咸阳之初，"诸将争走金帛财物之府分之"，萧何已接管了秦朝丞相和御史收藏的"律令图书"（均见《汉书·萧何传》），鸿门宴时刘邦送给项羽的璧和送范增的玉斗，当然也是秦宫中的珍宝，只是刘邦没有像项羽那样明火执仗抢掠破坏，也没有将府库搬空，留下一部分应付项羽和其他诸侯。"约法三章"的主要意义是废除秦朝的苛法，但这一点谁入关后都会实行，而"杀人者死，伤人及盗抵罪"这三条法令实际上是无法执行的。因为一方面，要确定杀人、伤人、盗窃罪并非容易，伤人与盗窃程度相差很大，如何抵罪？不同的罪执行什么刑罚？另一方面，社会上的犯罪行为很多，远非上述三种，百姓犯其他罪怎么办？现在能看到的秦律还很多，难道当时都废了？况且从刘邦入关到项羽入关不足两个月，"约法三章"不会有实际效果。至于刘邦谢绝百姓的牛羊酒食慰劳，正如他自己所说："仓粟多，非乏，不欲费人。"（仓库中粮食充足，不缺，不想麻烦别人。）算不上是什么德政，却换来了百姓的喜悦，惟恐他不能当关中的王。

刘邦这些措施的真正目的当然是要当关中王，所以才派兵守关，想阻挡项羽和诸侯入关，只是兵力不济，被项羽一冲就垮。到了项羽大兵压境，刘邦把守关的责任都推给了出主意的"鲰生"，又向项羽表白守关只是为了防止盗贼和治安需要，"我日夜在盼望将军来关中，怎么敢背叛他呢？"以后又忍着一肚子怨气，听任项羽背约，接受边远地区的封地。

等到刘邦回师攻占关中时，深恐项羽趁他脚未稳，发动反击，特意让张良带信："汉王只是想取得关中作为自己的封地，只要恢复原来的协定就会停止军事行动，不敢向东扩张。"又将齐国、韩国的"反书"送给项羽，上面写着"齐国准备与赵国一起灭楚国"。项羽果然上当，没有入关对付刘邦，却集中兵力进攻齐国，使刘邦占有整个关中，并巩固了后方。

刘邦不能再打关中牌，就利用项羽杀了义帝的借口，打出"伐无道"的旗号。刘邦为义帝发丧，连续三天去义帝灵前号啕大哭，派使者通告各路诸侯："义帝是天下共同所立，大家一致臣服，现在被项羽放逐到江南杀害，真是大逆无道！寡人亲自为义帝发丧，全军戴孝，出动全部兵力，愿随着各位一起讨伐楚国杀害义帝的凶手。"就这样，为自己争夺天下变成了替义帝伸张正义。

在荥阳被围，无法逃脱时，他让纪信乘上汉王的车，装成汉王出东门投降，自己趁机从西门逃走了。要是项羽遇到这样的情况，肯定会宁死不走的。项羽作战不利，将刘邦的父亲放在一个高木墩上，警告刘邦："再不退兵，就将你老子下油锅。"刘邦答复："我与你曾经在楚怀王前结为兄弟，我的父亲就是你的父亲，你一定要烹你父亲，希望能分碗肉羹尝尝。"这样的话，自然只有刘邦才说得出。项羽最终没有杀刘太公，固然是有项伯的劝阻，但正如项伯所说："为天下者不顾家"，刘邦做到了这一步，杀了他父亲又会有什么用？

韩信攻灭齐国后，借口形势复杂，没有一个"假王"（代理国王）就难以统治，要求立他为"假王"。当时刘邦正被楚军围在荥阳，见到使者送来的信后气得破口大骂："我被围在这里，日夜在盼你来帮我，你倒想自立为王！"张良、陈平赶快在背后暗示，在他耳边说："现在我们处境不利，哪能阻止韩信自立为王？不如主动立了他，与他搞好关系。要不，会出乱子。"刘邦也醒悟了，索性骂下去："大丈夫平定了一个诸侯国，就该当真王，还当什么假王！"派张良封韩信为齐王，征调他的兵力进攻楚军。要是刘邦不耍点花招，直截了当地拒绝韩信的非分之想，韩信肯定不会出兵相助，至多只会自立为齐王后隔岸观火，听任项羽灭掉刘邦，甚至会投入项羽一边。

要是刘邦恪守儒家的仁义道德、礼义廉耻，他绝不会成为以上这些较量的胜利者，也就当不成汉朝的高皇帝了。有人说，开国皇帝十之八九是流氓无赖，只有流氓无赖才能成功，并非没有道理。因为刘邦如此，其他出身低微的开国皇帝莫不如此。

道理很简单，在任何一个专制社会中，一个出身低微的人按照正常的途径是绝对不可能进入权力中心的；而在家天下的世袭制下，更不可能合法地当上皇帝。非正常的途径无非是两条：一是武力，一是阴谋。武力是不可少的，但光有武力还不够，得武力和阴谋结合。问题是出身低微的人在开始时不可能有很大的武力，像刘邦起兵时只有二三千人，这还得益于他当过亭长，在草莽中啸聚了数百人，还有萧何、曹参等现职县吏的帮助。凭这二三千人几乎不能与其他任何一支反秦武装匹敌，更不用说最终将它们一一收编或消灭。

当然还可以用实行"仁义"的办法，至少可以达到争取人心的目的。但讲仁义得有条件，即大家都讲仁义，单方面讲仁义就只能当东郭先生，下场往往比东郭先生还惨。秦始皇的大儿子扶苏是比较讲仁义的，但对手胡亥（秦二世）和赵高却不讲仁义。面对伪造的秦始皇的诏书，扶苏只能选择自杀。在与刘邦的争斗中，项羽不止一次有过消灭刘邦的机会。项羽入关之初，已经部署了对付刘邦的袭击，以当时的力量对比，刘邦毫无活路。而且刘邦守关阻挡诸侯，已经给了项羽很合适的借口，可以取得其他诸侯的支持。但项羽听了刘邦的解释后放弃了袭击，在鸿门宴上又迟迟不实施与范增商定的行动，刘邦秘密回营后也就不了了之。这固然是由于他有优柔寡断的缺点，但主要还是范增所批评的"不忍"，即没有完全不顾"仁义"；而刘邦对付他时就没有那么多"仁义"了。再说，即使是为了争取人心而实行的"仁义"，也得有实行的条件，施行者得掌握了一定的权力，拥有一定的地位。像刘邦宣布约法三章，前提就是他进了咸阳，成了关中的实际统治者，否则不是被当作空头支票，就会被人视为痴人说梦。比较而言，"仁义"只对已经拥有权势者、当道者有利，出身低微的人要靠行仁义得天下是绝对不可能的。

唯一可以找到的理论根据是"天命"。有了天命就不怕出身低微，也不怕别人指责你手段不光明正大，因为天命在身的人的任何行为都是替天行道，代表天意。可是天命并不是什么具体的东西，不是一只真正的鹿，古往今来，声称自己得天命的人不知有多少，但最终被承认的只是少数成功者。所以那些人的得天命，实际上并不是靠什么预言，而是对既成事实的承认，是出于事后的追认和伪造。相反，失败者即使原来拥有过一些得天命的迹象，也会随着失败的到来而使之荡然无存，因为失败者本身就证明是"天之所厌"，"天之所弃"，是天命的丧失。

就拿刘邦来说，汉朝的史官记载了他很多得天命的征兆和事迹，实际都经不起深究。《史记·高祖本纪》说他母亲刘媪在湖边睡觉，梦中与神仙发生性关系，当时天色昏暗，电闪雷鸣，刘太公去找她时，见到有蛟龙在上面盘旋，刘媪就此怀孕，生下了刘邦。这样的故事本来是母系社会"知母不知父"的残余，后来成了真命天子出世的公式。但这种事要编造也再简单不过，因为除了刘太公夫妇外，没有谁能够证明。据说刘邦的相貌是"隆准而龙颜，美须髯，左股有七十二黑子"，也就是高鼻子，高额骨，长脖子，大胡子，相貌或许有点异常，但在没有摄影技术的情况下，真正见过刘邦的人毕竟有限，到了他死后，就随便史官自己描绘了。至于说他左大腿上有七十二颗黑痣，就更玄了，因为当时不兴在公共场所穿三角裤或裸体，除了他的父母妻妾，谁能看到这些痣并数一下究竟有几点？

其他三个故事，一是老人看相。刘邦当亭长时，请假回家种田。一天，妻子吕雉带着两个孩子在地里干农活，一位老人路过，向她要些吃的。吕雉给了他，他看了吕雉的相说："夫人是天下的贵人。"吕雉让他看两个孩子，他看了儿子后说："夫人之所以能当贵人，就在于这个孩子。"看了女儿后也说是贵人。老人走后，刘邦恰好从邻居家过来，吕雉详细告诉了他。刘邦听说老人走了不远，赶快追上去，让老人给自己看看。老人说："刚才夫人与小孩都与你相似，你的相贵不可言。"刘邦连声道谢："要真像你说的，我一定不忘你的恩德。"刘邦发迹后，却再也没有找到这位老人。

二是斩白蛇。刘邦将刑徒放走后，喝足了酒，走在野地小路上，让一位随行在前面探路，那人来报告："前面有一条大蛇当着道，退回去吧！"酒醉的刘邦说："壮士行路，有什么好怕的？"于是走上前去，拔出佩剑向蛇砍去，蛇被斩为两段，路通了。又走了几步，刘邦醉得就地睡着了。后面有人走过那里，见一位老太在黑夜里哭，问她为了什么事，老太说："有人杀了我儿子，所以哭。"问她："你儿子为什么被人杀了？"老太说："我儿子是白帝子，化成蛇横在路上，现在被赤帝子斩了，所以哭。"那人以为这老太在胡说，想给她点厉害看看，老太忽然不见了。那人遇到刘邦，告诉了他这件事，刘邦心里暗暗高兴，以赤帝子自居，随从的人对他越来越畏惧服从。

第三个故事，是秦始皇曾说："东南有天子气。"所以亲自东游，想凭着自己皇帝的身份将这股天子气镇压下去。刘邦听说后，就怀疑"天子气"是指自己，于是就隐匿在芒、砀二县相交的山野间。但他的妻子吕雉经常能找到他。刘邦很奇怪，问吕雉是怎么回事。吕说："你所在的地方，上面一直有云气，所以只要往有云气的地方就能找到你。"刘邦心中大喜。有的沛县子弟

　　　　　　　　　　葛剑雄写史：中国历史的二十个片断

听说，都想投奔刘邦。

这些故事显然是事后编造的。像看相的事，只有刘邦一家知道，反正随便他们怎么说都行。醉后砍死一条白蛇并不是什么了不起的事，也不能说必无其事，但将此事说成是赤帝子斩白帝子就只有一个人为证，偏偏此人像那位老人一样，连姓名也没有留下，在刘邦当皇帝后再也没有露面。第三件事唯一的证人是刘邦的妻子吕雉，荒野地方有云雾很普遍，天晓得吕雉是不是碰巧找到了丈夫。但秦始皇东游并不是为了什么"天子气"，刘邦藏匿是因为放跑刑徒又弃职潜逃，是够得上死罪的逃犯，就是秦始皇不东游他也不敢露面。总之，这些故事没有一个能自圆其说，但在刘邦当了皇帝以后，不由臣民们不信。就是心里不信，又有谁敢冒着犯"大不敬"罪的风险说三道四呢？

不过，指出刘邦的无赖行径，并不是要否定他的历史贡献。一个人在历史上起了什么作用，应该得到肯定还是否定，主要不在于他的个人品德，而取决于他是否推动了历史的进步；不在于他用什么手段达到了目的，而取决于这一目的是否与历史进程一致；不在于他这样做的动机，而取决于他所作所为的客观效果。

秦失其鹿，天下共逐，最终能得到鹿的只有一个。但在鹿死谁手还没有决定之前，统一政权不复存在，战乱不断，生命财产的损失不计其数，所以重要的是尽快结束争夺，至于谁是胜利者倒是其次的。而要真正结束战争，占有优势的一方就得不惜一切手段地将另一方彻底消灭。

如果项羽听从了范增的建议，在鸿门宴上杀了刘邦，尽管他会受到道义的谴责，却消灭了一个劲敌。如果他亲自统治关中，或者他在刘邦毛羽未丰时就回师关中，刘邦就不可能建立巩固的基地。在他拥有绝对优势的情况下，张良、韩信以至萧何、曹参未必能为他所用。一旦他取得最后胜利，今天我们看到的历史绝不会像《史记》一样。可惜项羽一次次错过了机会，他的失败只能说是咎由自取。项羽的下场或许能博得人们道义上的同情，却是历史发展的必然结果。

如果刘邦满足于统治关中，不主动出关进攻项羽，或许能赢得道义上的胜利，但对他个人和历史都不会有任何好处。因为他将面临项羽或其他关东诸侯的进攻，不是出现旷日持久的战争，就是他被项羽等消灭。即使项羽等承认刘邦对关中的统治，也不过是回到了战国时代，当另一位秦始皇出现时，又得付出多少代价？

在楚河汉界划定后，项羽老老实实解甲东归，刘邦却出其不意发动追击。但正是刘邦的毁约，使战争在短短数月间结束，统一重新恢复。如果刘邦讲究信用，恪守协议，等到项羽喘过气来，少不了又是几年战争。无论谁获胜，大量生命财产的损失就是无法避免的。

在楚汉之间最艰难的相持阶段，项羽曾经对刘邦说过"天下匈匈数岁者，徒以吾两人耳。愿与汉王挑战，决雌雄，毋徒苦天下之民父子为也。"（全国已经有几年不得安宁了，都是为了我们两人，我愿意向汉王挑战，与你决一雌雄，不要再让天下百姓为我们受苦了。）但他既没有置刘邦于死地，也不愿意为了天下百姓的利益而退出历史舞台，而志在得天下的刘邦却不计一时的荣辱，百折不挠地夺取最后的胜利。

当然，夺取了秦朝失去的"鹿"，还有如何保持的问题。但在西汉王朝持续了二百年以后，历史学家对刘邦的成功早已毫无疑问了。

片断三

西汉：轮台罪己

在清朝康熙皇帝之前，活到七十虚岁的皇帝屈指可数，其中一位就是汉武帝刘彻；在位时间也数汉武帝最长——整整五十四年。与秦始皇、汉光武帝、唐太宗、宋太祖、成吉思汗、明太祖相比，只有明太祖比他多活了一岁，但当皇帝的时间比他短得多。不过，这位皇帝的晚年并不如意。

在武帝时期，汉朝先后灭东瓯、南越、闽越、朝鲜，开西南夷，击败匈奴，设河西四郡，通西域，奠定了汉朝极盛疆域的基础。他进一步削弱诸侯王的势力，完全消除了割据的威胁，大大加强了中央集权。他亲自指挥堵塞了长期泛滥的黄河决口，使黄河恢复故道；兴修水利，扩大农田；修建了通向西南、西北边疆的道路。汉朝出现了开国以来最强盛繁荣的局面，武帝的功业也达到了巅峰。

但在皇帝的权力至高无上，不受任何约束的条件下，延续数十年的帝位使武帝本来就存在的好大喜功、挥霍浪费、迷信鬼神、刑法严酷等缺点在他晚年恶性膨胀，造成了严重的后果。

经过数十年的积累，国库中的钱财非常充足。陈粮还未用完，新粮又入库了，结果陈陈相因，粮食腐烂而不能食用。大量的铜钱放在仓库中长久不用，串钱的绳子烂了，铜钱散落无法统计。但这些由上千万农民和手工业者年复一年聚集起来的物资很快就被武帝消耗完了，因为无论是战争、筑路、建城、移民、治河，都需要大笔开支和大量人力，由于原来的粮食生产者成为消费者，新产的粮食必然会减少。而且，随着战线的延长和疆域的扩展，粮食输送的距离越来越远，成本高得惊人。从东部产粮区至北方和西北边疆只能依靠人力或畜力通过陆路运输，在遥远的路途中人和牲口本身就要吃掉大量粮食和饲料，能运到目的地的是极少数。据主父偃统计，秦始皇时从今山东半岛渤海沿岸将粮食运往河套，结果是"三十锺而致一石"，到达目的地的粮食是输出量的一百九十二分之一。汉朝的运输水平大致相同，而目的地更远达云贵高原、河西走廊、天山南北，甚至中亚费尔干纳盆地。武帝曾调集十万人到朔方筑城据守，将关东七十二万贫民迁至西北，征六十万士兵去边郡屯田，数万人向西南夷筑路、安置数万匈奴降人，这些人员至少在最初阶段必须完全由政府供应粮食和必需的生活、生产物资。当时每人每年大约需要十八斛粮食，七十二万人就要一千二百九十六万斛，而从关东输入关中的粮食最多的一年也只有六百万斛。这样大的消耗，国库如何能不空？

郑当时任大司农（农业主管官员）时，建议从渭河引水开一条漕渠，穿过长安城，沿秦岭入黄河，既可方便漕运，又能使上万顷农田得到灌溉。数万人干了三年，漕渠开通，效益不错。这引发了武帝和群臣大办水利的积极性，大项目纷纷上马。河东

（今山西西南部）太守引汾水连接黄河，既可取代底柱（原三门峡中险石）以东的漕运，又可增加五千顷田、每年增产二百万石谷。武帝投入数万士兵开垦这些"渠田"，由于这一带的黄河经常改道，渠道根本不能使用，渠田连种子都收不回，只能任其荒废。又有人建议，从褒斜道运漕粮，御史大夫张汤认为可用斜水通渭水，褒水通汉水，都可以运粮，而两水间相隔的百余里可以用车转送，这样一来，汉中的谷可以运到关中，关东的粮食可以从汉水运来，不必再通过黄河底柱天险。武帝很听得进去，就封张汤的儿子为汉中太守，负责开褒斜道。几万人筑成了五百余里道路，固然距离较近，交通方便，但褒水、斜水都十分湍急，水浅多石，从褒水向关中又是溯流而上，根本没有办法行船。关中花了十几年才开成的龙首渠又没有达到预期的效益，"未得其饶"。元封二年（前一〇九年），武帝亲自主持堵塞泛滥了二十三年的黄河决口，取得了一项空前的成就。这更引发了大办水利的高潮，一时间"用事者争言水利"，西北边疆的朔方、西河、酒泉都引黄河及川谷水灌田，关中上马的工程有灵轵、成国、沣渠，汝南、九江（今淮河南北）引淮水，东海郡（今山东南部、江苏北部）引巨定泽，泰山下引汶水，规模都有万余顷，其他小规模的工程更是不计其数。这些工程中，像成国渠和以后建成的白渠是成功的，发挥了长期效益，但多数只是应付政治任务，劳民伤财。如在朔方开渠，花费上亿，却毫无成效。在这种气候下，齐人延年提出了一个更惊人的计划：将黄河引入匈奴地区，这样一来关东再也不会有水灾，匈奴也不战自灭。总算武帝的头脑还清醒，虽然对延年的气魄颇为赞许，表扬他"计议甚深"，却没有采纳。

如果说水利工程多少还有为百姓着想的成分，那么另一些花费就纯粹出于武帝的个人需要了。如武帝给功臣、将士、宠幸的赏赐不计其数，元朔五年赐卫青军黄金二十余万斤，元狩四年赐卫青、霍去病黄金五十万斤，骗子栾大一次就获赏黄金十万斤。当然这些"黄金"并不真是金子，可能只是精度高的铜，但即使如此，价值也是巨大的。至于对"外国客"和"使者"的接待和赏赐，是作为意义重大的政治任务来对待的，自然更不算经济账。武帝在关中大建宫殿楼台，在各地到处建离宫别馆。他先后建了甘泉宫、柏梁台、承露仙人掌等，所谓仙人掌是用铜制的巨盘，高二十丈，大七围，耗费可想而知。以后又在长安建飞廉、桂馆，在甘泉宫建益寿、延寿馆，通天台，扩建甘泉宫。太初元年（前一〇四年），武帝为了在甘泉宫接待诸侯和各地的"上计"（报告当地户口、赋税、粮食产量等基本情况），专门建造接待诸侯的宾馆。又下令建建章宫，规模宏大，千门万户，前殿比未央殿还高，东面的凤阙高二十余丈，西面有一个方圆数十里的虎圈。北面开一个大水池，称为太液池，中间有蓬莱、方丈、瀛洲、壶梁等岛，还有一个高二十余丈的渐台。南面有玉堂、壁门、雕塑的大鸟等，还有高五十丈的神明台和井干楼，都用走廊互相连接。

根据汉朝的惯例，皇帝登位后就开始卜地修陵，所以属皇帝私产的"少府"以年收入的三分之一修陵。由于陵墓工程浩大，在位时间短的皇帝往往等不到完全修好就死了。但武帝在位时间长达五十四年，到后来陪葬品已塞满陵中，无法再容纳每年新增加的部分，但这种制度又有谁敢改变呢？

　　武帝的挥霍浪费很大程度上与他的迷信和虚荣有关。如元封元年（前一一〇年）去泰山举行封禅大典，就被认为是"存亡继绝"的大事，是"受命于天"的象征。主管天文观测、国家历史和档案的太史令司马谈（司马迁之父）没有能躬逢其盛，竟一病不起。但武帝更多进行的是求仙、求长生不老药、炼黄金术和满足个人的欲望。武帝即位之初就特别敬重鬼神，于是一伙骗子应运而生。

　　首先出笼的是深泽（今河北深泽县）人李少君。他本是深泽侯家的医生，一直自称七十岁，能以意志使物体改变和长生不老，并经常留下一些金钱和衣食。大家见他从来不治产业却如此富裕，又不知道他的来历，更相信他是异人，争着侍奉他。有次在武安侯的宴会上遇见一位九十多岁的老人，李少君说曾经与老人的祖父在某处游玩，老人小时候的确随祖父到那里去过，还记得，在座的人大吃一惊。他见武帝时，看到旁边放着一件旧铜器，就说："这是齐桓公十年放在柏寝的。"武帝一看上面的铭文，果然是齐桓公时的器皿，宫里人都以为他是几百岁的神仙。他向武帝建议"祠灶"（祭灶神），说这样能"致物"（按意志使物体改变），丹砂就能变成黄金，使用黄金制成饮食器皿会益寿，此后能见到海上的神仙，再封禅就能不死，像黄帝一样。他说："我曾在海上遇见安期生，他给我吃的枣子大如瓜。安期生是仙人，住在蓬莱，高兴时见人，不高兴时就隐而不见。"武帝对他十分尊敬，亲自按他的办法祀灶，派人入海见安期生，用丹砂炼黄金。后来这位仙人病死了，武帝深信他不会死，只是化去了。于是齐、燕一带的方士更加活跃。

李夫人死后，武帝日夜思念，齐人少翁说有办法让武帝再见到李夫人。到了夜间，他让武帝躲在帐帷中，在远处也放了一顶帐子，果然在幽暗的灯光中，帐子中出现了一个很像李夫人的美女，少翁说这是他召来的李夫人的神灵。武帝封少翁为文成将军，给予大量赏赐，以客礼相待。少翁说："皇上真想与神仙来往，除非宫室和用具都像神仙一样，否则他们是不会来的。"武帝立即下令对所住的甘泉宫重新布置装修，画上各路神仙，连平时坐的车上也画上云气。少翁这样混了一年多，再也没有什么新招，神仙却一直没有来。他灵机一动，在一块帛上写上一些字，与饲料一起喂入牛肚子，然后假作不知，说这头牛肚子里有奇物。武帝让人杀了牛，果然见有一块帛，上面写着一些看不懂的话。武帝一看，是少翁的笔迹，一审讯，少翁只得交代。武帝将他杀了，但没有公开。

第二年，武帝在鼎湖宫病得很厉害，医生、巫师都没有办法治。有人推荐上郡（治今陕西榆林市榆阳区东南）有位巫师能召神君驱鬼治病，就请他将神君请到甘泉宫，问有什么办法。巫师传达神君的话说："天子不必为病担忧，稍好一些就到甘泉宫来与我相见。"武帝去甘泉宫后，病果然好了。以后就在甘泉宫专门建立了神君寿宫，据说神君（太一）来时有太禁、司命等随从，但都住在帷中，见不到相貌，只听见声音，与人差不多，具体都通过巫师联络。武帝要见神君时，先得沐浴斋戒，然后才能进去。武帝将神君说的话记下来，与一般人说的没有什么不同，武帝却深信不疑。

元鼎四年（前一一三年），胶东康王的内弟乐成侯向武帝推荐栾大。栾大与少翁同出一门，武帝杀了少翁后，一直后悔没有能将他的方术都弄到手，见了栾大，龙颜大悦。栾大长得高大俊俏，会说话，敢吹牛，说得武帝神魂颠倒。他说："我常往来海上，见安期生、羡门等，但因为我身份低贱，他们不相信我；胶东康王只是诸侯，不值得将方子交给他，再说康王也不重视我。我老师说'黄金可炼成，黄河决口可堵塞，不死药可以得到，仙人可以请来'，但我害怕像文成将军一样下场。现在方士都掩口不言，怎么还敢说方术呢！"武帝忙说："文成是吃了马肝死的。先生要是能修成方术，我还有什么舍不得给你！"栾大说："我老师从不求人，是人家求他。陛下一定要请他来，就得提高使者的规格，让他当你亲属，以宾客的礼节对待，让他们佩带印信，才能使他们向神人传话。还不知神人肯不肯来，但尊重使者才有可能请来。"武帝让栾大试试小方术，他将一副棋子放着，棋子居然互相斗起来了。武帝正担心黄河决口堵不了，黄金炼不成，就拜栾大为五利将军，给了他四颗印，封为乐通侯，为他备了一所豪华住宅，一千名仆人，一切用品都由公费置办，将卫皇后生的长女嫁给他，赐黄金十万斤，武帝亲自上门，自武帝姑母以下皇族、文武百官全部登门赴宴送礼。武帝又授予他"天道将军"的玉印，让使者和他都在夜里站在白茅草上交接，表示不将他当臣子。于是每当夜深人静，栾大就在家中举行仪式，但神仙一直没有光临。他就准备行装，说要入海见老师了。

　　当年六月，汾阴的一位巫师在魏国留下的后土堆旁发现了一只鼎，比一般鼎大得多，没有文字款识。武帝派人核实无误，就举行隆重的仪式，将鼎迎到甘泉宫，又随武帝一起运至长安。过中山时，出现一片黄云，有一只鹿经过，被武帝射死，正好当了祭品。武帝召集公卿大夫，问道："因为黄河决口，连年歉收，所以我巡祭后土，为百姓祈谷。今年并没有丰收，鼎为什么会出现？"有关方面论证为吉兆，应将宝鼎祭告宗庙，然后收藏在皇宫。齐人公孙卿报告称，宝鼎出现的时刻与黄帝时相同，黄帝得鼎后三百八十年就升天成仙了。武帝听到后大悦，立即召见，公孙卿说自己的老师是申公，已死，原与安期生来往，听到黄帝的话，但没有书面记录。安期生说："汉朝的圣人出现在高祖的孙子与曾孙间，宝鼎出现后就能与神来往，封禅。封禅的有七十二王，但只有黄帝封了泰山。"申公说："汉帝也应该封禅，封了就能成仙升天。黄帝经常游华山、首山、太室山、泰山、东莱山。"又借着申公说了一通黄帝升天的过程，武帝听了大为感叹："真能像黄帝那样，我把扔掉老婆孩子当作脱鞋那么方便。"（实际上武帝时后宫已增加到数千人。）他封公孙卿为郎，让他在太室山等候神仙。

　　五利将军栾大到泰山转了一圈回来，骗武帝说他在海上遇见了老师，不料武帝派人暗中监视，知道他根本没有出海，他的方术也不灵，就将他杀了。可是到了那年冬天，公孙卿又报告，在缑氏（今河南巩义市西南）城上出现了仙人的足迹，见到像野鸡一样的东西在城上来往。武帝亲自上城察看，还警告他："是不是要学文成、五利将军？"公孙卿答道："仙人无求于皇帝，是皇帝求他，所以没有充分的时间是不会来的。神仙的事看似迂阔荒诞，时间长了，自然会请来。"于是武帝下令全国各地整修道路，修缮名山的神祠，迎接神仙的到来。这位公孙卿一再以神人的踪迹为诱饵，武帝至死不悟。齐地上报的神怪奇方更是数以万计，数千人如醉如痴地求仙。

从元狩元年（前一二二年）开始，武帝外出祠神、求仙、巡游、封禅共二十九次，行踪北至朔方北河（今内蒙古黄河），南至九嶷山附近（今湖南南部），西至安定、北地（今宁夏、甘肃东北一带），东至辽西（渤海北部沿岸）。元封元年（前一一〇年）至泰山封禅，沿着渤海到达碣石山（今河北昌黎县境），花了四个多月。第二年的巡游长达五个月。可以想象，在生产力不发达的条件下，这样"千乘万骑""舳舻千里"的长途、长时间巡游，会耗费多么大的人力和物力，又会给各地正常的生活和生产带来多么大的影响！

三

武帝还实行严刑峻法，任用酷吏，不断增加镇压手段。张汤、赵禹等秉承武帝的旨意，在原来比较宽松的法律上增加了很多新的罪名，如"见知故纵"（知道情况故意不举报、放纵）、"监临部主"（下属犯罪，负有监察责任的上级连坐），减轻犯"深故"（蓄意使用重刑、故意将无罪判成有罪）官吏的处分，加重对"急纵"（轻率释放）罪的惩办，使一般官员宁滥不漏，谁也不敢冒灭族的风险为"囚犯"申冤。律令增加到三百五十九章，其中"大辟"（斩首或腰斩）有四百零九条、一千八百八十二项，可以比照死刑处理的事例有一万三千四百七十二项。元狩六年（前一一七年），张汤甚至创造了"腹诽"（肚子里说坏话）罪，并据此将位居九卿的大农令颜异判处死刑，使之成为案例。另一位酷吏杜周担任廷尉（相当司法部长兼最高法院院长）时，"诏狱"（国家监狱）中的在押犯大量增加，其中二千石级别的官员经常不下百人，各郡上报廷尉的案子每年有一千多件，大案涉及数百人，小的也有数十人，远的数千里，近的也有几百里。审讯时，官吏就根据控告的罪名逼供，不服就用鞭打，动刑罚。所以一听说官府抓人，无论是否有罪，都尽量逃避。有的案子十几年后还在追查，罪名大多是最严重的"不道"，所以都要上报廷尉或中央机关，诏狱中关押的犯人多达六七万，其他监狱中增加的犯人也有十余万。有人指责杜周不照"三尺法"（写在三尺竹简上的成文法）办事，专门揣摩皇帝的意图定案，杜周直言不讳："'三尺法'从哪里来的？前朝皇帝定的就是律，后来的皇帝定的就是令，只要符合当今的就对，干吗要照古法办？"杜周曾被罢官，以后又被起用为执金吾，在搜捕桑弘羊、卫皇后兄弟家属时相当坚决彻底，武帝认为他尽力无私，升为御史大夫。义纵出任定襄太守，到任那天就将狱中的重罪犯二百余人与私自去探监的宾客、家属二百余人全部杀光。王温舒出任河内太守时，准备了五十匹快马，分段等在河内（今河南武陟县西南）至长安途中。他到任后将郡中"豪猾"千余家定为灭族或死罪，立即接力传送，两天内取回批文，把这些人杀得一干二净。十二月结束，按规定春天停刑，王温舒顿足感叹："要是冬天再增加一个月，我就把事情办完了。"武帝听说后，肯定他有本领，提升为中尉。当然，被这些酷吏杀掉的有一部分是该打击的地方豪强，但一味好杀，并且随意更改法律，无辜遭殃者更多。

本来，在文帝时就取消了肉刑，以笞刑代替劓（割鼻子）和斩左脚趾。以后因为笞刑还是不断将人打死，几次减少了笞数，景帝中元六年（前一四四年）又作了更具体的规定：笞刑的刑具长五尺，宽一寸，厚半寸，用竹片，中间的节要刨平，只许打在屁股上，最多打二百下，打的过程中不许换人，打完一名犯人后才能换。但实际上，酷吏根本不遵守这些制度，"榜掠千数"，法外施刑或采用各种酷刑逼供的比比皆是。

就是对大臣和亲戚也是如此。元狩二年（前一二一年）李蔡继公孙弘任丞相，五年有罪自杀；严青翟继任，元鼎二年（前一一五年）有罪自杀；赵周继任，五年死在狱中；石庆继任，太初元年（前一〇三年）病死；公孙贺继任，征和二年（前九一年）死在狱中；刘屈氂继任，一年后就被腰斩。三十一年间的六位丞相，只有石庆一人善终。石庆是汉初功臣、著名的"万石君"（本人和四个儿子都是二千石级别的官员）石奋之子，为人极其小心谨慎。他当太仆时为武帝驾车，武帝问他拉车的有几匹马，他数了一遍后才报告说是六匹。但石庆在职时也多次受到武帝谴责，差·点自杀。所以，这个人臣中的最高官职被一些人视为畏途。

公孙贺是武帝当太子时的下属，又娶了卫皇后的姐姐，是武帝的连襟。但听说要拜他为相，吓得连连叩头，痛哭流涕，不肯接受相印，说："臣本是边远鄙人，靠鞍马骑射当了官，不是做丞相的材料。"武帝与左右见他如此伤心，也感动得都流下眼泪，忙叫左右将他扶起。公孙贺不肯起来，武帝起身走了，他无可奈何，只得接受。后来他儿子太仆公孙敬声擅自动用了一千九百万军费，被关在监狱，正好武帝下诏追捕阳陵（今陕西咸阳市东北）人"大侠"朱安世，公孙贺主动请命，如能捕获，则请求释放儿子，武帝同意了。公孙贺果然将朱安世抓获，朱安世知道是公孙贺想以他为儿子赎罪，就从狱中上书，控告公孙敬声与武帝女儿阳石公主私通，并派人行使巫术，以恶毒的语言诅咒武帝，在去甘泉宫的驰道上埋下象征武帝的偶人（小木人）。武帝令有关部门审讯，将公孙贺父子在狱中杀死，并灭族，武帝两位女儿阳石、诸邑公主，卫青（武帝的姐夫）的儿子、卫皇后的外甥卫伉等都被杀。公孙氏和卫氏因骄奢犯法完全可能，但要咒武帝早死却是万万不敢的，这当然纯粹是一起冤案。这一点，连武帝心里也不是不明白，所以在诏书中公布公孙贺的罪行都是贪污受贿，不顾百姓死活，擅自改变政策，加重百姓负担等方面，而对要害的"巫蛊"罪只含糊不清地提了一句"又诈为诏书，以奸传朱安世"。

继任的刘屈氂死得更惨。他是武帝的庶兄中山靖王之子，公孙贺死时他还在涿郡（治今河北涿州市）太守任上。从陈平、周勃以后汉朝已不设左右丞相了，此时武帝却任命刘屈氂为左丞相，而将右丞相位置空着，"以待天下远方之选"（等待更合适的人）。这一措施既可以解释为武帝对宗室的谦抑，也可以理解为对刘屈氂的预防，但刘屈氂看来毫无察觉，他做梦也不会想到，被"亲亲任贤"、封侯拜相的他，一年后就步了公孙贺的后尘。当年秋天发生太子杀江充后起兵的事件，尽管刘屈氂最终指挥军队镇压了变乱，却已经得罪了武帝。当太子发兵进入丞相府时，刘屈氂"挺身逃"，连印绶也丢了。长史在报告武帝时替他掩盖，说"丞相为了保密，没有敢发兵"。武帝大怒："事情已经到了这一地步，还保什么密？"后来因为覆盎门的值班官员田仁没有截住太子，刘屈氂要杀他，御史大夫暴胜之说田仁是二千石级别，不能擅自处死，应该先请示。武帝又大怒，将暴胜之抓起来责问，他惶恐自杀。刘屈氂虽一时无事，但武帝在表彰"元功"时对他毫无表示。实际上，在武帝对儿子的死悔恨不已时，这位"平乱"的统帅迟早是要成为替罪羊的。

第二年初，李广利出师匈奴，刘屈氂到郊外饯行。李广利建议他应该争取早日立昌邑王为太子，等太子继位后就可高枕无忧了。昌邑王是李广利的外甥，而李、刘二人又是儿女亲家，刘屈氂当然满口答应。但还没有等他有任何行动，内者令郭穰已经揭发丞相夫人让巫师到社祠用恶言咒诅武帝，丞相本人与李广利一起在祠庙祷告，想让昌邑王当皇帝。有关部门要求对刘屈氂夫妇审讯，很快定下了大逆不道罪。武帝下了一道史无前例的诏令：将刘屈氂装在"厨车"（装食品的小货车）上，押到东市当众腰斩，刘妻在华阳街斩首示众。武帝对这位侄儿和现职丞相如此狠毒，显然并不仅是为了子虚乌有的"巫蛊"。

太史令司马迁因为李陵辩解获罪，据他给任安的信中所说，在押期间"交手足，受木索，暴肌肤，受榜垂"（手脚被绳索捆

绑，身上套着木枷，被剥光衣服，用木棍和竹板打），以后又受
"腐刑"（割去生殖器）。这是从轻处罚，比起那些被腰斩、灭族
的人来已经幸运多了。

武帝后期的社会矛盾已相当严重，各地不断出现暴动，南
阳、楚、齐、燕等地都有发生。大的暴动有数千人参加，首领
往往称王称将，攻城略地，取走仓库中的武器，释放监狱中的
罪犯，抓住郡太守、都尉，将他们杀掉，还向周围的县筹集粮
食。武帝派出酷吏，调动军队，连续几年加以镇压，但此伏彼
起，杀不胜杀。武帝又颁布"沈命法"："群盗"四起不发觉，
发觉了而没有全部抓获，二千石以下到最低级的官吏一律处
死。这样一来，地方官干脆不上报，上下互相隐瞒，实际上"盗
贼"越来越多。武帝初全国已有约三千六百万人，到末年只剩下
三千二百万，由于流亡严重，在籍户口减少了一半。

四

武帝虽然贵为天子，个人生活并不幸福。他的第一位皇后陈
氏，是汉初功臣陈婴的曾孙女，又是武帝的姑母、长公主刘嫖的
女儿。武帝能被立为太子，刘嫖是出过力的，所以等武帝一即
位，这位太子妃就被立为皇后。陈皇后仗着长公主的权势擅宠骄
贵，自己十多年生不了孩子，听说卫子夫得到武帝宠幸后，几次
想陷她于死地。武帝大怒，元光五年（前一三〇年），当有人揭
发陈后在背后用巫术咒诅他时，他就下令彻底追查，将替陈后作
巫术的妇女楚服等三百多人杀了，陈后被废入长门宫。

卫子夫本来是武帝的姐姐平阳公主家的歌女，武帝在平阳公主家看中带回宫中，但进宫后就将她忘了。一年多后，武帝选一些无用的宫女出宫，卫子夫哭哭啼啼请求放出，武帝见她可怜，就留在身边，结果给他生下了三个女儿。元朔元年又生了太子刘据，卫子夫被立为皇后。卫子夫的哥哥卫长君、弟弟卫青和外甥霍去病都得到重用，以后霍去病立功封侯，卫青官至大司马大将军，娶了平阳公主，卫氏有五人封侯。

但生了太子几年后，卫皇后色衰失宠，武帝又爱上了来自赵国的王夫人和来自中山的李夫人，可是两位夫人都年轻早卒。李夫人本是舞女，武帝一见钟情，死后怀念不已，让人画了她的像挂在甘泉宫。方士少翁用法术让武帝见到李夫人的形象，却可望不可及。武帝更感悲切，亲自作了一篇悼亡赋。但以后，李夫人的弟弟有罪、哥哥李广利投降匈奴，李氏被灭族。

晚年的武帝在巡游过河间郡（治今河北献县东南）时，又得到一位"奇女"赵氏，封为倢伃，大受宠幸。武帝六十二岁时，她怀孕十四个月后生下一子。

但对晚年武帝最大的打击，还是由江充一手炮制的"巫蛊"冤案。

江充是赵王的上等门客，为了报赵太子丹杀其父兄之仇，到长安告了御状。武帝将赵太子定罪处死，江充得宠，被封为"直接绣衣使者"，负责督察首都特区的治安，并查禁贵戚近臣的违法行为和超标准享受。当时权贵不守法纪的现象很严重，江充征得武帝同意，将一批违法的近臣贵戚的车马没收，让他们去北军报到，参加征伐匈奴，又禁止他们进宫求情。他们的子弟十分恐慌，向武帝请求交钱赎罪，一下子收到数千万罚款。武帝认为江充为人忠直，奉法不阿，对他言听计从。江充在皇帝专用的驰道上发现了馆陶长公主的车队，立即查问，公主说是奉了太后的诏书，江充说："只有公主可以通行，其他车马都不许过。"将其余车马都上报没收。江充随武帝在甘泉宫时，见到太子属员的马车在驰道上行走，扣留后送交主管部门处理。太子闻讯后，派人向江充说情："不是舍不得车马，实在是不想让皇上知道后生气，怪我没有管教好下属，请江先生饶了他。"江充不听，照样报告武帝。武帝称赞他："当人臣的就该如此。"更加信用。

　　武帝在甘泉宫得病，江充见他已年老，怕他死了后自己被太子报复而杀，就上奏，称武帝的疾病是有人以巫蛊作祟所致，武帝任命他为巫蛊专案负责人。在此前，丞相公孙贺父子、两位公主和卫皇后的外甥，已因被诬陷以巫蛊咒诅武帝而被杀。江充找来一位有巫术的胡人，让他挖地三尺，寻找用作咒诅目标的偶人，捉拿搞巫蛊的人。抓到嫌疑犯后就用酷刑逼供，使百姓相互诬陷牵连，官府都以大逆不道定罪，先后杀了几万人。武帝年老多疑，怀疑身边的人用巫蛊咒诅他，所以对被牵连的人，没有人敢为他们鸣冤叫屈。江充摸清了武帝的意图，就说宫里有蛊气。武帝信以为真，特意派按道侯韩说、御史章赣、黄门苏文等当江充的助手。他们先从后宫无宠的妃嫔入手追查，再查到皇后，从武帝的御座下挖起，最后在太子的宫中挖出了用于巫蛊的桐木偶。

　　当时，武帝因病正在甘泉宫避暑，只有卫皇后和太子在长安。少傅（太子老师）石德劝太子假传武帝命令逮捕江充，彻底查清他的奸诈罪行，否则自己说不清，何况武帝在甘泉宫生死不明，"太子就不想想秦始皇长子扶苏的事吗？"情急的太子顾不得仔细考虑，与皇后商议后，于征和二年（前九一年）七月初九派人收捕江充等人，韩说怀疑有诈，拒捕被杀；江充被抓来，太子亲自监斩；但章赣受伤后逃往甘泉宫。

太子杀江充后，宣布武帝在甘泉宫病危，奸臣企图作乱，下令征调军队，发兵占据各重要机构。太子赦免了在中都官服役的囚徒，将武库的武器发给他们，命石德等人率领。丞相府被占后，丞相刘屈氂逃跑，长史火速赶往甘泉宫报告，武帝下亲笔诏令："斩捕反者，自有赏罚。以牛车为橹（用牛车作掩护），毋短兵接（不要用短武器交战），多杀伤士众。坚闭城门，毋令反者得出（别让造反的出去）。"武帝还从甘泉宫回到长安城西的建章宫督战，下诏征发三辅近县兵，由刘屈氂指挥镇压。

至此，形势急转直下。太子征调驻在长水和宣曲的胡骑未成，北军也闭门不出，只得从长安四个市上召来了数万人。这支临时凑起来的部队与刘屈氂的军队在长乐宫西阙下相遇，激战了五天，血流成河。刘屈氂的援军源源而来，太子见大势已去，出覆盎门逃亡。石德等人和太子宾客全部被杀，参预发兵的还被灭族，受牵连的官吏、士卒被流放敦煌郡。武帝派人废卫皇后，逼令自杀，卫氏被灭族。太子夫人史良娣、一子、一女和家属全部被杀，只有一位在襁褓中的孙子被狱官冒死保护下来，十八年后继位（宣帝）。

太子不知所终，但武帝震怒，臣下没有人敢进言。壶关县（今山西壶关县）一位"三老"毅然上书，指出"阴阳不和则万物夭伤，父子不和则室家丧亡。故父不父则子不子，君不君则臣不臣"；他揭露江充的奸计，请求武帝宽恕太子，停止追捕，不要让太子长期逃亡在外；使武帝有所感悟。

太子和二位皇孙藏匿在湖县泉鸠里（今河南灵宝市西北）一户穷人家，主人靠卖草鞋得来的钱供养他们。太子想到自己有位朋友在湖县，听说他很有钱，就让人去找他，走漏了消息。地方官带兵围捕，太子自知无法逃脱，堵住房门上吊自杀。士兵张富昌一脚踢开房门，新安县（今河南渑池县东南）令史李寿奔来解开绳子，将太子抱下，可是早已气绝身亡。主人格斗而死，两位皇孙被杀。武帝闻报无比伤感，封李寿和张富昌为侯。

日子一长，事实证明，所谓巫蛊纯属冤案，武帝也知道太子实在是因为害怕至极，并无其他意图，但又不便公开认错。正在此时，高寝郎（高祖庙值勤官员）田千秋紧急上书为太子申诉："儿子玩了父亲的兵，应有的惩罚是打一顿板子；天子的儿子过失杀人，算得了什么大罪！我梦见一位白头老翁教我说这话。"武帝立即召见田千秋，赞扬他说："父子之间的事，别人是难说话的，你却能讲清楚，这是高祖庙的神灵让你来教我的。"立即封他为大鸿胪，几个月后又任命为丞相。武帝将江充家灭族，将参预追查巫蛊的苏文在渭水桥边活活烧死，在泉鸠里对太子动武的军官已升为北地太守，也被灭族。武帝造了一座思子宫，还在湖县筑归来望思台，寄托自己的哀思，为太子招魂。

晚年的武帝极其孤独，毫无天伦之乐，所以对身边出现的孩子表现出异乎寻常的喜爱。侍中金日磾有两个小儿子，常常在武帝身边玩耍，成为武帝的"弄儿"，深得他欢心。有次孩子在背后搂着武帝的脖子玩，被金日磾看见，狠狠瞪了一眼，小孩吓得赶快放手，边走边哭说："爸爸发脾气了。"武帝立即指责金日磾："干吗对我的孩子发脾气？"后来大儿子长大了，不守规矩，有一次与宫女在殿下开玩笑，被金日磾见到，他怕以后闹出事来，把儿子杀了。武帝得知后大发雷霆，金日磾叩头谢罪，说明了杀儿子的本意。武帝非常伤心，流下了眼泪。他也是一位老人，像普通老人一样爱孩子；但他是一位皇帝，不得不用沉重的代价来维持他至高无上的权威和不可侵犯的尊严，以至要杀死自己的妻子、儿孙，并且不能像普通老人那样喜欢身边的孩子。

　　除了太子外，王夫人为武帝生过刘闳，被封为齐王，但八年后就夭折了。李姬为他生了两个儿子，分别被封为燕王和广陵王。燕王有野心，在太子死后，认为该轮到自己了，上书要求从封地回长安，以后又隐匿逃亡者，引起武帝的厌恶。广陵王力大无穷，却喜欢吃喝玩乐，很不成器。李夫人为他生一子，被封为昌邑王，但只比武帝晚一年去世，看来身体很差。从他的儿子刘贺即位三十七天就被废掉看，这位昌邑王大概不会好到哪里去。武帝不得不考虑立最小的儿子为继承人。但想到吕后的教训，担心出现年轻的太后专政的局面，犹豫再三，终于在孩子五六岁时找个借口将赵婕妤杀了。这位无辜的妇女也当了权力斗争的牺牲品，但从西汉末年和东汉的外戚之祸看，武帝此举不能不说是一片苦心，是不得不采取的防范措施，尽管当时还看不出任何迹象。从个人情感说，武帝是残酷的；从汉朝的千秋大业着眼，他是英明的。不知是吸取了汉族统治集团外戚介入权力斗争的教训，还是别的什么原因，以后拓跋鲜卑建立的北魏甚至在开国之

葛剑雄写史：中国历史的二十个片断

初就定下了一条更残酷的规定：凡儿子被立为太子，其母一律赐死。

五

太子之死终于使武帝的头脑变得清醒了些，他在最后三年内采取了一些弥补的措施。

征和四年（前八九年），重合侯马通率四万骑兵进攻匈奴，开陵侯率西域楼兰等六国攻打依附匈奴的车师（在今新疆吐鲁番一带），车师王投降。搜粟都尉桑弘羊与丞相、御史奏请增派军队去渠犁、轮台一带屯田，并招募百姓去耕种，在沿途建造亭障。但不久前贰师将军李广利兵败投降匈奴，汉军损失很大。于是汉武帝下诏：

> 先前有关部门上奏，要将百姓的口赋钱每人增加三十，以筹集边防费用，这会使老弱孤独更加困苦。现在又要求派士兵去轮台屯田，轮台在车师西面千余里。上次开陵侯攻击车师时，先派危须、尉犁、楼兰等六国在首都的子弟回国，让他们征集牲口和粮食迎接汉军，又由各国国王亲自率领军队共数万人配合，一起包围车师，使它的国王投降。各国的军队已很疲劳，没有能力在沿途供应汉军的粮食。汉军攻破车师城后，缴获的粮食很多，但士兵自己负载不了足够路上吃的粮食，身体强壮的吃牲畜的肉，体弱的在路上死了几千。朕征发酒泉郡的驴子、骆驼背了粮食出玉门关去迎接。

官兵是从张掖郡出发的，路不是很远，但还是有很多人掉了队。

以前朕不了解情况，因为一位叫弘的军候上书，说什么"匈奴人将马的前后脚缚住，扔在长城下，骑着马高叫：'秦人（匈奴对汉人的称呼）！这马就赏给你们了。'"又因为汉朝的使者被扣留在匈奴，很久没有能返回，所以就派贰师将军（李广利）出兵，想作为使者的后盾，加强他们的地位。

古时候的卿大夫参预策划，都根据龟版占卜，不吉利就不行动。那次将匈奴人缚马脚的报告给丞相、御史、二千石级别的各位大夫、饱学的郎官，以至郡属国都尉成忠、赵破奴等都传阅了，他们都认为"敌人自己缚住马脚，没有比这更不祥的了"。也有人认为"这是故意要显示他们的强大，表示对付我们有余，将马脚缚住也比我们强"。根据《易经》占卜，得到的是《大过》中的卦，九五的爻，表明匈奴必败。民间征召来的方士、太史（国家天文台专职官员）观星望气，太卜（皇家占卜师）根据龟版占卜，都认为是吉兆，匈奴必破，是千载难逢的良机。卜辞上又说"北伐行军，到釜山必胜"。让他们为诸将打卦，贰师将军最吉利。所以朕亲自命令贰师将军向釜山进军，还特意下诏，要他一定不要深入敌境。现在证明这些意见和卜卦都是错误的、相反的，重合侯抓回来的匈奴侦察兵说："听说汉军将要进攻，匈奴派巫师在必经之路和水源埋下牛羊，咒诅汉军。单于送给天子的马匹和裘皮，也总是让巫师先咒诅一番。缚住马脚，也是咒诅汉军。"又让人占卜，结果说"汉军有一位将军不吉利"。匈奴人常说："汉朝极大，但汉人耐不得饥渴。缺了一匹狼，就会跑走一千只羊（丧失一名将军，就会损失一千名士兵）。"

那次贰师将军战败，士兵或战死，或被俘，或流失，朕心中一直深感悲痛。现在又要求在遥远的轮台屯田，沿途还要建兵站和供应点，这是使全国百姓背上包袱，受到骚扰，不是爱民的措施，朕不忍心听到这样的建议。大鸿胪等又提议，想募集囚徒送匈奴使者回去，给他们定下封侯的赏格，让他到匈奴后为汉朝出气。这是连春秋五霸都不会采用的卑鄙手段，堂堂大汉怎么可以干？何况匈奴获得汉朝的降人后，总要仔细搜查，反复盘问，了解情况。

现在边塞管理松弛，出入没有严格禁止，边防哨所的长官为了得到皮毛兽肉，让士兵外出捕猎，士兵非常辛苦，但烽火传送却经常缺少。下面报上来的文书中从来看不到这些现象，以后有匈奴降人来了，或者俘虏了敌方人员后，才知道存在这些弊病。

当今最重要的是禁止对百姓苛刻残暴，制止擅自增加赋税，努力开展农业生产，切实执行养马可以减免赋税的政策，以弥补军马的缺口，使国防力量不至于削弱。各郡、国的长官都应提出增加马匹和巩固边防的具体措施，由上计吏带到朝廷来。

尽管武帝将主要责任都推给了臣下，但作为一位长期独断专行、自以为是的君主能够承认自己的过错，并且规定了切实的纠正措施，还是难能可贵的。他封田千秋为富民侯，作为"以明休息，思富养民"的象征。又任命赵过为搜粟都尉，推广代田法，以提高粮食产量。这些措施的实际效果并不大，但标志着国家政策的重要转折，至少是将"苛暴"、"擅增赋"的势头制止住了。

武帝自知不久于人世，想到了已在身边二十多年的大臣霍光，让人绘了一幅周公抱着成王接受诸侯朝拜的图画赐给他。后元二年春，武帝在五柞宫病危。霍光哭着请示："陛下如不幸，谁应该为继承人？"武帝说："你没有懂我给你那幅画的意思吗？立小儿子，你像周公一样行事。"霍光叩头推让："我不如金日磾。"金日磾说："我是外国（匈奴）人，不如霍光，再说别让匈奴人看不起汉朝。"于是武帝任命霍光为大司马大将军，金日磾为车骑将军，上官桀为左将军，桑弘羊为御史大夫，接受遗诏辅佐少主。第二天，武帝死，八岁的太子继位，就是昭帝。

六

正如司马光在《资治通鉴》中作的评论所指出的，汉武帝的晚年与秦始皇几乎没有什么区别，但汉朝没有亡，而且在昭帝、宣帝时能够中兴，原因在于武帝"能遵先王之道，知所统守，受忠直之言，恶人欺蔽，好贤不倦，诛赏严明，晚而改过，顾托得人"。

前面这些优点其实并不明显，而且武帝的改过不过三年，国内的严重危机并没有消除。关键的一点还是他"顾托得人"，对身后事作了正确的安排。在这一点上，他的确比秦始皇高明得多。

秦始皇在将长子扶苏赶到边疆去后，对继承人没有作出明确安排，却让少子胡亥随自己巡游。由于他"恶言死"（忌讳别人说到他的死），连丞相李斯等大臣都不敢问他后事。当他病重时，只是下诏令扶苏"与丧会咸阳而葬"，让他到咸阳参加葬礼，却没有明确让他继位。这份诏书固然被赵高串通李斯篡改了，但即使照原样发到扶苏那里，扶苏遵诏到了咸阳，继承问题也没有最终解决。他信用赵高，对李斯又诸多限制，更为胡亥的篡夺和赵高的专权准备了条件。

而武帝从杀赵倢伃，选定霍光为首席顾命大臣，赐画，立太子，确定辅佐大臣，一步步都有计划。霍光敢请示他死后怎么办，说明他在霍光等人的心目中并不是"恶言死"的秦始皇。武帝死后，燕王刘旦就声称他收到的玺书规格不对，"京师疑有变"，立即派心腹到长安活动，又串联其他宗室，谎称受了武帝遗诏。要是武帝临终前不作出明确的指示，要是武帝像秦始皇那样，那么一场内乱就不可避免。

霍光和金日磾并不是朝廷中级别和资历最高的官员，此前也没有太大的功绩，金日磾还是匈奴休屠王之子，是武帝从俘虏中提拔出来的，但两人都在武帝身边多年，武帝了解他们的人品和能力，事实证明，武帝托付得人，使汉朝得以延续和中兴。继位的昭帝才八岁，执行什么政策主要靠霍光等大臣决定和维持。昭帝死后，霍光又毅然决定废掉刚立的昌邑王，另立宣帝，也体现了武帝的遗愿，使昭帝时的休养生息政策得以继续执行。

武帝宁可不立已成年的燕王、昌邑王，却立八岁幼儿，显然是深知两个大儿子的弱点，也是出于对霍光的绝对信任。因为一旦不成器的成年儿子登位，霍光的作用就会大大减弱，甚至会毫无影响，武帝的意图自然无法保证。而不预先排除母后的影响，霍光也未必能得心应手。这样的安排，的确显示了武帝的雄才大略，使他已经暗淡的晚年重新发出光彩。

片断四

西汉：庙乐之争

西汉本始二年（公元前七二年）五月，即位不足两年的汉宣帝下了一道全面颂扬他的曾祖父汉武帝的诏书，要求丞相、御史与列侯（世袭的侯爵，一般为功臣或外戚及嫡系后裔）、二千石（年俸二千石的高级官员）、博士讨论武帝的"尊号"和"庙乐"：

> 孝武皇帝躬仁谊，厉威武，北征匈奴，单于远遁，南平氐羌、昆明、瓯骆两越，东平薉、貉、朝鲜，廓地斥境，立郡县，百蛮率服，款塞自至，珍宝陈于宗庙；协音律，造乐歌，荐上帝，封太山，立明堂，改正朔，易服色；明开圣绪，尊贤显功，兴灭继绝，褒周之后；备天地之礼，广道术之路。上天报况，符瑞并应，宝鼎出，白麟获，海效钜鱼，神人并见，山称万岁。功德茂盛，不能尽宣，而庙乐未称，朕其悼焉。
>
> （孝武皇帝亲身实践仁义，加强军事威力，北征匈奴，使它的首领单于逃往远方，南平氐羌、昆明、瓯骆、南越、东越，东平薉、貉、朝鲜，开疆拓土，建立新的郡县，众多

的蛮族纷纷降服，自己来到边塞请求归顺，缴获和贡献的珍宝陈列在宗庙之中。他统一音律，指导创作了乐曲歌曲，祭祀上帝，到泰山封禅，建立祭礼天帝的明堂，改变了历法年号，更新了衣冠服饰。继承了圣人的遗产，尊重贤能，封赏功臣，让已断绝的圣贤后代得到续封，表彰了周朝的后裔。崇祀天地的礼仪都已齐备，扩大了继承传统和研究学术的途径。他的功绩得到上天的报答，各种吉祥的征兆纷纷涌现，宝鼎出土，白麟被捕获，大海奉献了巨鱼，神仙到处显现，高山欢呼万岁。他的功德无量，不能用言语来表达，可是他的庙中还没有与他的功绩相称的音乐，使朕感到非常伤心和不安。）

会集在朝廷的群臣自然理解这道诏书的伟大政治意义，立即表示衷心拥护，纷纷论证诏书的必要性和及时性，提出崇尊先帝的称号和方案。唯有长信少府（皇太后师傅）夏侯胜发表了惊人的反对意见：

> 武帝虽有攘四夷广土斥境之功，然多杀士众，竭民财用，奢泰亡度，天下虚耗，百姓流离，物故者半。蝗虫四起，赤地数千里，或人民相食，畜积至今未复，亡德泽于民，不宜为立庙乐。
>
> （武帝虽然有驱逐四夷开疆拓土的功绩，但造成大批士兵和民众死亡，弄得民穷财尽，生活奢侈，挥霍无度，以至国家财力耗尽，国库空虚，百姓流离失所，半数人口死亡。

到处发生蝗灾，赤地数千里，甚至出现了人吃人的现象，到现在还没有恢复元气。武帝对百姓没有什么功德恩泽，不应该给他制定庙乐。）

这自然引起群臣一片哗然，尽管他们举不出反驳夏侯胜的理由，却一致反对："这可是诏书！""难道你敢反对诏书？"也有好心人劝他不要冒违抗最高指示和否定伟大先帝的风险，可夏侯胜不为所动："这道诏书不应该执行。当臣子的职责，必须坚持真理，直言无讳，而不是为了讨好皇帝而顺从他的旨意。我的话已出口，绝不收回，就是死了也不后悔。"

为了坚决维护皇帝的权威，不折不扣地落实诏书，丞相蔡义和御史大夫田广明带头声讨夏侯胜"非议诏书，毁先帝"的罪行，定性为"大逆不道"；又揭发丞相长史（丞相府秘书长）黄霸事先知道夏侯胜的观点而没有举报，犯有包庇怂恿之罪；两人都被捕入狱，判处死刑。

经历了这场风波，大臣们以更大的积极性落实诏书，很快拟定方案：尊武帝的庙号为世宗庙，在庙中演奏《盛德》《文始》《五行》舞曲，全国臣民永远供奉，世世代代铭记他的伟大功绩。武帝生前巡行过的四十九个郡国（约占全国郡国的一半）都建立世宗庙，像高祖（刘邦）庙和太宗（文帝刘恒）庙一样。在宣帝前的西汉六位皇帝中，武帝是第三位享有特殊地位的皇帝。宣帝立即批准，下令在全国执行。为庆祝这一重大决定，特地给全国成年男子普遍增加一级爵位，并赏赐酒肉，让百姓痛饮一次，以示普天同庆。

不过汉宣帝并没有按惯例将夏侯胜和黄霸按"大逆不道"罪处死并"夷三族"，而是长期关押，夏侯胜与黄霸也丝毫没有改变自己的立场。夏侯胜是经学名家，黄霸要求在狱中接受传授，夏侯胜推辞，说我们都是死刑犯，黄霸却引用孔子的话："朝闻道，夕死可矣。"夏侯胜深受感动，就一直给他讲授。两年后，关东四十九个郡同时发生地震，造成山崩地裂，城墙房屋倒塌，死了六千多人。宣帝在赈灾的同时宣布大赦，夏侯胜与黄霸获释，分别被任命为谏大夫给事中（皇帝亲近谏官、内廷秘书）和扬州刺史（扬州大区的监察官）。这就透露出了汉宣帝的微妙态度，也说明了武帝庙乐之议的背景并不是那么简单。

武帝是宣帝的曾祖父，但宣帝的祖父母、父母都死于武帝之手，宣帝自己也差一点被杀于襁褓之中。

宣帝的祖父刘据是武帝的长子。武帝虽然少年即位，后妃众多，但直到二十九岁时卫夫人才生下刘据，所以喜出望外，卫夫人立即被立为皇后，刘据七岁就被立为皇太子。刘据十六岁时纳史良娣，不久即生下皇太孙刘进（史皇孙），到征和二年（前九三年）史皇孙的王夫人生下宣帝，称为皇曾孙。六十六岁的武帝已经四代同堂，在西汉诸帝中实属异数，就是在历代帝王中也不多见。

可是就在宣帝生下的几个月后，一场震惊朝野的事变发生了。由于宠臣江充的挑拨离间，多病又多疑的武帝竟相信他编造的离奇谣言——从朝廷到后宫存在着一个庞大的"巫蛊"阴谋集团，企图通过巫术咒诅来谋害他。在使武帝杀了丞相公孙贺父子、两位公主、卫皇后的外甥后，江充把清查的范围扩大到宫中，据说在太子宫中掘到了用于咒诅的桐木人。当时武帝正在离长安数百里的甘泉宫避暑养病，连皇后也无法与他联系，太子惊慌失措，深恐无法向武帝辩白，决定先发制人，假传武帝旨意捕杀江充一伙。太子以镇压江充谋反的名义发兵，与丞相刘屈牦调动的军队交战，兵败后逃出长安，卫皇后自杀。太子在湖县被围捕时自杀，史良娣、史皇孙和太子的其他子女全部被杀，只留下宣帝这个婴儿，也被关在监狱。武帝临死前不久，看风水的人对他说，长安的监狱中有天子气，武帝派使者去各监狱将犯人不分轻重全部杀净。使者在半夜到达，负责此案的邴吉紧闭大门，不让他进入，才使宣帝保全性命。以后宣帝一直流落民间，十八岁时才被大将军霍光立为皇帝。

尽管这位从未见过面的曾祖父实际上是杀了他全家的仇人，却是宣帝的皇位和权力的来源。武帝六个儿子中，除长子（太子）据、昭帝、齐王闳、燕王旦、昌邑王髆已死外，还有广陵王胥在世。昭帝死时，群臣一度主张立广陵王，被霍光以他行为"失道"而否决，立了武帝孙子辈的昌邑王贺（刘髆之子）。昌邑王被废时，武帝的孙辈、曾孙辈的人还不少，如果将挑选的范围扩大到武帝一系之外，刘氏宗室中称得上合适的人选就更多，并无非立宣帝不可的理由。至于说到"贤"，一直生活在民间的宣帝并没有什么可称道的地方，即使在后世为他修的本纪中，也只能举出曾经学过《诗经》，"高材好学"这一条，却不得不承认他"亦喜游侠，斗鸡走马"，并曾在莲勺县受人困辱，看来至少有些市井小流氓习气。所以他唯一的优势是武帝的嫡长曾孙，一切都离不开武帝影响力的存在，如果否定了武帝，他自己的合法性也就荡然无存了。所以宣帝不仅不能批评武帝，还要大力颂扬他的功绩，给予最大的尊崇，维持他的绝对权威。

宣帝即位后，照例要追尊自己的父祖。但当他让有关部门确定"故皇太子"的谥号时，得到的结果仍是一个"戾"字。根据《史记正义·谥法解》："不悔前过曰戾。""戾太子"的意思就是"死不改悔的太子"。这是由于汉武帝生前虽然已经知道太子的无辜，却从来没有给他平过反，大臣们不敢贸然改变，宣帝也只能接受先帝留下的冤案，因为他要维持武帝这面旗帜，就不能另立是非标准，尽管事关自己的祖父和父亲。

对宣帝另一项重要的制约因素是大将军霍光。武帝临终时，与霍光同时奉遗诏辅佐少主的大臣还有金日磾、上官桀和桑弘羊，但金日磾不久就去世，上官桀和桑弘羊都因谋反罪被杀，霍光成为唯一的顾命大臣。昭帝死后立昌邑王刘贺，不久废昌邑王，再立宣帝，最后决定权都操于霍光之手。到宣帝继位，霍光执掌大权已长达十五年。在这样一位权倾朝野，实际握有最高权力，甚至可以对皇帝生杀予夺的"大将军"的庇护下，从平民直接登上帝位、毫无政治资本和人事基础的宣帝的处境和心态是可想而知的。宣帝即位之初，要去拜谒高祖庙，站在他车上作为护卫的就是霍光，宣帝内心既紧张又害怕，"若有芒刺在背"。宣帝此前已娶许广汉之女，并生了一个儿子（元帝），但霍光想将小女儿嫁给他，大臣们已经开始造立皇后的舆论。宣帝不敢公开对抗，就下了一道诏书寻找他原来用过的一把剑。大臣们明白他的真意，建议立许氏为皇后。许广汉照例应被封为侯，霍光借口他是受过宫刑的人，不宜当侯国之主，拖了一年多才封他为昌成君。待许后再次分娩时，霍光的太太指使女医将她毒死，霍光的女儿还是当了皇后。宣帝即位后，霍光曾表示要交回执政权，宣帝当然不敢接受，经过一番谦让，还是下令凡事先禀告霍光，然后再上奏。霍光每次朝见时，宣帝都战战兢兢，谦卑到了极点。宣帝自然不会忘记昌邑王的下场，自己是否"贤"实际都是由霍光说了算，而霍光唯一无法否定的就是武帝嫡长曾孙的身份，而霍光的权力也是由武帝临终所授，所以武帝这面旗帜举得越高，自己的地位就越安全。

其实在武帝晚年时，臣民的不满已相当严重。武帝不得不下诏罪己，以缓和矛盾。在昭帝始元六年（前八一年）举行的盐铁会议上，由全国各地推举出来的六十多位贤良、文学历数民间疾苦，与御史大夫桑弘羊展开了激烈的辩论。贤良、文学对武帝的盐铁官营、赋税徭役、对匈奴用兵、开疆拓土等政策提出了严厉的批评。且不说他们大量骂秦始皇的话实际都是指汉武帝，就是直接指责汉武帝的话也非常尖锐。贤良和文学如此大胆，当然得到了执政的大将军霍光的默许或支持。这倒不是霍光有意背叛武帝，实在是国家急需休养生息，已经到了非改变武帝政策不可的地步了。来自民间、接近下层的宣帝，不会不知道武帝留下的恶果，所以他重新称颂武帝，上尊号，定庙乐，只是一种不得已的倒退。

三

　　夏侯胜虽然激烈批评武帝，但也没有否定他"攘四夷广土斥境"的功绩，不过他所列举的武帝的罪过也是铁的事实，以至满朝承奉诏书的大臣也无法为武帝辩护。他列出的事实中，"多杀士众，竭民财用，奢泰亡度"，还可以说是一般性的问题，再说哪一个皇帝不杀人，不奢侈？"蝗虫四起，赤地数千里，或人民相食"，可以解释为是"连续自然灾害"造成的；最难推卸责任的是"物故者半"。一个社会如果死了一半人，统治者还有什么英明伟大可言？

　　夏侯胜讲的究竟是否事实，两千多年来没有人认真作过考证，当代也有人不以为然。我在撰写《西汉人口地理》时作了一番研究，发现汉武帝时的人口损失虽然远没有达到一半，但已经极其严重。

　　武帝在位的五十四年间，人口能保持正常增长（约每年千分之七）的只有七年，低于正常增长的有二十一年，而人口减少或毫无增长的有二十六年。而且，造成人口大量死亡的主要原因并不是天灾，而是人祸。

　　武帝发动的一系列战争中，当然有一部分是必要的，不得已的，例如反击匈奴的入侵，进而主动出击，消灭匈奴的有生力量；但一部分是毫无必要，完全可以避免，甚至只是为了满足个人私欲，例如对远在中亚的大宛的用兵，就是出于掠夺当地的名马、并趁机让宠妃李夫人的兄弟李广利立功封侯的目的。但不管哪一类战争，都会造成人口大量损耗，更何况规模过大、过于频繁？战争的影响不仅是人口的直接伤亡，还使用于农业生产的人力和畜力大量减少。当时的战场大多在遥远的边疆，甚至远达中亚的费尔干纳盆地，需要的粮食和物资却要从太行山以东地区运去，有时运输人员或牲畜在路上消耗了绝大多数，运到目的地的粮食只有数十分之一。战争征用的牲口往往数以十万计，结果损失殆尽，如元狩四年（前一一九年）卫青、霍去病征匈奴，随同出塞的马有十四万匹，但返回的不到三万匹；又如太初三年（前一〇二年）李广利出兵西域时，出动的人员有数十万，牛十万头，马三万匹，其他大牲口数万头，次年能回到玉门关的只有万余人和千余匹马。由于丧失了这些劳动力和牲畜，又有多少人会挨饿而死亡？多少妇女会成为寡妇或中止生育？

武帝的奢侈挥霍也不亚于秦始皇。他在长安一带大建宫殿，各地遍筑离宫，备极豪华，又劳师动众，巡游全国。武帝的陵墓修了五十多年，每年要耗费国库三分之一的收入，这虽是汉朝的惯例，但数他历年最长、耗费最大。到他死时，茂陵（武帝陵名）已经放不下陪葬品了。近百年后赤眉军打开茂陵，搬走的东西不到一半。直到近三百年后的西晋，陵中腐朽了的帛还堆积如山，珠宝玉器还没有盗尽。关中耕地本来就不足，但武帝建上林苑就占了几个县的良田。

武帝长期任用酷吏，制订严酷的法律，发明了很多原来没有的罪名，如"腹诽"（肚子里说坏话），实在是欲加之罪，何患无"法"？用以定死罪的案例增加到了一万三千四百七十二件，但法外施刑的现象比比皆是，由此而冤死的百姓不计其数。武帝时大案迭兴，每个"谋反大逆"集团或每次镇压运动至少杀掉数万人。不仅平民百姓，就是中央和地方的高官也人人自危。元狩二年，李蔡出任丞相，三年后有罪自杀；换上严青翟，又三年后自杀；继任的赵周三年后被处死；下一位丞相石庆以小心谨慎著称，虽毫无建树，总算保全性命，但继任的公孙贺、刘屈氂无一善终。所以公孙贺拜相时，顿首痛哭，不愿接受，连武帝都掉了眼泪，公孙贺伏在地上，武帝让人扶他也不肯起来，直到武帝走了，才不得不接受相印，最后还是免不了灭族之祸。

根据我的计算，武帝前期的最高人口数（约在元光二年，前一三三年）约为三千六百万，四十多年间总人口减少了约四百万。如果按正常的年平均增长率千分之七计，四十年可以增加百分之三十三点一八，应该从三千六百万增加到四千七百五十九万，而实际反而降低到了三千二百万，损失了一千五百五十九万。如果这一千五百五十九万人中一半是非正常死亡，一半是由于出生率降低，那么死亡人数也有七百多万。相对于一个三千多万的总人口，死亡数超过百分之二十。对一个统治者来说，造成自己的国家五分之一以上的人口死亡，损失了三分之一的人口，无论如何都是令人发指的暴政和不可饶恕的罪行。

至于"物故者半"或"户口减半"的说法虽然过于夸大，也是事出有因。主要是由于武帝好大喜功，晚年又制定了一项"沈命法"，规定地方上发生反叛或暴动，如果地方官不发觉，或者发觉了没有及时镇压，就全部处死。所以一方面是百姓不断逃亡、反叛和死亡，另一方面是地方官继续按正常增长率虚报户口，使实际人口与官方的户口统计数之间的差距越来越大。到昭帝、宣帝重新登记户口时，又有不少人漏登，所以就出现了"户口减半"的不正常现象。但由于武帝时的人口损失非常严重，所以当时人并不觉得这一说法不对，对夏侯胜的批评无法提出反驳。

四

宣帝不失为明智的皇帝，尽管他不得不作出尊崇武帝的姿态，但实际上一直在纠正武帝的错误政策，任用良吏，恢复经济，减轻百姓负担，缓解社会矛盾。在霍光死后，他终于亲自执政，并最终清除了霍氏势力。

宣帝深知夏侯胜的忠直，每当朝廷讨论大事，总是鼓励他："先生放心直言，不要受上次那件事的影响。"夏侯胜不仅官复原职，还升为太子太傅，担当辅导太子的重任，奉诏著书立说，直到九十岁死在任上。

黄霸在扬州刺史任上三年后调任颍川太守，并受到宣帝的特别表彰。他在颍川八年，治绩显著，被调为太子太傅，又提升为御史大夫，以后又当了五年丞相，是西汉一朝文官的典型。《汉书·循吏传》有这样的评价："自汉兴，言治民吏，以霸为首。"

事实证明，宣帝只是利用了武帝这面旗帜，并没有坚持武帝的错误政策。正因为如此，他才实现了西汉的中兴。

在茂陵的地宫被关闭的一百多年后，由班固编纂并得到东汉明帝肯定的《汉书》在《武帝纪》的"赞"（评价）中作了这样意味深长的结论："如武帝之雄才大略，不改文、景之恭俭以济斯民，虽《诗》《书》所称何有加焉！"（像武帝这样的雄才大略，要是还能够像文帝和景帝那样亲自实行节俭以施惠于百姓，那么就是《诗经》和《尚书》中所称道的人也不见得比他强了。）尽管这里说得十分委婉，但在《汉书》的其他纪传中，我们可以找到不少武帝如何不"恭俭以济斯民"的事实，而在《昭帝纪·赞》中更明确作出了武帝的统治造成"海内虚耗，户口减半"的结论。

这正是当年夏侯胜揭露的事实，至此可算是盖棺定论了。

断片五

新朝：王莽改制

在旧时代，王莽一直是位反面人物。近代以来，史学家虽也注意到了他的一些积极方面，或者肯定他的改革意图，但他的"阴谋""虚伪"似乎已成定论。王莽覆灭后，除了东汉初班固所修、得到官方认可的《汉书》有一篇《王莽传》外，其他有关史料已荡然无存。所幸《汉书·王莽传》还相当详细，但就是这数万字也还没有引起史学家的充分重视，以至在论述王莽时往往只看班固的论断，却不顾事实，更缺乏理性的分析。为了证明我的看法，不得不先列出有关事实。

初元四年（前四五年）王莽出生在一个煊赫的家庭，当时他的姑母王政君已被元帝立为皇后。成帝（王政君之子）继位后，王莽的伯父王凤被封为大司马、大将军、领尚书事，执掌朝廷大权。河平二年（前二七年），王莽的五位叔伯在同一天被封为侯。王家先后有九人封侯，五人担任大司马，是西汉一代中最显贵的家族。但王莽本人却十分不幸，父亲早死，没有轮到封侯；哥哥也年纪轻轻就死了，留下了孤儿寡母。这却使王莽从小养成了与富贵的堂兄弟们不同的习惯，他谦恭好学，在向沛郡学者陈参学

《礼经》时非常勤奋，生活俭朴，与普通儒生无异。平时侍奉母亲和寡嫂，抚养侄儿，都规规矩矩。对待社会上的名流学者、家中各位叔伯，格外彬彬有礼。阳朔三年（前二二年），伯父王凤病重，王莽悉心侍奉，王凤每次用药前他都亲自尝过，成月不脱衣睡觉，经常蓬头垢面。王凤深为感动，临终前托太后和成帝照顾他。王莽被封为黄门郎，不久升为射声校尉，踏进仕途。

几年后，王莽的名声越来越大，当代一些名士都在成帝面前赞扬他，叔父成都侯王商上书，愿意将自己的封邑分出来封给他。永始元年（前一六年），王莽被封为新都侯，升任骑都尉光禄大夫侍中。王莽在宫中值勤时总是小心谨慎，官越升，越是谦虚。他广泛结交高中级官员，赡养救济名士，家里不留余财，连自己的车马衣服都拿来分发给宾客。在位的官员不断举荐他，在野人士纷纷传播他的佳话，王莽的名声逐渐超过了他的叔伯们。

王莽将侄儿王光送到博士门下读书，每次休假回家，首先就带上羊和酒，赶着车去慰劳他的老师，同学也都获得他送的礼物，老人都感叹说是从未见过的事。他的儿子王宇年纪比王光大，但一定要等王光一起结婚。办喜事那天贺客盈门，忽然仆人报告："太夫人不舒服，要饮某药。"王莽立即起身入内，一次宴会中断好几回。一次王莽私下买了一个侍婢，兄弟辈正等着看热闹，王莽却将她送给后将军朱博，他说："朱博没有儿子，听说这位姑娘能生儿子。"

王莽的叔父曲阳侯王根担任大司马已多年，因一直有病，几次要求退休。但王莽的表兄、太后的外甥淳于长名列九卿之首，资历也比王莽深，按惯例应继任大司马。王凤病重时，淳于长也曾日夜侍奉，也得到王凤临终前的举荐而被成帝任用。成帝想立宠妃赵飞燕为皇后，但太后嫌她出身微贱，经过淳于长的多次疏通，成帝终于如愿以偿。成帝感激淳于长，封为定陵侯，大加信用，贵倾公卿。淳于长忘乎所以，大肆收受地方官的贿赂，妻妾成群，生活侈靡。

淳于长纳的妾中有一位是寡居的侯爵夫人许嬺，她的姐姐是成帝已废的许皇后。许氏想求皇帝给她复位，送给淳于长大批宫中的用品和财物。淳于长骗她说有办法让成帝立她为左皇后，通过许嬺不断给她写调情的信。此事让王莽打听清楚，就利用探病的机会报告王根，还说："淳于长见您久病，好不高兴，自以为应该代您辅政了，已经给不少人封官许愿。"王根大怒，要他赶快向太后汇报。太后气得让成帝免了淳于长的官，送回侯国。不久，王莽的另一位叔父红阳侯王立在成帝面前替淳于长说话，引起了成帝的怀疑。原来王立没有当上大司马后，以为是淳于长在背后说坏话，曾在成帝面前表示过对淳于长的痛恨，但在接受了淳于长通过儿子王融送来的大批珍宝后就改变了态度。成帝让有关部门调查，准备逮捕王融，王立让王融自杀灭口。成帝更怀疑他们之间有阴谋，将淳于长关押在洛阳的诏狱（朝廷设在地方的监狱）中反复审讯，查清了他大逆不道的罪行，在狱中杀死。王立被勒令"就国"（回封地）。王莽主动揭发表兄，大义灭亲，顺理成章，继王根和其他三位叔伯之后当了大司马，当时他三十八岁。王莽执政后更加克己奉公，聘任贤良担任下属，皇帝的赏赐和自己的俸禄都分送给士人，自己的生活极其节俭。他的母亲病了，公卿列侯都派夫人登门问候，只见一位穿着布衣短裙的女士出来迎接，这批贵妇人以为是位仆人，一问方知是王莽夫人，都吃了一惊。

正当王莽声誉日隆时，成帝驾崩，太子继位（哀帝）。成帝无子，太子是侄儿（原定陶王）刘欣。哀帝继位后，他的母家就成了新的外戚，按惯例应受到封赏和重用，所以被尊为"太皇太后"的王太后命令王莽"就第"（回家，即辞职），给新的外戚让路。王莽立即上疏"乞骸骨"（年老或有病，请求辞职以保全性命），刚登位的哀帝不允，太后顺水推舟，令王莽复职。不久，高昌侯董宏上书，援用《春秋》"母以子贵"的理论，认为对哀帝的生母丁姬应该上尊号。但他举了秦庄襄王生母和养母都称太后的例子，被王莽和师丹抓住把柄，联合控告他以"亡秦"比喻当朝，是"大不道"。哀帝羽毛未丰，只得将董宏免为庶人。哀帝的祖母傅太后大怒，逼着哀帝给她上尊号。正好未央宫有宴会，典礼官在太皇太后的位置旁为傅太后挂起了帷帐。王莽检查时发现，指责典礼官："定陶太后是藩王的妾，怎么可以与至尊同样待遇？"下令撤掉，重新安排座位。傅太后一气之下，没有赴宴，恨透了王莽。王莽知道形势不利，再次"乞骸骨"，在祖母和母亲的压力下，哀帝恩准他罢官"就第"。

一年多后傅太后被尊为皇太太后，丁姬被尊为帝太后，与太皇太后和皇太后（成帝赵皇后）的地位相同，丁、傅两家能封侯的都封了，能当官的都当了，成了暴发户。王家却受到沉重打击，曲阳侯王根被遣就国，成都侯王况被免为庶人，遣送回乡；历年来由王家荐举的官员统统革职。有关部门又追究王莽阻止给傅、丁太后上尊号，"亏损孝道"的严重罪行，认为本应处死刑；

再从宽也应免为庶人。总算哀帝看在太皇太后的分上，保留了他的侯爵。

王莽回到新都侯国（今河南唐河县西南）后一直闭门不出，对地方官也极其恭敬，丝毫没有侯爷的架子。他的儿子王获杀了一名奴婢，被他痛骂一顿，逼令自杀。三年间，官员们为王莽鸣冤的上书数以百计。元寿元年（前二年）发生日蚀，这被看成上天对皇帝的警告，贤良周护和宋崇等人在答复哀帝的询问时极力颂扬王莽的功德，为他受到的错误处置申冤，哀帝以侍奉太皇太后的名义征召王莽回京。

一年多后，二十五岁的哀帝病死，傅、丁太后已死，哀帝又没有儿子，太皇太后当天就到未央宫收了皇帝的玺绶，急召王莽进宫。哀帝的嬖臣、大司马董贤被免职自杀，王莽被封为大司马，建议迎九岁的中山王继成帝为帝（平帝）。太皇太后重新成为皇太后，临朝称制，由王莽执政。

大司徒孔光是孔子后裔，三朝元老，得到太后敬重，很得人心。王莽对孔光优礼有加，提拔他女婿甄邯当侍中奉车都尉。王莽想办的事都拟成奏章后让甄邯交给孔光，孔光一向怕王莽，不敢不上报，王莽就请太后一律照准。红阳侯王立是太后亲弟、王莽的叔父，王莽怕他在太后面前多说话，使自己不能随心所欲，又让孔光上书追究他接受淳于长贿赂等罪行，要求遣他就国。太后不听，王莽说："现在汉家衰落，连续几代没有儿子继承，太后独自代幼子执政，真值得畏惧。尽力公正办事作天下的榜样，还唯恐来不及，现在为了私恩而不接受大臣的建议，使臣子们离心，今后必定出乱子。不妨暂时将他遣就国，以后再召回来。"

太后不得已，只得听从。

王莽很快收罗、组织起一个得心应手的班底：王舜、王邑为心腹谋士，甄丰、甄邯负责决策，平晏掌管机密，刘歆撰写文告制造舆论，孙建当"爪牙"（上通下达兼打杂），甄丰之子甄寻、刘歆之子刘棻、涿郡崔发、南阳陈崇等也因有各种本领而受到王莽的信用。从此，王莽实行他的计划时更加得心应手。

当年底，在有关方面的启发下，益州塞外（今云南或缅甸）的少数民族献来一头白雉。此事引起了朝野轰动，原来根据经典的记载，在周公摄政、辅佐成王时，越裳氏为他的德行所感动，不远千里送来白雉，王莽刚开始执政就出现了这样的奇迹，其意义不言自明。元始元年（公元一年）正月，根据王莽的建议，太后下诏，将白雉作为宗庙的供品。大臣们向太后提出，王莽"定策安宗庙"的功绩与霍光一样，应该享受与霍光相等的封赏。七十二岁的太后倒不糊涂，她问公卿们："真是大司马有这么大的功劳？还是因为是我的亲戚才特别抬高他？"群臣纷纷赞颂王莽的功德与周公没有什么不同，这才有了白雉这样的祥瑞，应该封为安汉公，扩大封邑，"上应古制，下准行事（惯例），以顺人心"。

王莽得知后，上书表示，他是与孔光、王舜、甄丰、甄邯共同定策的，希望只奖励他们四人，以后再考虑他，并不顾太后多次诏令，坚决推辞。左右向太后建议，还是不要强迫他，先封了孔光等人，他才会答应。四人受封后，王莽还是不肯出来，群臣又建议，王莽虽然极尽谦让，坚辞表彰，但及时加赏，才能证明朝廷重视大功，不能让百官和百姓失望。于是太后下诏：王莽增加封邑二万八千户，封为太傅，称安汉公，以萧相国（何）的故居作为安汉公官邸，并定为法令，永远遵守。王莽深感惶恐，不得已接受了安汉公的称号，但退回了增封的土地和民户，表示要等到百姓都达到小康水平后再说。群臣也坚持原则，不同意王莽退还，太后下诏：接受王莽的辞让，但将他的俸禄、办公人员和赏赐都增加一倍，什么时候百姓达到小康，大司徒、大司空负责上报。王莽连这一点也不接受，建议应该首先考虑封诸侯王和开国以来功臣的子孙，然后是在职官员，增加宗庙的礼乐，使百姓和鳏寡孤独都得到好处。最后朝廷下令：

> 全国成年男子每人增加一级爵位。二百石以上级别的官吏，不论是否试用期满，全部转正。封东平王、中山王，封宣帝曾孙三十六人为列侯；封太仆王恽等二十五人及右将军孙建等为关内侯；平帝从中山国到长安途经各地的大小官吏都有赏。无子的诸侯王、公、列侯、关内侯可将孙子作为继承人。公、列侯的继承人犯了罪，凡判处"耐"（剃去须发服劳役）以上的都应先经上级批准。宗室中因有罪而被开除出族的，可以恢复；宗室担任官吏被举为"廉佐史"的，可以补为四百石级别的官员。全国二千石以上的官员如年老退休，可以终身领取原俸禄的三分之一。派谏大夫巡视三辅（三个朝廷直辖区），凡上一年多收的赋税一律予以赔偿，凡不妨碍哀帝陵园中建筑物的百姓坟墓都不迁走。天下吏民不必再自行置备服兵役所需物资。

全国上下无不感谢王莽，但他认为做得还不够，又向太后进言："由于丁、傅两家外戚的奢侈挥霍，很多百姓还吃不饱饭，太后应该穿粗衣，降低饮食标准，作天下的榜样。"他自己上书，愿捐钱一百万、田三十顷，交给大司农救济贫民。此举一出，百官积极响应，纷纷仿效。连太后也省下自己的"汤沐邑"（供太后私人开支的封邑）十个县交给大司农管理。一到发生自然灾害，王莽就吃素。元始二年全国大旱，并发蝗灾，受灾最严重的青州百姓流亡。在王莽带头下，二百三十名官民献出土地住宅救济灾民。灾区普遍减收租税，灾民得到充分抚恤。皇家在安定郡的呼池苑被撤销，改为安民县，用以安置灾民。连长安城中也为灾民建了一千套住房。

元始三年，王莽提出，皇帝即位已三年，应该吸取前几位皇帝没有儿子的教训，及时选立皇后。有关部门上报的一份候选名单中，王家女子有好几位，王莽报告太后："我没有德行，女儿才能低，不适合与其他女子一样列为候选人。"太后以为王莽诚心诚意，就下诏："王氏女子是我外家，不要挑选。"消息传出，庶民、学生、基层官吏到宫门前上书的人每天超过一千，公卿大夫有的守在殿上，有的伏在门外，一致请求，以王莽的女儿当"天下母"。王莽派下属分别劝阻公卿和学生，但上书的人越来越多，太后不得已，只得同意公卿的请求。由长乐少府、宗正（皇室族长）等官员组成的考察组对王莽的女儿作了认真考察，结论是完全合适。太后下诏进行最后一道手续，派大司徒、大司空去宗庙向祖宗报告，并占卜，结果也是"康强""逢吉"，于是正式确定王莽的女儿当皇后。有关部门提出，古代天子封王后之父百里封地，应该将新野二万五千六百顷地封给王莽，使他的封地达到百里；被王莽谢绝。按惯例，皇后的聘金是黄金二万斤、钱二万万。王莽只愿接受四千万钱，而将其中三千三百万分给同时挑选到的其他十一位女子。群臣认为，这样一来，皇后的聘金与妃子差不了多少。太后下诏再加二千三百万，合起来共三千万，王莽又将其中一千万分给王氏九族中的穷人。全国官民深受感动，先后有四十八万七千五百七十二人上书；诸侯、王公、列侯、宗室见了太后就叩头，一致要求增加对王莽的赏赐。名臣张敞的孙子、博学多才的张竦为大司徒司直（首席属官）陈崇起草了一份长篇奏章，全面歌颂王莽的功德，引经据典，要求皇帝效法周成王，给予王莽像周公一样的褒赏。正在此时，却发生了吕宽事件。

王莽立平帝后，以防止出现外戚丁、傅那样危害国家为由，封平帝的生母为中山孝王太后，两位舅父卫宝和卫玄为关内侯，都留在中山国（都卢奴，今河北定州市），不许来长安。王莽的儿子王宇害怕平帝长大后会怨恨，私下派人与卫宝联系，让平帝的母亲上书要求来京，被王莽拒绝。王宇与老师吴章、内弟吕宽商议，吴章认为王莽是不会听从别人意见的，但迷信鬼神，可以制造怪现象吓他一下，然后再讲道理让他把权力交给卫氏。王宇觉得有理，让吕宽在半夜将血洒在王府门上，想不到被门卫发觉。王莽将王宇送进监狱，令他喝毒药而死。王宇的妻子已经怀孕，也关押起来，等产后处死。王莽奏明太后，将卫氏灭族，又通过吕宽穷追猛打，将各地非议自己的豪强杀了几百个，敬武公主、梁王刘立、红阳侯王立（莽叔父）、平阿侯王仁（莽堂兄）

等都迫令自杀。王莽为了教育子孙吸取王宇的教训，亲自写了八篇文章。群臣要求正式发表，天下官吏能背诵的，可以登记取得提升候选资格，享受能背诵《孝经》同样的待遇。

吕宽事件化险为夷，元始四年四月，王莽的女儿被正式立为皇后。太保王舜等上书，鉴于王莽兼有伊尹和周公的作用，应该将两人的称号"阿衡"和"太宰"合起来的"宰衡"，作为王莽的称号。八千多百姓上书赞同。于是确定王莽称宰衡，封他母亲为功显君，二个儿子为列侯，皇后聘礼再增加三千七百万，满一万万。王莽少不了又是叩头流涕，固辞一番，称病不出。太后没有办法，最后由孔光等提议，将王莽的封邑、称号、母亲功显君的爵位都规定为不世袭，再专门派大司徒、大司空代表太后传达让王莽立即到职的诏书，规定尚书不接受王莽的辞让奏章。王莽这才接受，但还是从补发的钱中拿出一千万，分赠太后身边的侍从。据太保王舜等报告，蜀郡民路建等本来在打民事官司，听说王莽如此辞让爵位、金钱，自觉惭愧，主动撤销了诉讼。周文王的德化曾使虞、芮两国自动放弃了土地争夺，路建等的事迹说明，王莽的德行已超过了周文王。朝廷下令将这一典型在全国宣传。

为了复兴儒家传统制度，王莽奏请建立明堂、辟雍、灵台等礼仪建筑和市（市场）、常满仓（国家仓库），为学者建造一万套住宅，网罗天下学者和有特殊本领的几千人至长安。学生与百姓积极性很高，纷纷投入义务劳动，十万人突击，二十天就全部建成。元始五年正月，诸侯王、列侯、宗室子弟上千人在新建的明堂举行了祭祀大典。王莽执政不到五年就取得了如此巨大的成就，公卿大夫、博士、列侯共九百零二人联名上书，请求给王莽"加九锡"，即采用与天子相似的仪仗，享受仅次于皇帝而高于任何诸侯的待遇。当年秋，派往各地了解民情的八位风俗使者回到长安，带回各地歌颂王莽的民歌三万字。王莽奏请进一步制定条例，以便做到"市无二贾（市场上不讨价还价）、官无狱讼（衙门里没有打官司的）、邑无盗贼（城里没有盗贼）、野无饥民（农村中没有饥民）、道不拾遗、男女异路（男人女人分别走在路的两边）"，"犯者象刑"（犯法的人以画像示众，不必真的用刑），仿佛回到了上古太平盛世。

当年底，十四岁的平帝生病，王莽模仿周公为武王祈祷，写了一道策文，请求自己代他死，将策文藏在一个金縢中，放在前殿，要群臣为他保密。但平帝还是死了，当时元帝已经绝后，宣帝的曾孙辈还有五位诸侯王、四十八位列侯，王莽嫌他们都已成年，就提出："兄弟不能相互继承。"因为平帝是宣帝的曾孙，所以在宣帝玄孙一代中挑选了一位只有二岁的刘婴。当月，武功县长孟通在井中挖得一块白石，用红颜色写着"告安汉公莽为皇帝"几个字。大臣们让太后下诏，根据上天的符命，"为皇帝"就是"摄行皇帝之事"（代理皇帝的工作），这样王莽当了"摄皇帝"，立刘婴为皇太子，称"孺子"。

王莽要当皇帝的企图已经很明显，以刘氏宗室为主的反对势力开始发动反抗。首先发难的是安众侯刘崇与他的相张绍，但他们只拉起了百余人的队伍进攻宛城（今河南南阳市宛城区），连城门也没有攻入就失败了。第二年九月，东郡（治今河南濮阳县西南）太守翟义起兵，立严乡侯刘信为天子，通告各地，到达山阳（今山东西南一带）时已有十余万人。长安以西二十三个县的"盗贼"赵明等也起来造反，聚集了十余万人。王莽十分恐惧，饭也吃不下，日夜抱着孺子在宗庙祷告，又模仿《大诰》写了一篇文章，说明自己摄位是临时的，将来一定要将皇位归还孺子。王莽调动大军镇压，在圉县（今河南杞县西南）攻灭翟义的部队，翟义在逃亡中被捕杀。赵明等本来就是乌合之众，次年初不到一个月就平息了。

待王莽扫清了这些障碍，各种符命祥瑞纷至沓来。宗室广饶侯刘京上书称：齐郡一位亭长一个晚上做了几次梦，有人告诉他："我是天公的使者，天公让我告诉你：'摄皇帝当为真。'如果不信，你可以看到亭里会新出现一口井。"亭长早上起来果然见一口新井，深百尺。巴郡发现一头石牛，扶风郡雍县发现一块有字的石头，都送到未央宫前殿展览。王莽和王舜等一起去看，刹时间刮起大风，一片昏暗，等风定时在石头前出现了一个铜符和一幅帛图，写着"天告帝符，献者封侯。承天命，用神令"这些字。在长安求学的梓潼（今四川梓潼县）人哀章干脆做了个铜匮，外面贴上两张标志"天帝行玺金匮图""赤帝行玺（刘）邦传予黄帝金策书"，在匮里放的纸上写上王莽是真天子，皇太后要遵天命，还将王莽的八位大臣和他胡编的王兴、王盛和自己的姓名共十一人写上，每人写上官职。黄昏时分，哀章穿黄衣，捧着匮子去高祖庙，将它交给值班的仆射。得到报告后，王莽立即去高庙将金匮迎到未央宫前殿，演完了登上帝位的最后一场戏。

从阳朔三年（前二二年）步入仕途，至当上新朝的皇帝，王莽花了三十一年时间。在《汉书·王莽传》中除了上面提到的武力反抗外，在这三十一年间没有什么反对王莽的具体事实，只是在王莽设置西海郡并人为制造"以千万数"的罪犯迁往那里时，才说"民始怨矣"。此事发生在元始五年（公元五年），也就是说前面二十七年间王莽没有遇到来自民间的阻力，至此也是刚开始出现不满。如果我们认真分析西汉末年的条件，就不难发现，王莽的成功不是偶然的。

汉宣帝晚年已开始重用宦官和外戚，元帝时石显等宦官擅权，反对他们的正直官员被杀被贬。成帝即位后杀了石显，但太后王政君控制了成帝，外戚王氏的势力迅速膨胀，兄弟子侄把持朝政，为所欲为。京兆尹王章（首都特区长官）建议成帝罢王凤的官，太后亲自干预，成帝只得将王章下狱处死。从此，公卿对王凤侧目而视，成帝也无可奈何。哀帝继位后，贬黜王氏，但新的外戚傅氏、丁氏的作为比王氏有过之而无不及。更糟糕的是，哀帝竟封自己的同性恋伙伴董贤为大司马卫将军，让他执掌朝政，甚至表示要将皇位让给他。丞相王嘉加以规劝，引起了他的不悦。哀帝又假托傅太后遗诏，要增加董贤及其他外戚封邑，王嘉封回诏书，并再次进谏。哀帝大怒，借口他其他过失，要大臣议罪，又下诏召他去廷尉诏狱。按当时惯例，现职丞相接到这样的命令，必须服毒自杀。王嘉不愿死得不明不白，在狱中绝食而死。

在元帝后的数十年间，特别是从成帝开始，外戚轮流执政，忠正能干的大臣被杀害或排斥，留下的不是谄媚奉承，就是明哲保身，政治腐败。皇室滥加封赏，外戚宠臣穷侈极欲，贪得无厌，如董贤在短短几年里，积聚的家产竟有四十三万万。朝廷如此，地方上更加黑暗。地方官只要能结交上外戚、宠臣，就能肆无忌惮，对百姓搜括盘剥。成帝、哀帝时，流亡的百姓已以百万计，在发生灾害的年份，流离失所、死于沟壑的百姓更不计其数。贫富相差悬殊，奴婢与牛马一起供买卖，对农民实际的剥削量已达收成的一半，全家辛劳终年却连自己都养不活，这样的社会怎么能长久存在呢？

从高层官员到百姓贫民，对现实已普遍不满，对前途已丧失信心，无不希望出现某种积极的变革，但却一直不见其人，以至无所寄托。在这种情况下，王莽的出现当然会给大家带来希望。

在政界贪赃枉法成风、外戚聚敛唯恐不及的社会，王莽非但不贪，还一次次把自己的钱财、土地和获得的赏赐分给下属和贫民，甚至连俸禄也常常用于救济，自己生活清苦，太太穿得像仆人，这些都是《汉书》承认的事实。王莽并没有表面吃素菜，背后喝参汤，也没有公开将钱财散发，暗底下又去搜括回来。要是有这些事，绝不会逃过东汉史臣的刀笔。

在奴婢的地位与马牛相同的情况下，像王莽这样一位贵戚高官的儿子杀死一个奴婢，实在是小事一桩，王莽竟逼他自杀，百姓和奴婢们闻讯，怎能不感激他，称颂他？而王莽的儿子的确自杀了，并没有藏起来或送到外国去。至于他揭发淳于长，虽然不能保证他没有个人野心，但所揭发的都是事实，事后又没有任何人出来翻案。相反，王莽孝母、赡养寡嫂、抚育侄儿、对人谦恭有礼等行为都是货真价实的。难道让淳于长或其他外戚执政，会比王莽更好？

王莽的这些行为，就是在一个国泰民安的时代也已够得上典范了，何况是处在一个腐烂透顶的社会和一群禽兽般的贵族之中？要说这是作假，如果政治家都愿意付出如此大的代价来作假，政治一定会清明得多，道德水平也一定会提高很多，这种"作假"有什么不好？

王莽的多数措施也是深得人心的。他在元始元年的建议，使贵族、官吏以至天下百姓人人受益，当然皆大欢喜，得益的人又那么多，他们都会感激。王莽救济灾民的具体措施，包括他自己和太后带头捐资，在长安为灾民建房等，尽管未必都能落实，总能起一些作用。他在长安为学者建住宅，从全国征集数千有本领的人和各类学者，知识分子自然会感恩戴德。要知道，其中多数人本来绝不会有施展才能的机会，甚至连生活都成问题。

所以，当时把王莽当成圣人、周公、救世主是完全正常的。对王莽的称颂虽然有宣传和夸大的成分，但在他代汉之前，多数人还是出于诚意，否则，只靠刘歆等舆论高手是造不出那么大的声势的。如果说，王莽所做的一切都是为了当皇帝，是为了以新朝取代汉朝，那么他已经付出了足够的代价。除了不姓刘以外，他其他条件都不比成帝、哀帝、平帝差。至于制造符讖、祥瑞，这并不是王莽的发明，此前的汉高祖，此后的汉光武帝、魏文帝曹丕，哪一个不是这样做的？他们那一套不也是假造出来的吗？

一句话，如果王莽成功了，今天我们看到的历史就不会是这样，他就是新朝的太祖高皇帝，他"本纪"的内容肯定比刘秀、曹操、曹丕更丰富，也会比刘邦更动人。但事实是他失败了。

如果王莽只是为了夺取权力，当皇帝，他并不是没有成功的可能。而且他已经相当平稳地取得了汉朝的最高权力，又顺利地当上了新朝的皇帝。但王莽不但要当皇帝，还想当改革家，当圣君，这样脱离实际的目标就注定了他的悲剧下场。

一般都说王莽是"托古改制"，认为他的真正目的是改制或篡权，"古"只是一个幌子，只是假托。我以为，王莽倒是真心诚意地复古，因为他把儒家经典中描述的古代社会当成了可以实现的目标。如果王莽的复古只是为了篡权，那么在他当了新朝皇帝以后就可以改弦更张了，而他推行的实质性的改革却都是在当了皇帝以后。不少成功的开国皇帝在上台前并没有什么政治蓝图，或者虽然作过许诺，在上台后就变得现实主义了。可是王莽却在上台以后以更大的热情顽固地推行他的复古改革，把自己推上了绝路。

王莽曾经使社会各阶层、各类身份的人都获得过实际利益，因而赢得了最广泛的支持。但在社会财富没有增加的情况下，这样的政策完全没有物质基础，只能加速国库的枯竭和财政崩溃。如恢复几百名列侯、退休官员终身领退休金、给学者造住宅、扩大选官范围、取消吏民自备服兵役的物资、建造大量公共建筑等，没有一样是不需要大量的、经常性的支出的，就是在财政收入正常的情况下，也未必能一下子增加那么多，已经千疮百孔的财政体制如何承担得了？这些利益还诱发了得益者对王莽、对他的改革过高的期望，一旦事与愿违，这些支持者马上会变为反对者。像那些潦倒各地的知识分子，接到去首都当教授的通知时兴高采烈，把王莽当作再世周公、当代圣君。但不久就开始欠薪水了，预先答应的住宅却始终在图纸上，既没有学生来学也没有事好干，而新的教授还在不断增加，新的改革措施还在陆续出台，他们就会把王莽当骗子。知识分子如此，其他阶级、阶层也会如此。到那时，他们就会怀念曾经咒诅过的汉朝，怀念那时并不幸福的生活，形成所谓"人心思汉"的舆论。

在社会财富不可能无限制增加的条件下，想同时讨好社会的各阶级、各阶层、各个利益集团是绝对办不到的。王莽想在不触犯贵族、豪强、官僚利益的前提下，让百姓、贫民甚至奴婢的生活也得到改善，完全是痴心妄想。增加王侯官员的俸禄和供养学者的开支，势必减少农民的土地，提高百姓的赋税；而要缓解土地矛盾，减轻百姓的赋税，只有削减朝廷开支，裁减贵族官僚，限制他们的土地占有量；绝对难以两者兼顾。所以要得天下的人心里都清楚，自己该依靠谁，打击或抑制谁，王莽却不明白。

当王莽实行改革时，又走上了另一个极端，为了达到尽善尽美的目标，不惜得罪所有的人。例如，对社会矛盾的焦点土地和奴婢问题，王莽在始建国元年（公元九年）宣布的政策是：将天下田改名"王田"，奴婢改称"私属"，都不许买卖。每个不足八个男口的家庭，使用的田不得超过一井，超过部分必须分给九族邻里，原来没有田的人可以根据制度受田。还规定，对胆敢说"井田圣制"坏话的人，违反法令造谣惑众的人，都要押送到边疆去。

大地主豪强当然会激烈反对，因为他们占有的田地远不止一井，要他们将多余的土地交出来等于要割他们的肉。他们占有的大部分奴婢是用于农业生产的，现在将土地都交了，难道将奴婢白养着？而奴婢又不许买卖，岂不是逼着他们白白送掉吗？小土地主，包括刚够得上自给标准的农民也不满意，一则这些人多少要减少一些土地，更主要的是原来实际上已经私有的土地现在要变成公田了，如果将来家庭人口减少，还得再交出去。由于既没有可行性，又没有切实的强制措施，地主豪强多余的土地大多没有交出来，所以政府没有足够的土地分给应该受田的无地、少地农民，对这一纸空文，农民自然也不会满意。侥幸分到土地的人心里也不踏实，因为这是"王田"，不属于自己。至于奴婢，改称"私属"不会给他们带来任何利益，禁止买卖更没有改变他们的身份，相反，由于买卖改为暗中进行，或者主人原有的土地减少，他们的处境只会更坏。实际上官僚地主的土地和奴婢买卖并未停止，因而被处罪的不计其数，更引起了他们的反对。三年后，王莽只得让步，于是土地和奴婢买卖合法恢复，原来的业主肯定要索回已交了公而被其他人"受"了的土地。至此，王莽就将唯一拥护这项政策的受益者也得罪了。

为了抑制商人对农民的过度盘剥，制止高利贷，控制物价，改善财政，王莽在始建国二年（公元一〇年）下诏实行五均六筦。所谓五均，即在长安、洛阳、邯郸、临淄、宛、成都等城市设五均司市师，管理市场。各城设交易丞五人、钱府丞一人。工商各业，向市中申报经营，由钱府按时征税。每季度的中月由司市官评定本地物价，称为市平。物价高于市平，司市官照市平出售；低于市平则听民买卖；五谷布帛等生活必需品滞销时，由司市官按本价收买。百姓因祭祀或丧葬无钱时，可向钱府借贷，不收利息，但分别应在十天或三个月内归还。因生产需要也可贷款，年利不超过十分之一。所谓六筦，是由国家对盐、铁、酒、铸钱、五均赊贷实行统制，不许私人经营；控制名山大泽，对采集者征税。

从这些政策的内容看，似乎相当合理，制订的出发点也不能说不对，如果真能实行，政府和百姓双方都能得益。很明显，五均的前提是政府必须掌握相当数量的商品和货币，并且有强有力的管理手段。由于没有这两方面的条件，王莽只能依靠富商大贾来推行，反而给了他们搜括百姓的机会，形成危害更大的官商垄断性经营。由国家对盐铁等实行统管统制，早已被实践证明是行不通的，再次实施自然不会有好结果。而由国家控制名山大泽，实际只是给主管官员增加了财源。总之，国家没有增加收入，百姓却加重了负担，正当的商人和手工业主也受到打击。

王莽对货币的改革，开始时只是为了复古，模仿周朝的子母钱。以后又不顾五铢钱从武帝时开始已经生产了二百八十亿万的现实，盲目推行花色繁多却没有信用的各种新货币。受到百姓抵制后，还企图通过严刑峻法强制推行，规定携带使用五铢钱的人与反对井田制同样处罚，流放边疆。为了限制盗铸，他规定"一家铸钱，五家连坐，没入为奴婢"，以至没为官奴婢的人"以

　　　　　　　　葛剑雄写史：中国历史的二十个片断

十万数"。为了提高他颁布的"布钱"的地位，王莽规定官民出入都得带上，否则，就是有合法的证明，旅馆也不接待食宿，关门和渡口可以加以拘留。连公卿出入宫门时，也必须出示所带布钱。一种货币变成了通行证后，流通的作用也就不存在了。

由于王莽定下了过高的目标，又深受"夷夏之辨"的影响，对边疆少数民族和境外政权也采取了一系列错误政策。他胁迫羌人"献"出青海湖一带的土地设立西海郡，以便与国内已有的北海郡（国）、南海郡、东海郡合起来凑全"四海"。为了使这块荒地像一个郡，必须强制移民，于是增加了五十条法令，以便增加成千上万的罪犯，满足移民的需要。为了这个西海郡，王莽招来了最初的不满。

王莽要匈奴改为"恭奴""降奴"，将"单于"改为"善于""服于"，改"高句丽"为"下句丽"。他随意改变西汉以来的惯例，引起了各族首领的不满；又轻率地决定动用武力，不仅导致边境冲突，还使数十万军队长期陷于边疆，无法脱身，耗费了大量人力物力，造成了北方边疆人民深重的灾难。以后的反抗首先在北部边区爆发，绝不是偶然的。本来，中原王朝的政权更迭不至于影响它与周边少数民族政权的关系，王莽完全可以维持现状，他却主动挑起了无谓的争端，使自己内外受敌。

王莽泥古不化，一切都要符合古义，恢复古代的面貌。于是王莽掀起了空前绝后的改名运动，无论地名、官名、建筑名，差不多都改了，而且还任意调整行政区划和行政部门的职权。这样改一次已经够折腾了，王莽却一改再改，有的郡名一年间改了五次，最后又改回到最初的。官吏和百姓根本记不住，所以每次颁发诏书和公文，都要在新名后注旧名。可以想象，这样频繁的改名必定会给正常的行政工作和百姓的日常生活带来极大的麻烦，不但影响效率，造成浪费，而且造成官民心理上的厌恶。

王莽在上台前曾刻意当道德的典范，为此他付出了巨大的代价，散尽家产，逼死儿子，让家属过苦日子，随时都要谦恭有礼。但这不会妨碍别人，也不损害其他人的利益，所以能赢得一片赞扬。当他执了政以后依然故我，情况就不同了。一方面，王莽会从自己的逻辑出发，提出不切实际的、高于法律规定的要求，如"市无二贾（价），官无狱讼，邑无盗贼，野无饥民，道不拾遗"等。由于实际根本做不到，只能自欺欺人。另一方面，他的行为迫使臣下仿效，但这样高的要求没有人受得了，除了少数人能以两面手段应付自如外，多数人会敬而远之，离心离德。例如，王莽为救济灾民带头捐资，大臣自然会纷纷响应，但乐意这样做的人肯定不会多。

天时对王莽也是极其不利的，公元初前后这一段时间，是中国历史上自然灾害最严重的阶段之一，见于记载的有旱、蝗、瘟疫、黄河决口改道等，灾区范围大，持续时间长。如此大的灾害，即使是在国家储备充足，社会秩序稳定的条件下也会造成巨大的损失，何况发生在这样一个剧烈变革的动荡时代，出现在国库早已耗费殆尽之时！

地皇四年（公元二三年）十月初一，响应更始政权的军队入长安城，攻至宫门。初三天明，王莽在王揖等护卫下逃往渐台，公卿大夫、宦官、随从还有千余人。守城的王邑日夜搏斗，部下死伤殆尽，也退至渐台。这时他的儿子、侍中王睦正想脱掉官服逃命。王邑将他喝住，父子俩一起守着王莽。最后将士全部战死，其他随员在台上被杀。商人杜吴杀了王莽后还不知道他的身份，取下了他身上的绶带。校尉公宾就见了，忙问是从谁身上拿到的，得知尸体还在后，立即冲进室内砍下王莽的头，王莽的尸体立即被争夺的士兵支解。不过这主要还是为了争功领赏，当年项羽自杀后尸体也是这样被汉军抢夺分割的。几天后，王莽的头被挂在南阳宛县市上，这里是更始帝的驻地，也是西汉宗族的重要基地，当地"百姓"纷纷向头上掷石子，甚至有人割下他的舌头吃了。

　　王莽彻底失败了，但在他山穷水尽，必死无疑时，竟然还会有千余人自愿与他同归于尽，或许能给他一丝安慰，也向后人透露了一点真实的信息。

片断六

东汉：谁主神器

一

公元二五年八月五日（刘玄更始三年六月二十一日己未），在鄗县（今河北柏乡县北）南的一个土坛上，刘秀宣布即皇帝位，建元建武，将鄗县改名高邑县，这个地方以后也改称千秋亭五成陌。

不过在当时，除了刘秀的少数谋臣和大将外，大概很少有人相信，他会在十几年后一统天下，恢复汉朝，并使之延续了近二百年。

当时更始帝刘玄还是名义上的"天下共主"，称帝前的刘秀也是他的下属，更始政权一度控制全国大部分地区。在刘秀称帝前后存在的割据政权可谓多如牛毛，称帝称王的也不在少数：王莽的庐江（今安徽淮南西部）连率（郡级长官）李宪称淮南王，后自立为天子。邯郸（今河北邯郸市）一位算命的王郎自称汉成帝的儿子，起兵称帝，得到今河北北部直到辽东一带的响应。公孙述占有汉中、巴、蜀，称蜀王，不久又称天子。宗室梁王刘永在睢阳（今河南商丘市睢阳区）称帝，据有今河南东南和相邻的山东、安徽一带。张步占据今山东大部，称齐王。赤眉军立宗室刘盆子为帝，不久进占长安，取代更始政权。隗嚣占有天水、陇

　　　　　　　　　葛剑雄写史：中国历史的二十个片断

西等郡（今甘肃陇中、陇南）称西州上将军。窦融割据河西走廊，自称河西上将军。卢芳在三水（今甘肃陇东北部和宁夏中部）称上将军、西平王，后被匈奴立为帝。渔阳太守彭宠攻下蓟城（今北京市城区），自称燕王。南阳（今河南南部）一带有秦丰称楚黎王，还有在汉中称武安王后进入南阳的延岑等。称帝前，刘秀虽然已灭王郎和河北各部，但实际控制的地区还不过今河北大部和一些相邻地区，既非兵力最强，也非占地最多。

刘秀的优势似乎只有一点——他是西汉的宗室。不过，更始帝刘玄、刘盆子、刘永等也都是宗室。而且刘秀与皇室的关系其实已经很远，他是刘邦的九世孙，从六世祖长沙定王刘发以下就一代不如一代，父亲刘钦只做过小小的县令，而且在他九岁时就去世了。西汉末年宗室人口已超过十万，像刘秀那种关系的宗室车载斗量，何止万千，实在算不上什么。

当然，刘秀称帝时还有理论根据——据说图谶称"刘秀发兵捕不道，四夷云集龙斗野，四七之际火为王"；"刘秀发兵捕不道，卯金修德为天子"——说明这完全是天意。但熟悉图谶这套玩意的人都知道是怎么一回事，其他的割据者几乎都有一套相似的图谶，图谶是人造的，也是人解释的，所以如果实在没有，成功以后也会有人来弥补。

刘秀获得最后的胜利自然有多方面的原因，但很重要的一点，就是他从一开始就确立了统一天下的目标。

在刘秀为是否马上称帝而犹豫时，部将耿纯的一番话使他下了决心：

天下士大夫捐亲戚，弃土壤，从大王于矢石之间者，其计固望其攀龙鳞，附凤翼，以成其所志耳。今功业即定，天人亦应，而大王留时逆众，不正号位，纯恐士大夫望绝计穷，则有去归之思，无为久自苦也。大众一散，难可复合。时不可留，众不可逆。

　　耿纯本人就是率领"宗亲子弟"占据县城后投奔刘秀的，他所表达的正是这批攀龙附凤者的心态。他们之所以冒一定的风险追随刘秀，当然希望他能"正号位"，堂堂正正地做皇帝，最后统一天下。要是刘秀不愿称帝，不以统一天下为目标，那么他们就会"望绝计穷"，只能改换门庭了。刘秀能将包括"云台二十八将"在内的大批杰出人才网罗在手下，固然有他过人的长处，但对这些谋臣将士最大的吸引力还是为开国皇帝建功立业的机遇。

　　此后刘秀并非一帆风顺，对手也不都是草莽乌合之辈，但即使一时间无法消灭，或者不得不暂时容忍，刘秀也没有改变或降低目标，因而始终坚持了"君臣大义"。

　　在刘秀众多的对手中，对他威胁最大的是西北的窦融、隗嚣和西南的公孙述。更令刘秀担忧的是，只要三人联合起来，不仅整个西北和西南不再为汉朝所有，而且关中也会腹背受敌，鹿死谁手就是未定之天。为了集中有限的力量消灭中原的割据势力，刘秀对他们极力拉拢抚慰，争取他们的支持和服从。但对最终统一的目标，刘秀是毫不让步的。

与刘秀相反，三人虽然都拥兵自重，具有举足轻重的地位，却从来没有一统天下的雄心。但三人的结局并不相同，窦融主动放弃割据，归顺刘秀，成为汉朝的功臣贵戚；隗嚣、公孙述既不敢与刘秀一争高下，却妄想长期割据自保，最终国破家亡，身败名裂。

窦融是西汉外戚后裔，由于高祖父当过酒泉和张掖太守，叔祖父曾任护羌校尉，堂弟又是前武威太守，在河西有很大的影响。窦融当过王莽的强弩将军司马，因军功封为建武男，妹妹做了大司空王邑的小老婆，因此能在长安"出入贵戚，连结闾里豪杰"，势力不小。他受王莽的太师王匡赏识，随军东征，参加过昆阳之战。在汉兵逼近长安的紧急关头，被拜为波水将军，领兵防卫新丰。但王莽覆灭后，他立即投靠更始政权的大司马赵萌，被任命为钜鹿太守。

尽管窦融左右逢源，但还是深知"天下安危未可知"，不愿到关东是非之地去当郡太守。他天天缠住赵萌辞职，要求改派河西，终于说服赵萌上奏，由更始帝任为张掖属国都尉（相当于郡太守）。他立即举家西迁，在河西结交地方豪杰，并抚慰羌族首领，培植和扩展了政治基础。当更始政权解体时，窦融联合酒泉太守梁统、金城太守库钧、张掖都尉（仅次于郡太守的地方官）史苞、酒泉都尉竺曾、敦煌都尉辛肜推举他行使"河西五郡大将军"的职权，武威太守马期和张掖太守任仲孤立无援，只得挂冠而去，五郡太守完全由窦融重新任命。由于河西连成一片，免受战乱之苦，来自安定、北地、上郡（今甘肃东部、宁夏和陕西西北部）的难民纷纷涌入，为窦融补充了大量人力。

此时刘秀已经称帝，在河西与刘秀之间的隗嚣宣布服从刘秀，采用建武年号，并以刘秀的名义授予窦融将军印绶。但隗嚣实际希望保持割据局面，所以派辩士张玄到河西游说："更始帝事业已成，如此快就覆灭，这是刘氏一姓不能再复兴的结果。现在轻易投了主子，成为他的部属，一旦受统制，自己就丧失了权柄，今后有危急，虽悔无及。"他煽动道："今豪俊竞逐，雌雄未决，当各据其土宇，与陇（隗嚣）、蜀（公孙述）合从（纵），高可以为六国，下不失尉佗。"但窦融的头脑还是相当清醒的，他没有被当战国七雄或能像南越王赵佗那样长期割据的美梦所陶醉，还是审时度势，作出了效忠刘秀的决策。建武五年（公元二九年），窦融派特使向刘秀奉书献马。

刘秀听说河西没有受到战乱破坏，人力物力充足，早就想招抚窦融，以加强对隗嚣和公孙述的压力，见到窦融的特使自然大喜过望，但他也知道情况复杂，胜负未定，特别是隗嚣与公孙述两方不会就此罢休，所以在封窦融为凉州牧的同时，向他发了一封充分展示恢宏气度和高超战略的"玺书"。刘秀直截了当点破形势："今益州有公孙子阳，天水有隗将军，方蜀汉相攻，权在将军，举足左右，便有轻重。以此言之，欲相厚岂有量哉！"在"王者迭兴，千载一会"的时机面前，刘秀要他在支持隗嚣或公孙述造成"三分鼎足，连衡合从"，还是追随自己"立桓、文，辅微国"中及时作出明确选择。刘秀欲擒故纵，承认"天下未并，吾与尔绝域，非相吞之国"；又指出窦融身边必定有人劝他效法秦末任嚣托付赵佗割据岭南七郡那样的计谋，最后声明"王者有分土，无分民，自适己事而已"。这就是说，他可以给有功人员"分土"，封他们为王；但绝不会同意"分民"，听任国家分裂，容许不同的政权并存。

玺书在河西引起震惊，大家都以为刘秀已洞悉张玄的活动。窦融立即上书表明立场："臣融虽无识，犹知利害之际，顺逆之分。岂可背真旧之主，事奸伪之人；废忠贞之节，为倾覆之事；弃已成之基，求无冀之利。"为了表示忠诚，他派亲兄弟窦友随使者朝见刘秀。

隗嚣公开叛汉后，窦融致信隗嚣加以谴责和规劝，又在五郡秣马厉兵，上疏朝廷询问出兵日程，要求配合。刘秀将记录外戚世系的"外属图"与《史记》中的《五宗世家》《外戚世家》和《魏其侯（窦婴）列传》赐予窦融，正式承认窦融汉朝外戚的身份，又派专人到扶风祭扫窦融父亲的墓，并不断赏赐珍宝。刘秀对窦融的格外优待得到的回报是，在汉朝与隗嚣的军事对峙中，窦融始终站在汉朝一边，使隗嚣两面受敌。

建武八年，刘秀亲自西征，窦融率领五郡太守、羌族和小月氏等数万步骑兵、辎重五千辆与汉军会师，并以周全的礼仪朝见。隗嚣平定后，刘秀封窦融为安丰侯，破格划给他四个县作封邑，并遍封他的兄弟和部属。在刘秀东归时，又让他们全部返回河西驻地。

窦融对自己长期拥兵在外的地位深感不安，几次上书请求派人取代，刘秀的答复是："我与将军的关系就像左右手，你一再谦让，难道不理解我的心意？好好管理军民，不要擅离职守。"

四年后，汉军攻克公孙述最后的据点成都，窦融与五郡太守才接到"奏事京师"的诏令。一到洛阳城门，窦融就将凉州牧、张掖属国和安丰侯印绶上交。刘秀退还了只代表俸禄的侯印，同意窦融辞去这两个集军政权力于一身的职位，另封为冀州牧，但不久便改任级别最高而无实权的文职——"三公"之一的大司空。从此窦融安享殊遇，窦氏同时有"一公，两侯，三（娶）公主，四二千石（年俸二千石的官职）"，"自祖及孙，官府邸第相望京邑，奴婢以千数"，在东汉的外戚与功臣中位居第一。

窦融不愧为识天命的典范，既然不具备争天下的能力，就老老实实归顺，小心谨慎效忠皇帝。刘秀也没有亏待他，虽然在天下平定后立即将他召到身边，解除了军政实权，但优礼有加，并没有像后世一些开国皇帝那样，非将降王置于死地而后安心。继位的汉明帝对窦氏也不薄，即使在窦氏子弟骄纵不法时，也使窦融以七十八岁高龄善终。

在东汉以后，河西曾多次成为割据政权的基地，并几度脱离中原王朝。窦融的选择使东汉的版图没有缺少河西，也使河西和中原百姓都免受战乱之苦，他的结局也应该算"善有善报"吧！

隗嚣在起兵后的相当长一段时间里也是"识天命"的。他在天水被众人推举为反抗王莽政权的"上将军"时，就听从军师方望的建议，打起恢复汉朝的旗号，隆重祭祀汉高祖、文帝、武帝，并与同盟的三十一将歃血立誓"允承天道，兴辅刘宗。如怀奸虐，明神殛之"。接着向全国发出声讨王莽滔天罪恶的檄文，并使用"汉复"年号，表达"兴灭继绝"的宗旨。很快组织起十万大军，在王莽被杀后控制了整个凉州（相当今甘肃全省和相邻的宁夏、陕西、青海部分地区）。

当更始政权征召他去长安时，方望反复劝阻无效，留下一封意味深长的信走了。显然方望原来的建议不过是一种手段，目的还是要辅佐隗嚣得天下，岂料他当了真，方望自然会绝望而去。到长安后，曾与隗嚣结盟的叔父隗崔、隗义想逃回天水，隗嚣怕受到连累，大义灭亲，加以告发，两位叔父被杀，隗嚣因忠诚而被更始帝晋升为御史大夫。刘秀称帝后，他劝更始帝将政权交给刘秀的叔父刘良，在诸将策划挟持更始帝东归时他也参预，在更始帝觉察后他才不得不逃回天水，自称西州上将军。

隗嚣一向谦恭爱士，倾身结交布衣。更始覆灭后，长安一带的耆老和士大夫纷纷投奔，使他网罗了大批人才，一时"名震西州，闻于山东"。此时刘秀的势力还没有到达关中，而隗嚣不仅控制了西北，而且最有条件占据首都长安，但他的确没有取代汉朝的打算。建武二年，刘秀的大将邓禹进攻赤眉军，屯兵云阳（今陕西淳化县西北），当其部将冯愔叛变时，隗嚣配合平定。当赤眉军离开长安西进时，他又派兵击溃，并一再追击。邓禹代表刘秀任命隗嚣为西州大将军，让他管辖凉州和朔方（今陕北、宁夏大部和内蒙古南部）二州。第二年，隗嚣派人到洛阳向刘秀上书，刘秀也待以特殊规格，给予"敌国"的礼遇，称隗嚣的字而不称名，表示不敢将他当成自己的臣下。隗嚣又配合汉将冯异击败与公孙述有来往、进犯关中的朱鲔部数万人。接到报告后刘秀亲笔写了一封信。在信中，刘秀以周文王三分天下有其二还服事殷朝的话称颂隗嚣，赞扬他"扶倾救危"支援冯异的功绩，"微将军之助，则咸阳早已为他人禽矣"。希望在公孙述侵犯汉中、关中时，"愿因将军兵马，鼓旗相当"。如果他能这样做，今后必能"计功割地"。最后刘秀约定互相直接写信，以免受"旁人解构之言"的影响。

此时公孙述已称帝自立，几次从汉中出兵，给隗嚣送来了大司空扶安王的印绶。隗嚣自以为与公孙述是平起平坐的敌国，岂能向他称臣？立即杀了来使，又发兵击破公孙述的军队，使他无法北出。刘秀知道部将来歙、马援是隗嚣的旧友，几次让他们与隗嚣通讯，趁机劝他入朝，隗嚣谦让再三，说自己没有功德，等天下太平了就会"退伏闾里"。建武五年，刘秀又派来歙劝隗嚣将儿子送来朝廷。隗嚣得知河北的彭宠和关东的刘永都已被灭，只能让长子隗恂随来歙入朝。但他的部将王元、王捷却认为"天下成败未可知"，不必一心一意服从汉朝。他们认为"今南有子阳（公孙述），北有文伯（卢芳），江湖海岱，王公十数"，而"天水完富，士马最强，北收西河、上郡，东收三辅（关中）之地"，就可以恢复秦国的旧业，只要出兵守住函谷关，养精蓄锐，"临日持久，以待四方之变"，那么即使成不了王业，也能当个割据一方的霸主。隗嚣心里赞成他们的策略，所以表面上送儿子给刘秀当人质，实际却想继续割据。驻守关中的汉将几次上书刘秀，认为平定公孙述的条件已经成熟，刘秀将这些上书转给隗嚣，让他出兵讨伐，以证明他的忠诚。这是刘秀很毒辣的手段：让隗嚣与公孙述火拼，自己却不调兵配合。隗嚣若真的用兵，必定会与公孙述两败俱伤；要是不愿出兵，就证明了他并未真正效忠。隗嚣的反应是派长史去强调关中实力空虚，北面又有卢芳的威胁，现在还不宜征蜀。这无疑使刘秀识破了他"欲持两端，不愿天下统一"的本性，于是降低了原来给予的高规格礼遇，明确君臣关系。

至此，隗嚣败局已定，因为正如荆邯对公孙述献策时所分析的那样，"隗嚣遭遇际会，割有雍州，兵强士附，威加山东。遇更始政乱，复失天下，众庶引领，四方瓦解"。隗嚣不趁此时"推危乘胜，以争天命"，却想学周文王对商朝一再退让，与一帮读书人在那里咬文嚼字，解散部队，停止演习，用低下的态度效忠汉朝，还自我陶醉为周文王复出。使刘秀完全消除了关陇之忧，集中兵力东伐，"四分天下而有其三"。这当然使西州豪杰都将希望寄托在东方，或者派密使接洽，或者归顺效忠，使汉朝占了天下的五分之四。如果汉朝想出兵天水的话，隗嚣是必定要溃败的。在最有利的条件下，隗嚣没有争天下的决心和措施，等到刘秀统一的大局已定，却想割据称王了，而且到了此时，隗嚣还幻想采用两面手段与刘秀周旋，态度暧昧，使原来抱着建功立业的愿望来投奔的"游士长者"因看不到前途而纷纷离去。

建武六年，关东完全平定，但连年征战也使汉军疲于奔命，鉴于隗嚣已经送长子来当人质，公孙述一时也构不成威胁，刘秀还是希望和平解决两地的割据，要诸将暂时置之度外，并多次派人送信，向两人"告示祸福"。由于隗嚣的秘书们文才出众，每次上奏的文书都成为士大夫传诵的名作，刘秀对隗嚣的答复用词和语气都特别小心。但两件偶发事故使刘秀争取隗嚣的政策一时受挫：隗嚣的特使周游经过汉将冯异防区时被仇家所杀，刘秀派铫期赐给隗嚣的珍宝缯帛在途中被窃。

平心而论，隗嚣没有干任何对不起刘秀的事，即使想割据自保，也只限于自己的辖境，没有侵占刘秀一寸土地。他没有听从刘秀出兵征公孙述的命令，无非是为了保存实力，也不愿失去公孙述这个潜在的盟友，却并没有联合公孙述对抗的意图。刘秀也明白隗嚣是位"长者"，但统一的进程不能因此而延迟，所以亲自指挥，进驻长安，派七位将军绕道经陇坻（今六盘山南段）伐蜀，并先派来歙带着诏书向隗嚣说明形势。隗嚣怀疑汉军是以假道为名，害怕他们会趁机对自己不利，就调动军队，据守陇坻，伐木堵塞道路，企图杀害来歙，但被他逃回。汉军进攻陇坻，被隗军大败。接着隗军侵入关中，也被汉军逐回。

到了这一地步，隗嚣居然还想玩弄手段，他上疏谢罪称："部下得知大军突然到达，惊恐之间急于自保，我无法禁止。虽然部队打了大胜仗，我还是不敢废臣子之节，亲自追还。古时虞舜事奉父亲，稍挨几下打就忍受，打得太厉害了就逃避，我虽然不敏捷，怎么能忘了这道理？事到如此，我的命运都在朝廷手中，要杀要办，悉听尊便。但如能蒙恩给我洗心革面的机会，死了也不朽了。"有关方面指出隗嚣傲慢无礼，要求杀了他的儿子。刘秀不忍心，又派来歙去接近陇坻的汧县传达诏书："……隗嚣是文官，应该懂道理，所以再赐书。话说深了似乎太不客气，说简单了又怕解决不了问题。现在如果真愿投降，就再将隗恂的弟弟送来，那还能保全爵禄，后福无穷。我快四十岁了，带兵十年，厌恶浮语虚辞。如不愿意，就不必答复了。"隗嚣知道已被刘秀识破，只得派使者向公孙述称臣。至此双方彻底决裂。

建武七年，公孙述封隗嚣为朔宁王，又派兵声援。但此时的隗嚣已毫无优势可言，他两次进攻汉军，都无功而返。刘秀又发动新的政治攻势，通过来歙策反了隗嚣大将王遵。王遵立即受到重用，建武八年刘秀亲自率诸将进军陇坻，王遵被委任代表皇帝留守长安，连大司马吴汉也受他节制。王遵没有辜负刘秀的重托，他成功地策反了隗嚣的另一位大将牛邯，并导致其他十三位大将、十六座县城和十余万军队投降，隗嚣土崩瓦解，逃往西城（今甘肃天水市西南）依靠杨广，另两位部将困守上邽（今天水市秦州区）。刘秀再次招降，保证隗嚣父子的安全，并依照汉高祖对田横的许诺，"大者王，小者侯"。隗嚣还是不愿，刘秀杀隗恂，留下军队长期包围两城后东归。

一个多月后杨广病死，隗嚣已山穷水尽。垂危之际，忠于他的部将王捷登上被围的戎丘（今甘肃清水县北）城，对着汉军高呼："为隗王坚守的都死无二心，请你们赶快回去吧！我现在就用自杀来证明。"当场自刎。这些残兵败将居然坚守了几个月，终于盼来了入蜀求援的王元、行巡、周宗带来的五千救兵。他们拼死奋战，冲入西城，将隗嚣接回冀县（今甘谷县东）。汉军粮尽退回，安定、北地、天水、陇西四郡都脱离汉朝，重新归属隗嚣。

但经过连年战乱，这一带已是哀鸿遍野，连隗嚣也吃不饱饭了。建武九年春，又病又饿的隗嚣只得出城找杂粮吃，在悲愤中死去。使这位"长者"能稍感安慰的是，王元、周宗等部将继续效忠，立他少子隗纯为王，一直坚守到建武十年被汉军攻克，才集体投降。不过，这样的结局其实早已注定，拖延的后果无非是更多无辜生灵的牺牲。

四

公孙述倒是一开始就想当皇帝的。他本来就是王莽的"导江卒正"（相当于蜀郡太守），王莽覆灭后就占据益州，自称蜀王。据说他梦中有人对他说："八厶子系，十二为期。"醒来后对妻子说："命倒是贵，可惜国运太短，怎么办？"老婆学问不错，遵循孔老夫子的教导："朝闻道，夕死尚可，何况还有十二年？"据说当时还有龙在他的大堂上显身，夜晚大放光芒。为了印证这一谶语，公孙述还在自己的手掌上刺上"公孙帝"三个字。在刘秀称帝之前两个月，公孙述就已自立为天子，建元龙兴，颜色用白。

当时公孙述的地盘大致相当于今四川、重庆、贵州、云南和秦岭以南的陕西。更始帝败后，关中投奔公孙述的人数以万计，使他的部队扩大到数十万，他在汉中积聚粮食，在南郑建宫殿，造了十层高的大船，还预先刻了全国地方官的印章，似乎要逐鹿中原。可是他的军队太不争气，两次出师关中都以失败告终，从三峡顺流而下的军队也攻占不了荆州的属县。

战场上不能取胜，公孙述就抓意识形态，他本来就对符命图谶感兴趣，又引经据典，从理论上证明他得天命的必然性。他认为，孔子作《春秋》时定了鲁国十二位公，也是定了汉朝有十二位皇帝，到汉平帝时气数已尽，一姓不可能再受命。又根据《录运法》上"废昌帝，立公孙"；《括地象》上"帝轩辕受命，公孙氏握"；《援神契》上"西太守，乙卯金"，按五德的顺序，黄承赤，白继黄，金据西方，是白德，既然王莽的黄德已取代过汉朝的赤德，现在该由他的白德取代王莽的黄德，才符合正常的次序。手上"公孙帝"三字和府中龙的出现自然成为他得天命的证据。公孙述将这些内容写成宣传资料，向中原散发，成为刘秀的心腹之患，因为刘秀同样重视图谶。

刘秀亲自给公孙述写信，指出他对图谶的解释有误，"公孙"应该是指汉宣帝，命中注定要代汉的是"当涂高"，你难道是当涂高出世吗？手掌有字这一套都是王莽玩的把戏，值得仿效吗？刘秀对他的处境表示理解："你并非我的乱臣贼子，仓卒间其他人也会像你那样行事，有什么好责备你呢？""君日月已逝，妻子弱小，当早为定计，可以无忧。"但最后还是发出警告："天下神器，不可力争，宜留三思。"署名是"公孙皇帝"。

刘秀的统一目标是坚定的，对阻碍统一的势力不惜以武力清除，公孙述既然不愿投降，就没有任何犹豫的余地，可是他却满足于关起门来称王，一次次丧失与刘秀争夺天下的时机，坐待刘秀在消灭其他割据势力后的最后一击。他曾听从荆邯的建议，准备出动大军，分水陆两路向东、向北出击，但在弟弟公孙光和本地人的反对下而收回成命。他建立了全套的仪仗队，出入时大摆皇帝的威风；分封两个儿子为王，唯本族人是用，引起大臣的普遍怨恨。

建武十一年，汉军节节胜利，长驱直入，前锋到达武阳（今四川眉山市彭山区）。刘秀致信公孙述劝降，又重申宽大和保证。

公孙述看后不无触动，将信给亲信常少和张隆看，他们都劝他投降，公孙述却说："哪有投降的天子？"从此左右再也不敢说话。

面对压境的汉军，公孙述只能乞灵于暗杀，部将环安派人刺杀了汉将来歙，他又派人杀了岑彭。建武十二年，汉军杀了公孙述的弟弟和女婿，残部一片恐慌，日夜叛逃，连灭族的处罚也制止不了。刘秀仍想争取公孙述投降，又下了一道诏书，表示不追究杀来歙和岑彭的罪行，只要自行投降，还能保证家族安全。若再执迷不悟，就等于将肉放在虎口，何苦落得如此悲惨下场？"将帅疲倦，吏士思归，不乐久相屯守，诏书手记，不可数得"，这是最后通牒，"朕不食言"。公孙述拒不投降，断了这一线生路。

九月，吴汉率汉军进逼成都。公孙述用重金募集五千敢死队，由延岑率领迎战，又出奇兵包抄吴汉的后路，大败汉军，吴汉掉在河里，拉着马尾巴才脱险。但局部胜利挽救不了失败的大势，十一月，汉军攻至成都城北的咸门。公孙述翻占卜书，上面有"虏死城下"的话，竟以为会应验在吴汉身上，亲自率兵出城作战，被刺穿胸部，掉下马来，当晚死亡。第二天延岑投降，吴汉入城，将公孙述妻儿族人全部杀光，延岑也被灭族，公孙述的头被割下送往洛阳示众。吴汉纵兵大掠，又一把火烧了公孙述的宫殿，成都一片残破。

五

建武十三年正月，吴汉率凯旋的汉军顺长江而下。此时刘秀正在洛阳宫中接受群臣的朝贺，其中就有大司空窦融，却没有本来也可以在场的隗嚣和公孙述——如果他们当初愿投降，至少能封个"违命侯"吧！此时除了卢芳逃入匈奴外，所有的割据势力都已消灭，刘秀最终完成统一大业，实现了汉朝的中兴。

"秦失其鹿，天下共逐之，高材者先得。"王莽失鹿后，经过十多年的共逐，刘秀得了天下。这并非因为他姓刘，而是由于他才高，特别是他有坚定的统一目标。正如公孙述的谋臣荆邯所说："兵者，帝王之大器，古今所不能废也。"刘秀的统一离不开武力。但同时他又采用种种灵活手段，争取以和平方式降服对手，可谓仁至义尽，在古代帝王中也不多见。

从道义上说，隗嚣、公孙述与刘秀之争不存在正义与非正义的区别，要是他们有能力，又能把握机遇，由他们来统一并非没有可能。但从统一与分裂的角度看，刘秀致力于统一，而隗嚣、公孙述既抵制刘秀的统一，自己又不愿从事统一，或者不具备统一的能力，他们的灭亡是必然的，咎由自取，只可怜增添了无数冤魂白骨。反之，如果刘秀容许这种局面存在下去，不仅东汉政权未必能巩固，战争不会断绝，而且汉朝的疆域或许从此就分裂为不同的国家，或许就没有今天的中国了。

片断七

东汉：党人两难

东汉桓帝延熹九年（公元一六五年），河内郡（郡治在今河南武陟县西南）人张成的弟子牢脩向皇帝上书，控告司隶校尉（首都特区长官）李膺等人资助太学（国家最高学府）中的学生与访问学者，结交各地士人，相互串连，结成"部党"，诽谤朝廷，破坏社会风尚。桓帝震怒，下令各地逮捕这批"党人"，并将他们的罪行布告天下，全民共讨之。案子送到"三府"（太尉、司徒、司空）审理时，太尉陈蕃拒绝署名受理，还上疏极力为他们辩护。桓帝更加生气，就将李膺、范滂等关押到由宦官主管的黄门北寺狱刑讯逼供。又以推荐任用人员不当为由免了陈蕃的职。党人的供词牵连到陈寔等二百余人，也一律逮捕。其中有的人已经逃亡，朝廷派往各地办案的官员络绎不绝，中国历史上第一次对知识分子的大规模政治迫害就这样开始了。

　　此事的起因与汉桓帝不无关系。原来桓帝当蠡吾侯（封邑在今河北博野县西南）时，当过甘陵国（国都在今山东临清市东北，辖今山东、河北交界处数县）人周福（字仲进）的学生，等到即位后就提拔他当了内阁尚书（内阁常务官员）。而同郡人房

　　　　　　　　　葛剑雄写史：中国历史的二十个片断

植（字伯武）担任河南尹（首都所在郡的长官），在朝廷颇有声望。于是本地人编了两句民谣："天下规矩房伯武，因师获印周仲进。"（房伯武不愧为天下的榜样，而周仲进的官印不过是当老师才拿到的。）房、周二人的幕僚、门客、学生相互讥讽，制造舆论，又各自拉帮结派，逐渐势不两立，形成甘陵南部和北部两派，开始被称为"党人"。以后汝南郡（治所在今河南平舆县北）太守宗资信用功曹（秘书长）范滂（字孟博），南阳郡（治所在今河南南阳市宛城区）太守成瑨委任功曹岑晊（字公孝），这二郡中也流传出这样的民谣："汝南太守范孟博，南阳宗资主画诺。南阳太守成功孝，弘农成瑨但坐啸。"（真正的汝南太守是范孟博，南阳人宗资只管签字画圈。南阳太守也是岑公孝，弘农人成瑨只要坐着嚷嚷。）当时太学有学生和访问学者三万余人，郭太（字林宗）和贾彪（字伟节）名气最大，他们与李膺（字元礼）、陈蕃（字仲举）、王畅（字叔茂）等人互相赞誉提携，太学中又传出了几句话："天下楷模李元礼，不畏强御陈仲举，天下俊秀王叔茂。"此外还有勃海（治所在今河北南皮县东北）人公族（姓）进阶、扶风（治所在今陕西兴平县西南）人魏其卿，都爱发表直率的意见和深刻的议论，揭露豪强时不留情面。朝廷的高官也怕他们的批评，吓得到他们家去时连车也不敢坐。

事件的导火线是几年前李膺杀了张成的儿子。张成有打卦算命的本事，平时以此广交宦官，连桓帝都信他几分。据说张成推算出皇帝将要大赦，就让他儿子杀人。当时李膺正任河南尹，将他的儿子收捕。不久果然颁布了赦令，张成的儿子在释放的范围内。李膺更加气愤，竟将他定罪杀了，所以张成的弟子就作了诬告。

由于太尉陈蕃都碰了钉子，朝廷百官没有人再敢为党人说话。新息县（今河南新息县西南）长贾彪到洛阳活动，说服了尚书霍谞、城门校尉（首都卫成司令）窦武于次年六月上书为党人鸣冤。窦武以皇帝丈人的身份指责"皇帝所行，不合天意"，并同时称病辞职。当时，连年水旱灾害严重，据说中原地区百姓饿死的近一半，绝户的也不少，南匈奴、鲜卑、乌桓及"盗贼"蜂起。三十六岁的桓帝虽然于上年立窦武之女为他的第三位皇后，但一直没有儿子，因而对天意不能不有所顾忌。加上李膺等人的供词中也涉及不少宦官子弟，宦官怕受到牵连，劝桓帝顺从天意，加以赦免。于是桓帝大赦天下，将党人们释放回乡，终身管制，他们的名字都由朝廷记录在案。

但党人们从此声名大噪，范滂等人刚离开洛阳，汝南、南阳二郡士大夫迎接他们的车已有数千辆。此后各地的士人更是推波助澜，互相标榜，把天下名士都收罗起来，定出各种称号：最高的是窦武、刘淑（宗室，任侍中，相当于皇帝顾问）等三人，称为"三君"，即当代领袖。李膺等八人称为"八俊"，即士人的精英。郭太等八人为"八顾"，即能以自己的德行引导别人。张俭等八人为"八及"，即能够指导别人向领袖们学习。度尚等八人为"八厨"，意思是能以钱财救济他人。

当年冬桓帝去世，因无子，由窦武主持迎立解渎亭侯刘宏（灵帝）继位。窦武被封为大将军，总揽朝政。陈蕃出任太傅，录尚书事（首相）。窦武与陈蕃策划，清除曹节、王甫等长期弄权、祸国殃民的宦官，任命"八顾"之一的尹勋为尚书令，刘瑜为侍中，冯述为屯骑校尉（禁卫军司令），又下令征召被禁锢的党人李膺等进京，并请"八俊"之一的荀翌、陈寔担任幕僚，共同商定计划。天下士人都知道了他们的意图，纷纷准备效力。第二年（建宁元年，公元一六八年），陈蕃敦促窦武采取行动，但窦武一味依靠其女窦太后，而太后却处于曹节、王甫等宦官的包围之中，不愿下手。直到八月，窦武才从其党羽开刀，准备收捕曹节等人。但计划泄漏，曹节、王甫等抢先行动，占据皇宫，劫持了十三岁的灵帝和窦太后，以他们的名义下诏逮捕窦武。窦武召集军队对抗，失败后自杀。陈蕃、刘瑜、冯述等均被杀，刘淑、尹勋等在狱中自杀，他们没有被杀的家属都被发配到日南郡（今越南中部）或其他边疆。这是对党人们的沉重打击，不仅"三君"身亡，政治势力被扫荡殆尽，还招来了宦官们的疯狂报复。

建宁二年，在中常侍（皇帝身边的机要官员，多由宦官担任）候览的指使下，山阳郡（治所在今山东金乡县西北）人朱并首先发难，上书控告张俭与同乡二十四人结成死党，"图危社稷"（阴谋颠覆国家）。灵帝立即下令缉拿归案，大长秋（皇后宫内的主管官员，多由宦官担任）曹节也授意有关部门上报，将"钩党者"虞放、杜密、李膺、朱寓、巴肃、荀翌、魏朗、翟超、刘儒、范滂等百余名高中级官员逮捕法办。十四岁的灵帝不懂"钩党"是什么东西，曹节解释说："'钩党'就是党人。"灵帝问："党人干了什么坏事，非杀他们不可。"回答是："他们结成一伙，干不轨的事。"小皇帝还是弄不明白："不轨又怎么样？"曹节说："那就是要推翻你，自己做皇帝呀。"灵帝这才准奏，结果被捕的党人全部非刑处死，家属流放边疆。其余的党人有的已在此前死亡，有的闻风逃亡，一些人趁机泄私忿，将仇家列为党人。地方官迎合朝廷的意图搞扩大化，以致根本与党人无关的人也遭祸害，因此而被杀、被关和被迫逃亡的有六七百人，受牵连的更不计其数。

熹平五年（公元一七六年），永昌郡（汉所在今云南保山市东北）太守曹鸾上书为党人鸣冤，言词相当激烈。灵帝大怒，立即命令当地用囚车将他押解进京，送监狱活活打死。又下令各地清查党人的学生、下属和父子兄弟，凡是当官的一律免职管制，处罚范围扩大到他们的五服之内。光和二年（公元一七九年），上禄县（今甘肃西和县东南）长和海提出：按照礼法，同一曾祖父的堂兄弟如果已经分居就属于疏族，党人株连五服以内不妥当，灵帝才将追究范围限于三代之内。

中平元年（公元一八四年），张角为首的黄巾起义爆发，中常侍吕强向灵帝进言："党锢的时间长了，人们的怨气很大。如果一直不予宽大赦免，这些人与张角合谋，叛乱会越闹越大，到时就后悔不及了。"灵帝才感到害怕，就对党人实行大赦，将被流放的家属放回故乡。历时二十多年的政治迫害运动至此结束，但东汉王朝的最终崩溃也为期不远了。

二

这场党锢案当然完全是冤假错案。实际上党人们根本就没有结成什么党，更不是现代意义的政党，甚至并没有结成什么团体，最多只是一群意气相投的士人组成的非常松散的同盟。正因为如此，他们没有共同的政治纲领，也没有周密的行动计划，面对政治迫害所采取的态度也是因人而异的。说他们要"图谋社稷"更是冤哉枉也，且不说他们巴不得要为皇帝效劳尽忠，窦武、陈蕃和党人们要杀的只是一批宦官，就是对出于皇帝的迫害也无不逆来顺受，至多只是逃避，却从来没有作过任何反抗。

不过平心而论，党人们并不是没有责任，要是他们的态度不是那么偏激，行为不是那么极端，策略不是那么幼稚的话，损失绝不会那么大，结果可能更接近他们的目标。

党人们的确都是学者士人，用今天的话来说，都是知识分子，其中不少人的主要事业是读经游学，设帐授徒。党人们的集体活动也只是互相标榜，评品人物，发表一些"危言深论"。但他们既不是闭门读书、埋头著述的纯粹学人，也不是优游林下、清心寡欲的出世高士；其中大多数人是在职或离任的官员，从最高一级的大将军、太傅、太尉，中央各部门和郡一级政区的行政长官，到幕僚、县长；其余也都是"家世衣冠"的乡绅和待价而沽的士人。党祸的起因表面上是宦官对反对他们的士人的报复，实际还是东汉权力斗争的一部分。党人们的领袖之一窦武，就是一度权倾朝野、掌握拥立新君大权的外戚，而窦武与宦官较量的参与者和支持者就是这批党人。

东汉从和帝开始几乎都是幼主继位，母后临朝，外戚当权。和帝十岁即位，窦太后临朝，其兄窦宪执政。元兴元年（公元一〇五年），二十七岁的和帝去世，其子刘隆（殇帝）还不满一岁，即位后由邓太后临朝，其兄邓骘执政。次年八月殇帝死，邓太后与邓骘立和帝之侄、十三岁的刘祜（安帝）为帝，继续由邓太后临朝。延光四年（一二五年），三十二岁的安帝死，废太子刘保已十一岁，但系宫人所生，没有即位的资格。而皇后阎氏为能长期掌权，贪立幼主，与其兄阎显等迎立章帝之孙北乡侯刘懿（少帝）。刘懿即位时年不详，但肯定是幼儿。阎后当仁不让，以太后身份临朝，阎显执政。数月后少帝死，孙程等十八人密谋，拥立废太子刘保，阎显被杀，阎太后被幽禁。建康元年（一四四年）顺帝死，两岁的太子刘炳（冲帝）即位，梁太后临朝，其兄梁冀任大将军。第二年正月冲帝死，梁冀不顾群臣立长的建议，立八岁的刘缵（质帝）、十五岁的刘志（桓帝）为帝，梁太后仍临朝，梁冀也继续执政。灵帝十一岁即位，窦太后临朝，其父窦武执政。唯一例外的是，顺帝虽也是十一岁即位，却是由宦官拥立，阎太后失势，阎显被杀，顺帝母亲已死，因而没有太后临朝。但七年后立梁皇后，外戚梁氏的势力迅速膨胀。顺帝死后，梁太后临朝三帝，共十九年。

　　东汉时之所以会接连出现这样的局面，一方面是由于皇帝死时还没有儿子或儿子太小，另一方面是因为太后与外戚都想继续掌权，故意选幼主继位。等皇帝长大后，不愿当傀儡，就要设法摆脱太后和外戚的控制。但由于外戚大权在握，皇帝只能依靠身边的宦官发动宫廷政变。如和帝十四岁时与宦官策划，清除外戚窦氏。安帝二十八岁时邓太后死，他方能亲政，同年即利用宦官废外戚邓氏。桓帝亲政后，梁冀继续独揽大权，桓帝与宦官合谋灭梁氏。宦官为了达到控制皇帝、巩固权力的目的，也主动掌握时机打击外戚，拥立顺帝、杀阎显就是一例。

在权力斗争的恶性循环中，士人们往往站在外戚一边。这固然是由于士人们不屑与宦官为伍，更主要是因为士人们要实现自己的抱负，干一番事业，就得做官，而外戚掌握朝政，正是士人们投靠的对象。相反，宦官的正式职位大多属于内廷，按正常途径与士人们不应发生直接联系。加上外戚为了巩固自己的权力，一般都会极力拉拢士人，所以除了梁冀过于飞扬跋扈，诛杀李固、杜乔等大臣和士人外，其余的外戚与士人的关系远比宦官与士人的关系密切。

但问题是，外戚与宦官并没有本质上的区别，宦官未必个个都坏，外戚也不见得个个比宦官强。像和帝时主谋杀窦宪的郑众，发明造纸术的蔡伦，参预灭邓氏的十九名宦官中的良贺，灵帝时的吕强和丁肃等五人，都有值得称道的事迹，不愧为宦官中的佼佼者。特别是吕强，还直接推动了党锢案的解除。而外戚中尽管也不乏正人君子，或者颇有文治武功，但大多过不了迷恋权势和以权谋私这两关。就拿被党人们目为领袖的窦武来说，实际执政仅九个月。史料中似乎没有留下什么劣迹，但仔细分析就未必如此。桓帝死后，选择新君的决定权就操在他手中。《后汉书·窦武传》说他是召见河间国（国都在今河北献县东南）刘儵，询问该国的王子侯中有谁贤能，仅根据刘儵称道刘宏就决定立其为帝（灵帝）。以后的事实证明，灵帝根本无贤可言，而且他母亲与他的爱钱贪财，在帝后中是绝无仅有的。即使河间王一支中缺乏贤能，也不至于到了以灵帝为最佳人选的程度。窦武轻率地选择灵帝，看来还是想找一个便于控制的十二岁孩子。凭着这"定策"的功劳，窦武心安理得地增加食邑，子侄升官封侯。

此后王甫在反驳陈蕃称赞窦武"忠以卫国"时，指责"窦武何功，兄弟父子，一门三侯？又多娶掖庭宫人，作乐饮谦，旬月之间，赀财亿计"，看来不是无中生有的。要是窦武执政的时间不是九个月而是九年，结果又会如何呢？这样的人作党人的领袖，领导党人与宦官斗，即使获胜，恐怕也不会有多少好作用。

在与宦官的较量中，窦武与党人们占有压倒性优势：党人占有朝廷的文武要职，控制着首都地区的军队和禁卫军；宦官弄权多年，作恶多端，结怨甚深，而党人得到舆论的支持；皇帝为窦氏所立，对窦武有好感，又来自外藩，与宦官没有历史渊源，也没有什么联系。但结果却是党人们的惨败，这只能证明他们的无能。

从一七六年年初开始，窦武与陈蕃就做了人事部署，要诛杀曹节、王甫的舆论已经造得"天下俊雄"都知道了，可是直到五月才找了两名中常侍开刀，又拖到八月才准备逮捕曹节和王甫。在这样的对手面前，即使不出现窦武奏章被泄漏的偶然事件，宦官们也会有充分的对抗机会，无怪乎能在一夜之间反败为胜。窦武迟迟不动手的主要原因是他过于重视女儿窦太后的作用，必定要等待太后的同意，偏偏这位女主在曹节、王甫的奉承下，对他们十分信任，一直不批准对他们法办。可以想象，即使窦武的奏章送到了太后手中，他也未必会立即采取行动。窦武既没有将太后与宦官隔离，又没有对小皇帝和太后实行保护，结果让宦官轻易地劫持，成了他们假传圣旨的工具。最令人不可思议的是，在上了逮捕曹节等的奏章后，窦武安心地回家休假了，而由党人指挥的禁卫军事先居然毫无准备，临时召集的数千军人不堪一击。

这一系列错误的步骤当然不是窦武一人的责任，但恰恰暴露了党人们的致命弱点：志大才疏，言行脱节。他们是言论的巨人，却是行动的矮子；他们追求的与其说是政治斗争的胜利，还不如说是个人价值的体现。就拿党人的另一位领袖、这次行动的具体策划者陈蕃来说，他的疾恶如仇、直言极谏、临危不惧、不计私利（如多次冒死营救受迫害者，拒不接受封邑）都不愧为道德的典范，但政治技巧和斗争策略却乏善可陈。陈蕃少年时的一件事曾传为佳话，正好说明了他从小存在的片面性。他十五岁时独居一室，父亲的朋友来看他时见屋子里又肮又乱，就问："客人来了，小朋友为什么不打扫一下？"他回答："大丈夫处世，当扫除天下，安事一室乎？"其实，扫除天下与打扫屋子是并行不悖的，能打扫屋子的人未必就不能扫除天下。不幸的是，陈蕃这样的人在党人中并非少数。

党人们的疾恶如仇，如果只是见于言论，即使过分一些也不至于有严重后果，但不少人是实权在握的官员，当然要付诸行动。而这些措施往往失去理智，以毒攻毒，或者违反了当时的法律，不仅无谓地激化了矛盾，而且授人以柄。如李膺不顾赦令已经发布，杀了张成的儿子；曹岑晖为了让太守成瑨立威，拿不法富商张汜开刀，在赦令下达后不仅杀了张汜本人，还将他的"宗族宾客"二百余人全部杀光；贾彪当县长时，为了制止穷人杀婴，规定对杀婴者与杀人犯一样定罪；窦武的奏章中不仅建议杀曹节、王甫，还计划将宦官一网打尽。如此之类，都已经超出了理性的限度，将中间势力推向敌方，当然会把自己置于绝境。联系到一些党人的矫揉造作，我们不能不怀疑有些极端做法的哗众取宠动机。

党人们的名士架子在互相标榜中越摆越大，并且被认为是理所当然，公然用之于官场政坛。范滂出任陈蕃的下属，按照公务礼节晋见，陈蕃没有加以制止，范滂竟表示愤慨，马上扔掉官笏辞职。陈蕃向他道歉，也没有能使他回心转意。范滂连与陈蕃都无法共事，并且只是为了毫无道理又微不足道的原因，又怎么能实现自己的"澄清天下之志"呢？其他党人也往往在官方征召时几次推辞，摆足架子（最后大多还是当了官），或者当了官后动不动就挂冠而去。显然他们考虑更多的还是自己的声望，而不是社会的需要和其他人的利益。正因为如此，张俭依靠自己的"名行"，在逃亡中"望门投止"，让素不相识的人为他提供救援，却不顾数以十计的人被杀，"宗亲并皆殄灭，郡县为之残破"的严重后果，心安理得地在塞外避过风险，晚年还"不得已"接受曹操的征召，以八十四岁高龄寿终正寝。

在这场政治迫害中，党人的另一位领袖、与李膺齐名、并备受赞誉的郭太（林宗）却能安然无恙，并能继续闭门教授上千弟子，看来似乎是奇迹，其实倒很说明问题。郭太虽然"名震京师"，但他认为汉朝已到了"天之所废，不可支也"的程度，拒绝出仕。他有自己的见解，但不发表"危言覈论"，不对宦官作无谓的刺激。窦武等被杀后，他"哭于野，恸"，表达了自己的极度悲哀，却没有与朝廷作公开的对抗。《后汉书》本传中还有不少生动的事例，突出地说明了他待人接物的原则性和灵活性，在奖掖士人时也不排斥有错误和缺点的人。可见，清浊善恶并不像多数党人说的那样绝对，与宦官和邪恶势力也不必事事对着干，更没有必要作无谓的挑战。李膺等的供词曾牵涉到不少宦官子弟，引起他们的恐慌，说明宦官们也不是不想巴结党人。如果像郭太那样处理得当，至少可以起到分化作用。可惜的是，像郭太那样的人在党人中实在太少了。

党锢案前后的事实，说明至少在一千八百年前就存在着权力与舆论、政治与道德的对立与分离。郭太这样的一介布衣，回乡时在黄河边送行的士大夫有车数千辆，而只有李膺有资格与他坐同一条渡船，其他人只能像看神仙那样仰望。被朝廷罢官、逮捕或杀害的官员和士人会赢得舆论广泛的同情和支持，受迫害越重声望越高。被释放的党人尽管尚在管制之中，还是受到家乡士大夫数千辆车的欢迎。对被朝廷通缉的党人，不惜弃官、不顾被满门抄斩并株连宗族而加以保护的大有人在。也就是说，政治权力可以剥夺士人的官职、财产、自由乃至生命，可以对他们肆意侮辱或施加刑罚，却无法左右舆论，更不能改变士人们的信仰。士人以及社会对是非善恶的评判已经不是简单地屈从于政治权力，而是根据自己或本阶层的标准。这显示了古代知识分子人格的尊严、道德的感召力和对自身价值的追求，与那种政治权力完全控制舆论、政治标准就等于道德评判的社会相比，无疑是一种进步。但是这种进步的作用是相当有限的，因为在封建专制体制之下，知识分子永远无法解决两个矛盾：保持独立人格与服从皇权，实现自身价值与参与政治。

自从秦始皇建立君主集权的专制体制，并为汉朝所进一步巩固，又有了董仲舒等人的"天人合一"理论，皇帝和皇权已成为天意的体现，至高无上，神圣不可侵犯。诽谤皇帝就等于谋反大逆，是够得上杀头、腰斩、族诛的罪行。汉武帝时还增加了一条"腹诽"（肚子里说坏话）罪，更是天网恢恢，疏而不漏了，因为再能言善辩的知识分子也无法证明自己肚子里没有说过皇帝的坏话。批评皇帝的唯一根据是"天意"，但具有讽刺意义的是，判断皇帝的所作所为是否符合天意，往往在于皇帝是否愿意接受批评。所以党人们也罢，其他士人也罢，无论他们有多高的声望、多大的影响、多大的胆量，批评或评价的对象是不能包括皇帝在内的。所以，对善恶是非、合法非法、忠奸贤愚的评判，一旦由皇帝表态，知识分子就不能也不敢再有议论了，因为不仅法律不容许，就是发展了的儒家理论中也找不出这样做的根据。面对邪恶势力的倒行逆施，正直的士人会义无反顾地斗争，甚至可以将荣辱生死置诸度外，因为他们相信这是奸臣所为，皇帝受了蒙骗。但一旦证明这真是皇帝的旨意，或者皇帝亲自做了裁决，即便这是皇帝在被欺骗或劫持下作出的决定，士人们就失去了抵抗的余地。或许有人依然保持了自己的思想，但不可能再有言论或行动，还有什么独立人格可言？

在党人中，范滂的死是最光明磊落的。在第一次被捕时，他与同案被押在黄门北寺狱，狱吏让犯人祭皋陶。范滂带头拒绝："皋陶是贤人，也是古代的直臣。他要是知道我无罪，必定会代我向天申诉。如果我真的有罪，祭他又有何益？"狱吏要进行拷打，他见同案大多体弱有病，就要求从他开始，与同郡袁忠争着挨打。第二次逮捕党人的诏书下达时，督邮吴导来到县里，抱着诏书，在宾馆闭门痛哭。范滂闻讯后，知道一定是为了他，就主动到县监狱投案。县令郭揖大惊，他立即扔下印绶，准备与范滂一起逃跑，说："天下如此大，先生为什么要到这里来？"范滂说："我死了祸害才能停止，怎么敢以我的罪连累你。又让老母流离失所呢？"他既没有像张俭那样不顾别人的死活，千方百计地逃亡；也不像有些人那样自杀，而是从容诀别亲人，拒绝别人的营救，主动投案，接受一切刑罚。表面看来，在独立人格与皇权发生冲突时，范滂已经无条件地服从皇权，心平如镜，视死如归。但他对儿子的遗言却透露了内心激烈的冲突和深切的悲哀："吾欲使汝为恶，则恶不可为；使汝为善，则我不为恶。"坏事干不得，好事又不能做；自己做了还能心安理得，总不能让儿子也这样做。这岂止是范滂个人的悲剧！古往今来，又有多少知识分子不得不面对这样永远无法两全的痛苦抉择。

知识分子多少有点知识，这是他们的幸运，也是他们的不幸。有了知识，就想有运用的机会，就不会满足于有饭吃，有衣穿，有妻室儿女，这就是所谓实现自身价值。但汉代的知识分子能学的、能干的事实在少得可怜。除了天文、历法以外，其他的科学技术几乎都是"医卜星相"和"百工"的"贱业"，法律、经济和管理也大多是吏胥的专利，琴棋书画之类对大多数人来说只是业余爱好，知识分子能做的只是读书和做官。在皇权垄断一切的社会，要实现自身的价值，舍做官就别无他途。可是做了官就只能服从法律和上司，就绝不能避开现实政治。疾恶如仇会有党人那样的下场；洁身自好或许能做到，却会因此而一事无成；

同流合污又有违初衷，而且不齿于士林；急流勇退倒也干脆，但原来的理想也随之成为泡影。

不过对绝大多数知识分子来说，更大的不幸是他们连做这两种选择的机会都没有。东汉后期在全国五六千万人口中，县以上官员和贵族的定额是十万，其中相当大一部分是世袭或变相世袭的，留给士人竞争的职位很少，而光太学生就有三万，全国的知识分子估计有数十万。隋唐以后，读书人还能应科举考试，多少有个公平竞争的机会。东汉时实行的还是荐举制，士人得由地方官逐级推荐，或由官员聘任，或由朝廷征召，都得在学问和品行方面有知名度。对大多数出身平民、家境贫寒的士人来说，要靠学问出众而成名难乎其难，品行上达到"孝廉"或名士的水平倒相对容易一些。而投靠名士，推波助澜，扬清激恶，党同伐异，臧否人物，更不失为一条捷径。如会稽阳羡（今江苏宜兴市）人许武已经被举为孝廉，因为两个弟弟许晏、许普没有什么特长，想让他们成名。于是许武向两个弟弟提出分家。将家产分为三份后，许武自己取了最肥的田、最大的住宅、最得力的奴婢，而两个弟弟分到的都比他的差得多。于是舆论哗然，一致称赞他弟弟克己谦让，批评许武贪婪。许晏、许普因此获得地方上举荐，成为孝廉。这时，许武将宗族、亲戚请来，哭着告诉大家："我当哥哥的不成器，先窃据了声誉和地位。两位弟弟年长了，却还轮不到荣华富贵，所以我提出分家，自己揽一个恶名。现在我替他们管理的财产已经增值三倍，全部分给弟弟，我一点也不留。"他因此受到全郡的赞扬，名声大振，以后官至长乐少府。这样的曲线求名，似乎已经到了不择手段的地步。但按照正常的途径，

134　　　　　　　　　　　　　　葛剑雄写史：中国历史的二十个片断

这两位弟弟大概绝对不可能当上孝廉，而那些世家大族的子弟，再卑鄙无耻、愚昧无知，也照样能得到举荐，甚至位至公卿，那最应该受到指责的就不是许武了。"举秀才，不知书；察孝廉，父别居；寒素清白浊如泥，高第良将怯如鸡。"这类名实之间完全矛盾的现象发生在东汉末年，和党人们的曾经风流显赫一样，都不是偶然的。

生在乱世的知识分子有更多建功立业的机会，多少有选择主子的自由，成功了就是王侯将相，失败了也咎由自取，至少过了一下实现自身价值的瘾。秦汉之际的郦食其，虽然最后被扔进了油锅，但毕竟为汉朝的建立作出特殊贡献，在历史上留下了事迹，因此他至死不悔。生在治世的知识分子可以安享圣君贤臣的恩泽，循着科举的阶梯往上爬。遇到稽古右文的皇帝，还有机会参加国家大型文化工程，不但衣食无忧，还能捞个一官半职。可惜中国历史上大多是不治不乱之世，就像党人们所处的时代那样，知识分子就只能挤在成名和做官的独木桥上。从这一角度，我们就不难理解，为什么司马迁会忍受腐刑的奇耻大辱，而不是一死了之，要不他怎能写成《史记》！东汉末年的蔡邕是在董卓的威逼下出仕的，但在董卓被杀后居然会表现出对他的同情，原因就在于董卓对他的尊重并为他编撰汉史提供了条件。所以他临死还要哀求王允，愿意接受黥面（在脸上刺字）和刖足（砍去脚）的刑罚，留他一命，以便编完汉史。另一方面，一些人不惜以生命（甚至全家和亲友们的生命）作为实现自身价值的代价。党锢案中不乏自投罗网的人，还有的人根本没有被列入党人名单，竟主动要求补入。他们当然知道这样做的后果，但在精神上却找到了满意的归宿。明朝皇帝以廷杖对付敢提意见的官员，常常有人被当场打死，被认为是对士大夫的莫大侮辱。对这样的待遇，天下士人竟会"羡之若登仙"，甚至有人会主动争取。

今天的知识分子或许无法理解，但这是千百年来的事实，《后汉书·党锢列传》就是其中的第一篇实录。

片断八

三国：汉魏禅让

相传上古时的唐尧将天下传给了虞舜，这就是儒家所津津乐道的"唐虞故事"。据说以后舜又传天下于夏禹，又有了一个"虞夏故事"。但禹死了以后，他原定的继承人益却没有继位，禹的儿子启得了天下。其原因有两种说法：一是益主动让给了启，一是启杀了益。无论如何，禅让的故事到此结束了，因为从启开始就都传位于自己的儿子，实行"家天下"了。

　　今天的历史学家完全能够用人类社会发展的规律来解释这类禅让现象存在和消失的原因，并指出这并非中国的特产，但当年的儒家却以禅让为千古盛事，是天下为公的典范，颂扬惟恐不力，只恨不能亲眼目睹，亲身经历。可惜当皇帝的都讲究现实，尽管爱听臣下将自己比之于尧舜，却从来没有人愿意像尧舜那样传位于外人，连在生前就传给儿子而当太上皇的也屈指可数，其中出于自愿的或许只有乾隆皇帝，至于他是不是真将大权交给了儿子嘉庆皇帝就又是一回事了。

　　可是另一方面，想接受禅让的人历来并不少。对于那些实际大权在握的权臣、军阀来说，要废掉傀儡皇帝自然已不费吹灰之力，但要自己当皇帝、建新朝却还有一道障碍。因为废了皇帝，甚至把他杀了，也还得在皇族中另立新君，否则就逃不了篡夺或弑君的恶名，不仅缺乏合法性，而且可能引起敌对势力的反抗。

但如果让皇帝自己让位，自己再假惺惺推却一番，篡夺就成了禅让，傀儡和操纵者都成了尧舜般的圣君，所以"唐虞故事"实在是不可少的。

最早演出禅让的是魏文帝曹丕代汉，以后西晋、宋、齐、梁、陈、北周、北齐、隋、五代梁取代前朝时都如法炮制。五代时郭威（后周）代汉（后汉）时汉隐帝已被杀，只能由太后扮演禅让的主角。宋太祖赵匡胤代周是在一个早上完成的，但也少不了以周恭帝的名义下了一道禅让诏书。大概因为"唐虞故事"年代久远，谁也说不清究竟是如何进行的，而曹丕代汉的过程却由《三国志》记载得十分详细，操作起来非常容易，所以"汉魏故事"成了后世禅让的代名词和样板。

《三国志》虽读过多次，以前却从来没有认真看过裴松之关于曹丕代汉的长篇注释。裴注所引《献帝传》一书早已失传，引文长达万字。当我耐着性子看完后，倒觉得这是不可多得的史料，要不是篇幅所限，真想引用全文，让大家开开眼界，看一下这"汉魏故事"是如何编出来的。

了解三国历史（不过得注意，不要把《三国演义》当历史）的人都知道，自从建安元年（公元196年）曹操将汉献帝迎至许昌后，汉朝就已名存实亡。但曹操为了"挟天子以令诸侯"，始终没有取而代之。不过到建安二十一年，曹操已被"封"为魏王，第二年汉献帝又"命"他使用皇帝的仪仗，离真当皇帝已仅一步之遥了。建安二十五年正月曹操病死，接受"禅让"的手续就只能由他的儿子、继承魏王的曹丕来完成了。

首先是一系列"祥瑞"的出现，而且是从曹操的故乡谯县（今安徽亳州市）开始的。据说早在熹平五年，黄龙曾出现在谯，太史令单飏预言这里"后当有王者兴"，五十年内黄龙会再现。当时一位名殷登的人记下了他的话。当年三月，也就是隔了四十五年以后，谯果然又出现了黄龙，殷登作为见证人宣布单飏的话应验了。四月，饶安县上报见到了白雉。以后这类报告不断，如八月石邑县报称有凤凰光临。

六月二十六日，曹丕率大军南征。其实当时并无军事上的需要，曹丕也并不真想进攻孙权，所谓南征只是为禅让作铺垫而已。七月二十日，军队到达谯县，曹丕在城东宴请当地父老和全军，并下令免除谯县两年的赋税。经过数月的巡游，曹丕于十月初四回到离首都许（今河南许昌市东）不远的颍阴县曲蠡（今许昌市魏都区一带），却没有进入首都。

这时，左中郎将李伏上书，公布了他多年保守的秘密，证明近来出现的祥瑞正是应在曹丕身上。这位李伏本是张鲁的部下，他说当年在汉中听说汉献帝将魏国封给曹操，大家都以为必定封为魏王。可是姜合却说："肯定封魏公，现在还不便称王，定天下的是魏公子桓（曹丕的字），这是神的旨意，符谶上说得很明白。"张鲁问姜合根据何在，姜说："这是孔子《玉版》上的话。皇帝的历数，就是一百代以后的事也能预知。"一个多月以后，果然有人送来了写着这些话的册子。姜合以后归顺曹氏，病死在邺城。李伏说："我已将此事告诉了很多熟悉的人，但考虑到时机没有成熟，不敢公开。您即位后一次次出现祥符，每次庆贺时我都想说明真相，但怕别人说我是讨好您。况且我原是张鲁部下，归顺的时间不长，说错了罪更大，所以一直忍着。现在祥瑞并呈，天意已经很明白，我心情无比激动，谨上表报告。"曹丕下令公布于众，又说自己德薄，实在不敢当，这是"先王至德通于神明"的结果。

于是刘廙、辛毗、刘晔等一批大臣上书，引经据典地证实李伏所称预言的正确性。他们说："尧宣称他得了天命时，北斗星座前四星的位置就发生了变化。周武王还没有与商纣王作战，一头赤乌就衔来了捷报。汉高祖尚未出世，他母亲就获得了神的预示。汉宣帝地位低微时，树叶上就显示了吉兆。汉光武帝的名字出现在图谶上时，他还是平民。可见天命授予圣哲，不必用华丽的辞藻，不用芬芳的气味，只要有具体的迹象出现就能得到证明。汉朝的衰落已经有好几代了，从桓帝、灵帝末年的大乱到现在也二十余年了。总算老天爷有灵，使圣人诞生来解救苦难，所以用符谶预告，以显示天命所在。您继位不到一年，天上、地下就出现了这么多的祥瑞，四方原来不服从的百姓争先恐后地来归顺，自古以来的典籍上从来没有记载过这样的盛况，我们怎么能不欢欣鼓舞呢？"曹丕说："壮的小牛像老虎，恶草的幼苗似庄稼，有些事会似是而非，今天的情况就是如此。"大概是为了用大臣们的话来"说明我德行的不足"，曹丕命有关官员向百官宣告，使大家都了解。

眼看舆论造得差不多了，太史丞许芝在十月初九正式向曹丕报告了魏代汉的谶纬。

他首先根据最权威的《易传》所说"圣人受命而王，黄龙以戊己日见"，而最近一次发现黄龙正是七月四日戊寅，应该是帝王受天命的最明确的预兆了。此外，蝗虫、麒麟这时节的出现都是符合《易传》记载的典型的祥瑞。

接着他又引证了大量谶纬书籍中的记载和名人的言论，说明汉朝气数已尽，魏代汉是早已安排好的天命。如《春秋汉含孳》说"汉以魏，魏以征"；《春秋玉版谶》说"代赤者魏公子"；《春秋佐助期》说"汉以许昌失天下""汉以蒙孙亡"；故白马令李云说"许昌气见于当涂高，当涂高者当昌于许"；等等。这些话有的是直截了当的，有的却要作一番解释。如所谓"当涂高"，是指当着大道的高大建筑物——像魏（或魏阙），暗含一个魏字。"蒙孙"据说是指汉朝第二十四代皇帝，或者说是指不是以嫡嗣身份继位的皇室后代，而汉献帝非皇后所生，又是汉朝的第二十四代，汉朝注定是要亡在他手里的。而《孝经中黄谶》和《易运期谶》的记载就更绝了："日载东，绝火光。不横一，圣聪明。四百之外，易姓而亡。"按汉隶的写法，曹字的上半部正是东字缺下半部（火字），下半部是个日字，符合"日载东，绝火光"；不字加一横正是丕；说明继承汉朝四百年天下的只能是曹丕了。"言居东，西有午，两日并光日居下。其为主，反为辅。五八四十，黄气受，真人出。""鬼在山，女禾连，王天下。"许昌要发生君臣易位，取代者为魏（汉隶的魏字右边鬼字下有一山字），是再清楚不过了。至于"四百之外"和"五八四十"，根据许芝的解释，上天安排帝王易姓的周期本来是七百二十年，但有德的朝代可以延长到八百年，无德的只能有四百年。汉朝已经有四百二十六年了，如果从春秋时麒麟出现作为新周期的开始就有七百多年了，已经到了"四百之外"。而天上太微垣黄帝星（代表魏国）变得明亮，赤帝星（代表汉朝）却经常见不到，已经有四十年了。星象变化的种种迹象表明，改朝换代的时间已到。

这位太史认为，历史上圣人出现时的祥瑞不过一二样，而曹丕即位后的祥瑞简直不胜枚举：黄龙、凤凰、麒麟、白虎、甘露、醴泉、奇兽，无所不有，是自古以来最美好的。而岁星已出现在大梁的范围，正是魏的分野，与当年周武王伐纣、汉高祖入咸阳出现的星象相似。作为史官，将如此重要的图谶和天象上报，是应尽的职责。

谁知曹丕的答复竟是断然拒绝，他下令道："当年周文王已占有天下的三分之二，还向殷朝称臣，得到孔子的赞叹。周公实际行使了君主的职权，完成使命后还是归还给成王，备受《书经》称颂。我的德行虽远不如这两位圣人，但怎么能忘记'高山仰止'的道理呢？""我的德行薄极了，地位鄙极了，只是生逢其时，有幸继承先王留下的事业，但还没有使天下都受到恩泽。虽然已经尽仓库所有救济魏国的百姓，但受冻的人尚未都暖，挨饿的人尚未全饱。我深夜都感到担忧恐惧，不敢稍有懈怠，只求能够像现在这样太太平平地终老，使魏国得到保全，使我死后见到先王时感到没有辜负他的托付。我的愿望和志气都有限，只要能守成就行了，所以尽管祥瑞屡次出现，我只能增加不安，已经六神无主。像许芝这些话，我岂敢听？这些话使我心里害怕，手发抖，字都写不成，意思也表达不清。我曾作过一首诗道：'战乱纷纷已过十年，白骨累累纵横万里，可怜的百姓还能靠谁？我要辅佐汉室治理天下，功成后交还政权辞职回乡。'我一定要遵守这一誓愿，绝不是说假话。因此昭告天下，使大家知道我的心意。"

可是大臣们似乎根本不理会曹丕的态度，侍中辛毗、刘晔、散骑常侍傅巽、卫臻、尚书令桓阶、尚书陈矫、给事中博士骑都尉苏林、董巴联合上书："您的令书辞意恳切，坚持谦让，比起舜、禹、商汤、周文王来也毫不逊色。但是古代的圣哲之所以接受天命而不推辞，也是为了遵奉上天旨意，满足百姓的期望，身不由己呀。"他们引用《易经》等经典，列举形势，证明天意不可抗拒，请求曹丕"急天下之公义"，"宣令内外，布告州郡"，使全国都知道上天的旨意和自己的谦让态度。

曹丕下令道："让天下人了解我的心意是对的，至于其他的话难道是指我吗？我怎么敢当？""最近东征时经过的郡县和屯田，百姓面有饥色，有的人连短衣都没有一件好的，这都是我的责任，所以上有愧于这么多的祥瑞，下对不起百姓。这说明我的德行连当一个统治一方的王都不够，还想当皇帝吗？你们应该立即停止这类建议，不要加重我的过失，使我死后不至于给世上的君子笑话。"

十月十一日，曹丕向百官公布此令，却并没有使大臣们的热情降温。督军御史中丞司马懿等人上书，认为"天地之灵，历数之运，去就之符，惟德所在"，汉室的失德由来已久，而曹丕即位以来的"至德"已经广被上下，天人感应，是历史上从未有过的。"有作为的大人，事前做的事不违天意，事后做的事遵从天时。舜、禹见天时已到就不做谦让，因而百姓受到及时的救济，万物普遍获得恩惠。现在四面八方，全国上下都在殷切期待着，上天在保佑您，神都在为您尽力，天下的十分之九已归顺于您，远远超过了当年周文王的三分之二。您要再不接受，实在是过于谦让了，我们大家真于心不安。"

曹丕的答复更加明确，他说："世上最缺少的是德义，最富余的是随大流说的假话，常人的性情就是不重视所缺少的，喜欢本来就富余的。""我虽然德行不足，总还希望不像常人那样爱听假话。岩石可以被击碎但不失坚硬，丹（砂）直到被磨尽也保持红色。丹、石这样的小东西尚且能坚持自己的品质，何况我多少算一个士人，又受过君子的教育呢？"在引述了古代圣贤事迹后，他表示尽管自己德行不如周武王，道义上有愧于伯夷、叔齐，但必定要立下丹石之志，绝不会信从假话，要学习圣贤的品德。"常言道'三军可夺帅，匹夫不可夺志'。我这样的志向，难道是可以夺走的吗？"

话说得如此斩钉截铁，好像已经没有回旋的余地了。但戏还得演下去，这就需要傀儡皇帝上场了。两天后，汉献帝正式向魏王曹丕下了禅位诏书，并派兼御史大夫太常张音为专使奉上皇帝的玺绶。尚书令桓阶等立即上书："天命弗可得而辞，兆民之望弗可得而违"；请求召集文武大臣，公布诏书，顺应天命，并着手制定禅让的礼仪。曹丕下令："只能商议不该接受的理由。现在正在军旅之间，等回去后再正式答复。"尚书令等再次上书："汉高祖接受天命时正在军旅之中，为了不畏惧天命，不敢拖延，就在驻地举行即位仪式。现在您接受禅位的诏书，应该召集百官，集合全军上下，使大家都知道天命。军营中地方狭小，可以在附近平地建坛，布置举行仪式的场地。我们与侍中、常侍等已经擅自讨论确定了礼仪，太史官已选定了吉日。"曹丕说："我实在不敢当，其他事情还有什么好谈呢！"

侍中刘廙、常侍卫臻等又奏："汉家遵照唐尧公天下的道理，陛下（注意，已不称殿下了）以圣德接受历数的安排，上天和百姓无不欢欣鼓舞，应该顺应灵符，及时即位。根据太史丞许芝的意见，本月十七日己未是吉日，可接受禅位，已经安排布置了坛场，具体情况另行奏请。"曹丕说："你们怎么可以随便设坛场呢？这些东西搞它干什么？我是要辞让不接受诏书的。那末就在帐前开读玺书，仪式与平时受诏时一样。再说现在天气寒冷，应该停止筑坛工程，让工匠回家。"在开读汉献帝的诏书后，曹丕下令道："我岂能接受诏书，承担如此重大的使命？必须起草辞让的表章，奉还皇帝玺绶。古代尧让天下于许由、子州支甫，舜让天下于善卷、石户之农、北人无择，他们不是回到颍水之阳去耕地，就是以疾病作推托；或是远入山林，让别人不知所在；或带了妻子出海，终身不再返回；或者把这看成是自己的耻辱，投水自杀。况且颜烛为了返璞归真而辞去官职，王子搜在丹穴中即使被烟熏死也不愿出来，柳下惠不因为三公之贵而改变自己的态度，曾参不以晋、楚二国的财富而放弃仁义。这九位先哲都有很高的节义，不为富贵所动，因而被史书记载，流芳百世。求仁得仁，仁其实并不远，就看你自己的态度，我难道就不如他们吗？我坚决不接受汉朝的诏书，宁可跳东海自杀。赶快上奏章归还玺绶，布告天下，让大家都知道我的决心。"曹丕的决定于十月十五日公布。

葛剑雄写史：中国历史的二十个片断

大臣们自然知道这是献忠心的好机会，辅国将军清苑侯刘若等一百二十人联名上书，居然大胆地反驳曹丕的理论根据："石户、北人，只是匹夫的狂狷，行为不符道理，在历史上也少见，所以司马迁就不以为然，实在不是圣贤所应该仰慕的。况且虞舜不拒绝尧的禅让，夏禹也没有发表过辞位的言论，说明圣人都知道天命不能违背，历数不可推辞。"他们表示将不顾曹丕的反对，"昧死以请"，并照样"整顿坛场，至吉日受命"，大有不达目的死不罢休的意思。带头的刘若还是汉朝宗室，由他出面劝进更显得大公无私，也证明天命的确不可违背。曹丕的答复依然是否定："以往柏成子高为了不接受大禹的任命而避往荒野，颜阖为了退回鲁侯的馈赠而隐居不出，为什么他俩会将王侯的器重不当一回事呢？是因为有高尚的气节。所以烈士追求荣誉，义夫重视气节，即使只能过贫穷的生活，也会乐在其中。孔子向王骀学习，子产尊重申徒，就是这一缘故。诸位都是我的肱股心腹，照理应该理解我的心意，如今却做出这样的事来，看来你们追求的是物质，而我向往的是精神，没有共同语言也就不足为奇了。赶快起草奏章退还玺绶，别再搞新花样了。"

这一百二十位大臣却理直气壮地再次上书，指责曹丕的做法是"违天命而饰小行，逆人心而守私志"，上对不起上天的关怀和信任，中忘了圣人应该通达的教导，下影响了臣民翘首企盼的热情。他们认为事奉君主首先得分清是非，坚持真理就可以与皇帝对着干，决心不理会曹丕的命令而"以死请"。曹丕却要把文章做足，推辞的话说得更加恳切："现在百姓中挨饿的人还没有吃饱，受冻的人还没有穿暖，鳏夫讨不到老婆，寡妇嫁不了男人；孙权、刘备尚未消灭，不是唱凯歌的时候，而应该秣马厉兵；对外的战争没有平息，国内的士民不得安宁"；"诸位为什么不能再让我精心竭虑，顺天时，合人和，把这些事情都办好，让应有的祥瑞都能出现，那时再议论此事不是更好吗？何必如此相逼，出我的丑呢？"

大臣们知道这场戏还得演下去，于是侍中刘廙等上奏，表示由于"圣意恳恻，臣等敢不奉诏"？立即准备奏章，派遣使者回复汉献帝。曹丕唯恐大家不理解他的苦心，又下令道："泰伯曾三次以天下让给他人，没有人不称赞他的，孔子叹为最高的德行。我这样做又算得了什么呢？"

十月十八日，曹丕上书献帝，表示奉玺书后"五内惊震，精爽散越，不知所处"；说自己"无德以称"，并派毛宗送还玺绶。第二天，给事中博士苏林、董巴上表，从天文分野和岁星的位置论证，魏国得岁与周文王受命完全相同，今年正是时候。而曹氏的始祖是颛顼，与舜是同一祖先，十月份受禅与颛顼受命相符，取代汉朝是以土德代火德，又与舜代尧一致。他们警告"天下不可一日无君"，劝曹丕不要"上逆天命，下违民望"，而要"以时即位"。其实曹丕正在筹划下一轮的表演，只是答道："我已经上书辞让，希望得到皇帝批准，也要让全国都知道。"

二十日，献帝下了第二道禅位诏书。尚书令桓阶等又"敢以死请"（上一次遭到曹丕拒绝后居然并没有死），请求立即"修治坛场，择吉日，受禅命，发玺绶"。曹丕的答复是："那么急干什么？我希望辞让三次，如果还得不到批准就再说。"所以在二十二日第二次上书献帝，奉还玺绶。刘廙等上奏相劝，说这几天"时清日晏，曜灵施光，休气云蒸"，证明"天道悦怿，民心欣戴"，况且"群生不可一日无主，神器不可斯须无统"，"臣等敢不重以死请"（注意，加了一个重字）！曹丕在拒绝的同时表示："此岂是小事一桩？公卿们还没有都表态呢！应该在坚决辞让之后再商议实行的办法。"

二十四日，献帝下第三道诏书，并命令使者张音不许再将玺绶取回。在曹丕的导演下，满朝公卿都表态了，相国华歆、太尉贾诩、御史大夫王朗及九卿等四十六人联名上书劝进。曹丕答复道："就德行而言我是不够的，就形势而言敌人也没有消灭，要是能在你们的辅佐下平平安安地当魏国的国王，我也心满意足了。要说天降祥瑞和百姓拥戴，那都是先王的圣德留下的成果，与我有什么关系？所以我不敢从命。"二十六日，曹丕上书献帝，作第三次辞让，请求献帝召回张音。

大臣们都知道曹丕的"三让"已结束，劝进的热情自然更高，华歆等公卿立即上表，起草者更施展出了浑身解数："《易经》称圣人奉天时，《论语》说君子畏天命，正因为天命不常有，皇帝才要禅让。……尧知道自己天命已尽，不得不禅位于舜；舜了解自己应了历数，不得不接受。不得不禅位，是奉天时；不敢不接受，是畏天命。汉朝虽然已经没落，还能奉天命，效法尧禅让帝位；陛下处在大魏受命之初，却不像虞舜、夏禹那样通达，反而学延陵这般退让，真是顾了小节，损了大德，注意了小事，忽略了大事呀！连国内一般人都不以为然，要是死者有灵，舜必定会在苍梧的墓中忿忿不平，禹必定会在会稽山阴的葬地郁郁不快，武王（曹操）必定会在高陵的地宫中生气了，所以我们一定要以死相请。"在歌颂了曹氏的功德，列举了数不清的祥瑞后，又道："古人说：'要没有大禹，我们早就给洪水淹死了。'要是没有大魏，我们这些人早已变成白骨横在荒野了。"魏国的功德和瑞应真是"三王无以及，五帝无以加"。"百姓的命运托付给魏国，民心向着魏王，已经三十多年了，这是千世难行、万年难逢的机会，需要的是通达远见，完全用不着顾忌小节。以前没有及时顺应天命，这是我们的罪过，所以已经在布置坛场，筹备礼仪，选择吉日，将要昭告上帝，祭祀众神，然后在朝堂召集百官，讨论改年号、正朔、服色等事项后上奏。"至此，曹丕答复："我原来只想像舜那样终身吃粗粮，过苦日子；但舜接受了尧的禅位，穿上他赐的衣服，娶了他两个女儿，也是顺天命的表现。公卿臣民一定要说'天命不可拒，民望不可违'，我还有什么好推辞的呢？"

二十八日，献帝第四次、也是最后一次下了禅位册文。尚书令桓阶等立即上奏：明天就是太史令选定的吉日，可登坛受命。曹丕批了一个"可"。二十九日，曹丕登上筑在繁阳亭的受禅坛，参加仪式的有文武百官和匈奴等四夷的使者共数万人。在完成了典礼后，曹丕对群臣说："舜、禹的事，我现在总算明白了。"

从黄龙出现在谯县算起，已有七个月时间。但从李伏上书算起，这场紧锣密鼓的戏只演了二十余天，"汉魏故事"就圆满闭幕了。曹丕踌躇满志之余，肯定不会想到，就在四十五年以后，他的侄孙曹奂就充当了汉献帝的角色，如"汉魏故事"，将帝位禅让给了司马炎。

明明是一场假戏，却非要演得如此逼真，在今人看来未免滑稽可笑。但在当年是非如此不可的，否则曹丕与群臣就大可不必煞费苦心，"汉魏故事"也不会在七百多年间反复上演了。再说，曹氏代汉虽然已是大势所趋，但最终能顺利完成，还得归功于这场戏的导演和演员。

曹操早已大权在握，汉献帝只是他任意摆布的工具。建安十八年，曹操将三个女儿给献帝当贵人，第二年就找借口杀了皇后伏氏。曹操派华歆带兵入宫，伏氏关了门躲在壁橱中，还是给抓了出来。披头赤脚的伏氏拉着献帝的手说："难道你不能救我吗？"献帝说："我自己也不知道哪一天死呢。"两个月后，三位曹贵人之一被立为皇后，献帝成了曹操的女婿。要废掉或杀掉献帝是再容易不过的，使曹操不能不有所顾忌的无非是刘备、孙权的存在和舆论的压力。曹操死前两个月，孙权向曹操称臣，并劝他称帝。曹操将孙权的信给大家看："这小子是要把我放在炉火上烤。"当陈群等也劝他及时"正大位"时，他明确表示，"若天命在吾，吾为周文王矣。"以曹操的军事、政治观察力，他自然知道儿子曹丕不可能很快消灭刘、孙，只是希望到曹丕一代时舆论上会对曹氏更加有利，以便水到渠成地取代汉朝。司马光在评论曹操时说："以魏武之暴戾强伉，加有大功于天下，其蓄无君之心久矣，乃至没身不敢废汉而自立，岂其志之不欲哉？犹畏名义而自抑也。"（见《资治通鉴》卷六八）虽不尽然，但不无道理。

正因为如此，曹丕要做的第一件事就是制造祥瑞和符谶，以证明曹氏、魏国和他自己已经拥有天命。用中国曾经风行过的话说，就是"先造舆论，先做意识形态方面的工作"。这是自古以来的传统，从传说中的尧、舜、禹，到秦始皇、汉高祖、王莽、汉光武帝，以及陈胜、吴广、张角（黄巾）等，无论是登基、禅位、篡夺，还是造反、起兵，都离不开这一套。其中王莽造舆论的本领尤其令人叹为观止（详见《汉书·王莽传》），如果拥有现代传媒的话，其效果大概绝不在戈培尔之下。对统治者来说，制造祥瑞和符谶是再容易不过的了，因为一旦造出来，绝大多数愚昧的人果然会坚信不疑，就是极少数智者又有谁敢、谁愿意揭露真相呢？所谓祥瑞，一部分是世上根本没有的动物，如龙、凤凰、麒麟，只要有人说见过，当然没有人能否定；一部分只是珍稀动植物或普通动植物，如白雉、灵芝、蝗虫等，存心要采集本来也不是难事。而且献祥瑞的官员会得到提升或赏赐，当地百姓也能沾光，如向曹丕呈报出现白雉的饶安县被免除全年田租，所在的勃海郡又获得牛酒的赏赐，特许合郡官员大喝三天，这样的事何乐而不为？

符谶的制造当然要依靠知识分子，必要时还得争取著名学者或大臣的配合，但对统治者来说也不是难事。虽然我们不能妄断曹丕时的符谶是如何制造出来的，却可以举出宋真宗亲自炮制"天书"的事实：当王钦若劝宋真宗举行封禅仪式以洗刷澶渊之盟的耻辱时，这位皇帝最担心的是不出现"天瑞"，找不到封禅的理由。王钦若与一位老儒杜镐却告诉他，所谓"河图洛书"本来就是"圣人以神道设教耳"，都是人为的，只要君主相信，公布天下，就成了"天瑞"。真宗还怕得不到丞相王旦的配合，但一方面有王钦若事先疏通，王旦已心领神会；另一方面真宗亲自赐宴，又赏王旦一壶酒带回去与太太一起喝，回家后王旦发现壶中竟塞满了名贵的珍珠。于是真宗就向满朝文武宣布，他梦见神人告诉他将降《大中祥符》天书三篇，十二月初，果然发现天书已挂在左承天门楼上。王旦带头拜贺，全国庆祝，各地争相上报祥瑞。王旦又率领文武百官、部队官兵、地方官吏、少数民族首领、和尚道士、社会名流和老人代表共二万四千三百余人，五次请求举行封禅。主管财政的丁谓报告财政有盈余，费用不成问题，还专门编了一本《景德会计录》（财政决算报告）献上。如此天人感应，真宗自然只能顺天命去泰山封禅了。全国掀起了献祥瑞的高潮，王钦若献的芝草有八千棵，赵安仁更厉害，献五色金玉丹和紫芝八千七百棵；各地献的芝草、嘉禾、瑞木、三脊茅草不计其数；陕州上报黄河清了。

曹丕的"南征"与祥瑞的出现看似巧合，其实是他代汉的第二步，也是关键的一步。南征是他集中精锐兵力的最好理由，既能巡视各方，显示实力，又可随时镇压反抗势力。曹丕回师后既不回魏之邺城，也不进许都，而是留驻许都附近，连受禅仪式也在军营旁进行，显然是出于军事控制上的考虑。这是"汉魏故事"的重要一部分，一般人可能会忽略，仿效者却不乏其人。五代时周太祖郭威代汉，就是以"契丹入寇"而率军北征为序幕的。以后宋太祖赵匡胤代周，也是在"契丹入寇"时率大军离开首都后，在陈桥驿黄袍加体的。

曹丕的"三让"也不是他的发明。当年刘邦在垓下击败项羽后，实际已是天下之主，但在诸侯将相共同请他称帝时，他还要表示"吾不敢当"。然后群臣坚持，"以死守之"，刘邦三次辞让，"不得已"才说："诸君一定认为这样对国家有利，那就当罢。"前后也花了近一个月时间。汉光武帝刘秀的"三让"过程更长：更始三年（公元二五年）正月他驻军平谷时，诸将上尊号，派马武劝他到蓟城（今北京）即位，他大惊，说："你怎么敢说这话，该杀头。"四月，刘秀至中山，诸将又劝，他还是不听。到达南平棘，诸将又"固请"，他才表示"吾将思之"。果然，在抵达鄗（今河北柏乡县北）时，各种祥瑞和符谶纷纷出笼，刘秀登坛即皇帝位，此时已有六月。

但曹丕的"三让"表演得有声有色，不用说远比刘邦和刘秀精彩，以后的禅让者也都望尘莫及，这自然并非偶然。一方面是因为曹丕本人就是一位才华出众的诗人、文学家、学者，著名的"建安七子"之一，他的臣下也不乏文人学者，这一劝一让，正是他们施展文才的好机会，所以都千方百计将假话写得动听得体。曹丕的令和表虽然不无出于秘书之手的可能，但多数大概是自己写的。凭曹丕的学识和教养，他完全能将假戏演得十分逼真，绝不会像无赖出身的刘邦那样动不动骂人或自称"乃公"（你老子），或者在关键时刻离不开导演的操纵。另一方面是由于曹丕胜券在握，不怕夜长梦多，事先作了周密的安排，操作起来也相当从容。而有的禅让却非得以迅雷不及掩耳之势才能完成，就不能那样讲究了。

像周太祖郭威本是一介武夫，向他"劝进"的是一批军人，当时又正在行军途中。上演的只能是一场闹剧。十二月十六日，军队抵达澶州。据说当天早晨太阳边冒出一股紫气，正对着郭威骑着的马头。十九日，郭威下令部队停止前进。第二天，将士大叫大嚷，涌向他所住的驿站。郭威闭门不出，将士从墙上爬入屋内，请他当皇帝。军人挤满一屋，"扶抱拥迫"，有人撕下一面黄旗披在他身上，呼声震天动地。郭威被众人包围，说话都没有人听见，昏过去了几次，左右亲信侍卫都找不到。直到被大家拥上城楼，才安定下来，由军队拥护着回首都去。这是《旧五代史》的记载，固然是为了掩盖郭威的策划，但导演的拙劣和当时的混乱也可见一斑。赵匡胤在陈桥驿"接受"军队的拥戴后，第二天清晨就回师开封。百官正在上早朝，将士将宰相王溥、范质等大臣押到赵匡胤的公馆，赵匡胤流着泪说："我受世宗皇帝的厚恩，现在被军人逼到这样的地步，实在对不起天地，你们看怎么办？"还不等范质说话，有人拔出宝剑厉声说道："我们没有主人，今天非立了皇帝不可。"范质等不知所措，王溥赶快到台阶下跪下叩头称臣，范质也只得随着下拜。于是请赵匡胤到崇元殿举行禅让仪式。黄昏前百官齐集，典礼即将开始，却发现最重要的禅位诏书都没有准备，幸亏翰林承旨陶谷事先私下拟了一份，当场从袖筒里摸出用上。这场快餐式的禅让只用了一天时间，不愧为速战速决的范例。赵匡胤所处地位非曹丕可比，哪有三劝三让的时间？即使陶谷没有备好诏书，也会照禅不误。只要真当了皇帝，还怕臣下不会补这个漏洞？

不过，曹丕辞让的话表面虽然谦虚之极，甚至使人感到有些过分，其实却是用心良苦。他列举自己很多德薄的事实，实际正是为了封天下人的口。因为孙、刘未灭，天下未定，百姓饥寒等等完全是事实，而祥瑞、符谶之类是如何出笼的，曹丕心中也是一清二楚，他自己都说了，并且直指群臣的称颂为假话，反对者反而无话可说了，似乎他真的是身不由己。这种以假为真的手段不愧是得其父曹操的真传，后人如果只以虚伪视之，倒是辜负了曹丕的一片苦心。

曹丕的禅让戏演得成功，也离不开汉献帝的配合。虽然献帝除了俯首帖耳外已别无选择，但真要干出些不合作的事来，也会大煞风景：如曹丕的孙子曹髦，因为不甘心当司马昭的傀儡皇帝，竟不顾一切，率领数百侍卫讨伐。结果曹髦果然被当场杀死，但司马昭也不得不装模作样惩办凶手，代魏的日程也因此而推迟。作为酬谢，献帝也获得了曹魏的优待，让位后被封为山阳公，封邑有一万户，十四年后寿终，获得"孝献皇帝"的谥号，以天子礼仪安葬。这个山阳国传了三代，共七十五年，西晋时依然沿袭，直到永嘉之乱。或许是对曹魏的报答，禅位于司马炎的曹奂也当了三十七年的陈留王，得以善终。

相比之下，其他禅位的君主就没有那么幸运了，尽管他们同样采取合作态度，有的还十分主动。如东晋的末代皇帝司马德文，在接到臣下起草的禅位诏书后毫不犹豫地签字，还说："晋朝早给桓玄灭了，多亏刘公（宋武帝刘裕）才延长了二十年，今天让位我心甘情愿。"而且不等刘裕"三让"就搬出皇宫，不再承认是皇帝了。刘裕封他为零陵王，规定可以享受皇帝的礼仪和亲王的待遇，实际却是一句空话。司马德文深知刘裕不怀好意，整天与妻子褚后生活在一起，饮食都由褚后料理。刘裕一直无法下手，到了第二年九月的一天，就派褚后的哥哥褚叔度找她说话，士兵趁机翻墙闯进内室，将司马德文杀死。此后禅位的尧、舜们几乎没有一位不死于非命，甚至禅位的第二天就被杀。可见他们再能识天命也无济于事，只要新皇帝感到前朝的威胁就会毫不迟疑地斩尽杀绝。从这一点说，汉魏故事的结局也是禅让史中少有的。

最后一次禅让离我们已经很远了，就是学中国史的人也未必会了解曹丕代汉和其他禅让的具体过程，对绝大多数人来说，或许根本没有了解的必要。但我在写这一万多字时，却常常会想到一些遥远的和不太遥远的事情。其实，以往中国的政治生活中，像禅让这样的戏演得并不少。翻开卷帙浩繁的古籍，这类劝进、禅位、辞让的文字更多，就是在一些忧国忧民的仁人志士的文集中，也免不了有这些无聊文字。再回忆一下"文化大革命"中说过的话、写过的文章、经历过的景象，似乎也有很多相似的地方。想着想着，竟写了这么长，并且再也不愿在电脑上删掉了。

片断九

北朝：鲜卑汉化

中国历史上值得了解、讨论和纪念的人物实在太多了，近几年我注意较多的一位是北魏孝文帝元（拓跋）宏。他生于北魏皇兴元年（公元四六七年）八月，卒于太和二十三年（四九九年）四月。他本姓拓跋，但在逝世前的三年改姓了元。他在位的二十三年间，最重要也最有争议的举措就是迁都和汉化。尽管历史学家已经发表过不少论著，但我觉得还是有进一步讨论的必要，因为用今天的眼光来看，或许人们会作出截然不同的评价。

　　究竟元宏是盖世英雄，还是千古罪人？还是先看一下史实吧！

　　北魏太和十七年（公元四九三年）五月，孝文帝拓跋宏在首都平城（今山西大同市西北）的明堂举行了斋戒，召集群臣，将要占卜决定是否要出师征伐南朝。太常卿王谌主持卜卦，他仔细观察龟版上的纹线，确定属于革卦。孝文帝一听，立即引述革卦的象辞说："'汤、武革命，应乎天而顺乎人。'真是再吉利也没有了。"群臣知道孝文帝已打定主意，谁也不敢说话，唯有尚书、任城王拓跋澄说："陛下继承先皇遗业，统治中原，这次出兵征伐尚未归服的小邦，得到的却是商汤、周武王革命的卦象，恐怕不能算大吉吧。"孝文帝厉声责问："爻辞上明明说是'大人虎变'，怎么能说不吉？"拓跋澄说："陛下登帝位已久，怎么能到今天才虎变？"孝文沉下脸色道："社稷是我的社稷，任城王想动摇人心吗？"这位任城王还是不买账，说："社稷虽然是陛下的，但我是社稷之臣，岂能知道有危险而不说话呢？"孝文帝好不容易才忍下这口气，淡淡说了一句："各言其志，亦没有什么大不了吧！"这场隆重的仪式就草草结束了。

孝文帝的真意当然不是南伐，他知道任城王已看破自己的心思，回宫后立即召见，并说："在明堂上怕人多嘴杂，坏了我的大事，所以假装发怒，吓住文武百官，你大概明白。现在我们再认真讨论一下革卦。"接着屏退左右，将自己的计划和盘托出："这次的行动实在很难，但平城是用武之地，不是实施文治的地方，要在这里移风易俗，是毫无办法的，我想乘机迁都中原，你以为如何？"拓跋澄说："陛下要迁都中原来经略四海，这正是周成王、汉光武帝取得成功的经验呀！"孝文帝还不无顾虑："北方人死抱住旧习惯，留恋故乡，肯定会引起惊恐和骚乱，怎么办？"拓跋澄答道："非常之事，本来就不是常人所能想到做到的，只要陛下下了决心，他们还能干得了什么？"得到了这位宗室重臣的支持，孝文帝更加有了信心，他把任城王比为当年使汉高祖刘邦下决心迁都长安的谋臣张良。接着，孝文帝又与汉族大臣、尚书李冲等作了秘密部署，并下令军队实施演习，由李冲负责选拔人员。七月十日，北魏全国戒严，军队总动员，正式宣布南伐，还命令与南朝接界的扬州、徐州征发民夫，招募士兵。

十天后，孝文帝在他嫡祖母冯太后的永固陵前举行了告别仪式，就从平城出发，率领三十万大军浩浩荡荡南下了。

当时，北魏已统一了中国北方，与南朝以淮河和秦岭为界，双方已形成对峙的均势，孝文帝匆匆忙忙又大张旗鼓的军事行动自然引起了文武大臣的疑惑和不满。从平城出发前，就从少数大臣那里传出了即将迁都的流言，多数官员也觉察到了"南伐"的异味，鲜卑贵族怕从此离开故乡，更是不愿南迁。但孝文帝明明下的是南伐令，习惯于东征西讨的鲜卑将士自然不敢表示反对。

军队刚离开平城，就遇到绵绵阴雨，一路艰难跋涉。九月二十二日，孝文帝到达洛阳。当时阴雨不止，道路泥泞，但到了二十八日，孝文帝下令大军继续南下。第二天清晨，孝文帝一身戎装，从行营扬鞭跃马而出，早已守候着的群臣一下子跪在马前，叩头请求停止南伐。首先由李冲以天雨为由加以劝阻，受到孝文帝批驳后，李冲却说："这次南伐，天下人都不愿意，只有陛下一意孤行。我没有什么话说，只能以一死相请。"孝文帝大怒道："我正要统一天下，而你们这帮儒生老是立场不坚定。我的刀斧不饶人，你就别说了。"说罢又策马向前。这时，大司马、安定王拓跋休，兼左仆射、任城王拓跋澄等宗室一齐痛哭劝阻，孝文帝才对群臣说："这次如此大规模的行动，要是没有一点成果，怎么向后人交代？如果就此班师，拿什么传之千秋？我想我们的祖先世世代代生活在北方荒漠之中，难道不想南迁来享受无穷无尽的幸福吗？难道只有今天的君子才有这样的念头吗？只是要等到天时人事齐备、王业完成罢了。要是不南伐，就应当将首都迁到这里，在中心地区建都，现在正是机会。说干就干，不要拖延时间，你们赞成迁都的往左站，不赞成的往右站。"

孝文帝满以为群臣都会赞成，不料安定王拓跋休等接连不断走向右边。因贪污而被革去南安王爵位的拓跋桢见立功的机会已到，站出来大声疾呼："干大事不必与一般人商量，只有非常之人才能干成非常之事。迁移首都以绵延王业，选择中心地区建都，以前周公这样做，现在陛下也这样做，真是再合适不过了。天下还有什么比首都更重要？人有什么比生命更重要？请求立即停止南伐，迁都中原，上使陛下安居，下使百姓放心，这不仅是我们的希望，也是百姓的幸福啊！"早有准备的一批大臣高呼万岁，群臣齐声响应，孝文帝趁势宣布迁都洛阳。

当时，经过十六国时期的屡次战乱，洛阳的西晋宫殿已成一片废墟，孝文帝只得暂住附近的金墉城，一面征召司空穆亮和李冲等修建洛阳宫殿，一面派安定王率百官回平城迎迁家属，但将向留守平城的宗室、大臣传达迁都决定的重任交给了任城王拓跋澄。果然，当拓跋澄一行驰回平城宣布了迁都决定后，引起一片惊惶。拓跋澄说古道今，反复开导，人心才逐渐稳定，表示服从。在拓跋澄、李冲等人的精心策划和全力支持下，孝文帝打赢了第一仗。

次年二月，孝文帝回到平城，谒祖陵，祭天，正式部署迁都。但出于习惯势力和家族私利，鲜卑贵族和大臣继续反对迁都。孝文帝私下征求鲜卑重臣于烈的意见，于烈答道："陛下深谋远虑，不是愚见所能理解，但说真心话，我赞成迁都与留恋平城的想法是一半对一半。"孝文帝说："你不唱反调，就是赞成，你不说反对话已帮了我的大忙了。"立即委派他负责平城的留守。

可是，鲜卑大臣中像于烈这样的人也屈指可数，当孝文帝在太极殿召见留守官员时，燕州刺史穆罴就公开提出反对意见：一是"四方未定，九区未平"，一是洛阳不产马。孝文帝说："马固然产在北方，但我的马厩就设在代郡，还担心没有马吗？平城在恒山以北，已在九州之外，所以要迁都中原。"穆罴说："黄帝住在涿鹿，古代圣王也不一定住在中原。"孝文帝回答："黄帝得天下后不也迁到了河南吗？"尚书于果、东阳王拓跋丕又以百姓安土重迁，祖宗在这里开都，迁都没有经过占卜为理由反对，孝文帝列举平文帝迁离故土，昭成帝迁至盛乐（今内蒙古和林格尔县东北）和道武帝迁都平城的事实予以驳斥。群臣不敢再说，但仍有前怀州刺史青龙、前秦州刺史吕受恩等坚持反对意见。

同年十月，孝文帝正式迁离平城，平城的官民也开始南迁，当年朝廷颁布了豁免南迁的百姓三年租税的法令。孝文帝到达洛阳不久，就令宇文福在附近的黄河之滨选定了一大片牧地，用以放养南迁的马匹，以后一直保持着十万匹的规模。与此同时，洛阳的新宫也在加紧建造，为了运输材料的方便，还在伊水、洛水上建了浮桥。到太和十九年九月，皇室和文武百官已全部迁入洛阳，历时两年的迁都基本完成了。

在迁都已成定局时，孝文帝又采取了一系列更彻底的汉化措施，而反对派也不放过每一个对抗的机会。太和十八年十二月初二，孝文帝下令禁止士民穿"胡服"（鲜卑等北方诸族的服装），大多数鲜卑人都不乐意，很多人没有执行命令，如东阳公（原东阳王）、太傅拓跋丕就公然一身胡服，拒不换装。十九年三月十九日，太师、京兆公冯熙在平城病故。冯熙是冯太后之兄，又是孝文帝的岳父，留守平城的拓跋丕本来就不赞成迁都，就联合陆睿等上书，请求孝文帝回平城参加冯熙的葬礼。孝文帝识破他们的意图，指出他们在迁都之初出这样的主意，是"陷君不义"，下令对他们给予降职处分，又下诏将冯熙的灵柩迎至洛阳安葬。

五月二十六日，孝文帝出征归来后在朝堂召集群臣，问道："你们希望朕超过商、周，还是赶不上汉、晋？"咸阳王拓跋禧回答："群臣愿陛下超越以往所有的帝王。""那么应该移风易俗呢，还是因循守旧？""愿圣朝的治理日新月异。""是只顾自己一代，还是要传之子孙？""但愿能传到百世。""那就得改革，卿等不得违抗。""上令下从，谁又敢违抗？"至此，孝文帝正式宣布了他的另一项汉化措施："停止说鲜卑话，一律讲正音（中原汉语）。三十岁以上的人或许一时难改，三十岁以下的朝廷现职官员不许再讲鲜卑话，如有故意不改的，就要降职或撤职。"群臣自然只能表示服从。为了立威，孝文帝还拿李冲开刀，说："我曾就此事征求过李冲的意见，他竟说：'四面八方的人说话不同，谁也不能说自己对，皇帝说什么话就是正音。'这话真够得上犯死罪！"他对李冲说："你对不起社稷，应该让御史拉下去治罪。"李冲连忙摘下帽子，叩头认罪。孝文帝又责备留守的官员说："昨天我望见妇女还穿着夹领小袖的胡服，你们为什么不奉行上次的诏书？"群臣只得认罪求饶。孝文帝说："要是朕说错了，你们应该当面提出。怎么能在我面前奉旨，下去了就不执行呢？"六月初二，孝文帝正式下诏，禁止在朝廷使用鲜卑语，违者一律免职。

不久前，广川王病亡。他的夫人早死，葬于平城，有关方面请示他应该在何处安葬，孝文帝又推出了一项重大改革：代（平城及周围地区）人已迁洛阳者，应该全部葬在洛阳城北的邙山。如果丈夫以前死在代地的，妻子可以葬回去；丈夫死在洛阳的，不准回代地与妻子合葬。六月十九日下诏："凡迁至洛阳的百姓死了，一律葬在河南，不得葬回北方。"于是南迁的移民的籍贯都改为河南洛阳了。

二十年正月，孝文帝走出汉化过程中最彻底的一步：将本家族由拓跋氏改为元氏，所有功臣旧族，包括鲜卑族及其他北方民族，统统改姓，如拔拔改为长孙，达奚改为奚，乙旃改为叔孙，丘穆陵改为穆，步六孤改为陆，贺赖改为贺，独孤改为刘，贺楼改为楼，勿忸改为于，尉迟改为尉，等等。鲜卑等族与汉族在姓氏上的差别至此消除。同时，孝文帝以行政手段促使鲜卑族与汉族通婚，下令北方四个门第最高的家族的代表人——范阳卢敏、清河崔宗伯、荥阳郑羲、太原王琼，将女儿送进后宫。李冲出身陇西大族，又与各个高门大族结为儿女亲家，孝文帝也将他女儿纳为妃子。他还下诏为自己六位弟弟重新娶妻，分别与陇西李氏、范阳卢氏、荥阳郑氏和代郡穆氏联姻。尽管此前鲜卑族与汉族已开始通婚，如孝文帝的嫡祖母冯太后就是北魏第一位被立为皇后的汉族妇女，但如此大规模的通婚，无疑使鲜卑族从皇族元氏开始不再有纯粹的血统了。

这样剧烈的措施，推行时自然不会顺利，但孝文帝万万没有想到，带头违抗的竟是自己的长子——太子元恂。元恂不喜欢念书，身体肥大，嫌洛阳夏天太热，常想回平城去。孝文帝赐给他汉族衣冠不穿，却经常偷偷穿上胡服，为此他的老师高道悦多次规劝，他非但不听，反而对高恨得要命。当年八月初七，孝文帝去嵩山，元恂与左右密谋，在宫中杀了高道悦，从牧地调来马匹，准备奔回平城。幸而被领军元俨发觉，严守宫门，将他们堵住。孝文帝得报大惊，立即赶回洛阳，进宫后就将元恂押来讯问，还亲自动手，与咸阳王元禧轮流打了他一百多板子，关押起来。当年闰十一月，孝文帝决定"大义灭亲"，他说："这孩子今天如不加处置，就会成为国家的大祸。要是我死后无人继承，恐怕还像西晋末年那样，出现永嘉之乱。"于是将太子废为庶人，加以监禁。

反对派一直想利用太子，早在迁都之初，就想将他挟持在平城，然后起兵封锁恒山一带的关隘，割据雁北。太子被废，无疑是给了他们沉重的打击。孝文帝南迁后重用中原士人，更增加了他们的失望和愤怒。当时，鲜卑重臣穆泰出任定州刺史（治今河北定州市），他以自己久病，在天气温暖的地方会加重为由，请求改任恒州刺史（治平城），孝文帝为此将恒州刺史陆叡与他调换。穆泰回到平城时，陆叡尚未赴任，就一起策划叛乱，秘密串连了镇北大将军乐陵王元思誉、安乐侯元隆、抚冥镇将鲁郡侯元业、骁骑将军元超等人，并推举朔州刺史阳平王元颐为盟主。只是陆叡认为洛阳方面无机可乘，劝穆泰暂缓行动。元颐假装与穆泰等结盟，派人密报洛阳。孝文帝请任城王元澄抱病北行，相机行事。穆泰只顾率军队与阳平王会合，却没有守住雁门，元澄率轻骑兼程到达平城，迅速瓦解了穆泰的党羽，将穆泰、陆叡等百余人擒获。二十一年二月，孝文帝到达平城，将穆泰等判处死刑，让陆叡在狱中自杀，还将实际上支持叛乱的新兴公（原东阳公）元丕削爵为民，迁往太原。为了使一些北方游牧民族的酋长和质子逐步适应，孝文帝也作出了妥协，特许他们可以像候鸟一样，每年秋天到洛阳，春天返回部落。

三月，孝文帝在归途中到达长安，中尉李彪送来密表，控告废太子元恂与左右谋反。孝文帝下诏，令元恂服毒酒自杀。这个可怜的牺牲品当时只有十五岁，事后证明他在被废后已经相当悔悟，常常以读佛经寻求解脱，此事显然是出于李彪等人的陷害。元恂或许从来没有参预过反对派的活动，他杀高道悦，企图逃回平城，或许只是一个十四岁顽童的恶作剧。但孝文帝深知政治斗争的残酷，只要元恂还活着就可能成为反对派的旗帜。为了改革的胜利，他只能付出亲生儿子的生命。

尽管孝文帝在两年后就以三十三岁的英年逝世，他的改革措施再也没有逆转，中国历史上掌握了政权的非华夏民族统治者最主动、最彻底的汉化最终实现了。这样的改革不仅在中国是空前绝后的，就是比之于我们的东邻日本在近代实行的明治维新也有过之而无不及。日本当时的思想家虽然倡导"脱亚入欧"，恨不得将日本变为欧洲的一部分，但还是保留了语言、姓氏和种族。

历来在中国北方和境外生活的游牧民族，凡是要进入汉族农耕地区的，无论是被掳掠或强制迁入的，还是作为征服者来君临

葛剑雄写史：中国历史的二十个片断

天下的，最终都免不了成为文化上的被征服者的命运，而本民族也都融合在汉族之中了。且不说先秦的非华夏族，从汉代以来，匈奴、乌桓、鲜卑、羯、丁零、铁勒、突厥、回纥（鹘）、沙陀、契丹、女真，几乎无一例外。元亡后留在明朝境内的蒙古人、色目人就不再作为一个民族而存在，民国建立后保持满族身份的人口也曾迅速减少。这些民族消亡的过程基本上都是被动的，尤其是处于统治地位的民族，总要千方百计地抵制汉民族的同化。但统治者都无法解决一种两难选择：为了他们的王朝长治久安，特别是要治理人口远比他们本民族多的汉族臣民，他们不得不选择汉族文化；为了保持他们自己的民族特色，特别是使本民族不至于在汉族的汪洋大海中被同化，他们又必须采取一系列的措施，甚至是极其严酷的法律手段。从十六国时期刘渊的汉国开始，这些由非汉族所建政权大多实行"一国两制"，如辽朝有北面官、南面官，金朝既有"猛安谋克"又设州县乡里，元朝对蒙古人、色目人、汉人和南人实行不同政策，清朝满汉异制。正因为如此，尽管这些民族在其统治后期已经难以抵挡被汉族融合的潮流，但无不坚持到了最后一刻，它们真正被同化都是在亡国丧权以后。今天看来十分正常的民族融合，当年都曾经付出惨痛浩大的代价——征服之初的镇压屠杀和被推翻后的血腥报复。在最残酷的一次民族仇杀中，曾经统治北部中国的羯人几乎被杀光，连不少长得像羯人的汉人也被误杀。清朝入关后的薙发令曾经使多少人头落地？而连孙中山都提出过"驱除鞑虏"的口号，要不是社会的进步，清朝亡后又将有多少满族人为他们的祖先作出补偿？

应该指出，与其他游牧民族一样，鲜卑拓跋部曾经相当落后、保守，与华夏文明格格不入，并没有什么适宜改革的"国情"。公元二七七年，首领力微（始祖）之子沙漠汗（文帝）在晋朝当质子多年后返回，他当着诸部大人（酋长）的面用弹子打下了飞鸟，这引起了大人们的恐慌，因为当时的"国俗"还没有用弓发射弹子的方法。他们认为："太子的服饰神态已与南方汉人一样，又学了这样少见的奇术，如果让他继承国统，就会改变旧俗，我们一定会不得志，不如选留在国内本分淳朴的人。"于是一起向力微建议，将他杀害。直到太平真君十一年（四五〇年）杀汉族大臣崔浩，主要的原因虽在于打击汉族士族势力，但罪行之一也是他所作《国记》将拓跋鲜卑早期的历史原原本本写了出来，并且刻石立在通衢大道上，是"暴扬国恶"。

孝文帝的可贵之处，就在于他的改革完全是自觉、积极、主动的。当时北魏的国势如日中天，在北方的统治已经稳定，并且已得到汉族官僚世族和士人的认同，并没有面临其他民族或势力的挑战，更没有到不改革就得覆灭的地步。他当然受到了嫡祖母冯太后的影响，而且在太和十四年（四九〇年）冯太后死后他才亲政，此前的一些重大措施，如制定新律，官员实行俸禄制，施行均田制、三长制等都是在冯太后执政时完成的，但决定性的汉化政策还是由他制定并推行成功的。孝文帝的改革信念是基于他对汉文化优越性的认识和对鲜卑族长远利益的关注，这充分表现在他对陆叡的谈话中：

　　　　　　　　　葛剑雄写史：中国历史的二十个片断

北人每言："北俗质鲁，何由知书！"朕闻之，深用忧然！今知书者甚众，岂皆圣人！顾学与不学耳。朕修百官，兴礼乐，其志固欲移风易俗。朕为天子，何必居中原！正欲卿等子孙渐染美俗，闻见广博；若永居恒北，复值不好文之主，不免面墙耳。（《资治通鉴》卷一三九）

在孝文帝之前，十六国的君主中也不乏汉化程度很深者，如汉的刘聪、刘曜，前燕的慕容廆、慕容儁，前秦的苻坚，后燕的慕容垂等，他们本人都有很高的汉文化素养，但都没有能够解开本民族的情结，打破民族间界线，不得不实行民族之间、文化之间的双重标准。相比之下，孝文帝的高明之处是不言而喻的。正因为如此，孝文帝尽管牺牲了自己儿子，不得不杀了一批企图叛乱的宗室重臣，但付出的代价并不是很大，他的改革取得了影响深远的成功。

孝文帝迁都、汉化的直接结果，是百余万包括鲜卑和北方各族在内的移民迁入洛阳和中原，使洛阳再次成为北方以至整个亚洲的文化中心，使以汉族文化为主体并吸收了鲜卑等族的北方文化远远超越了南方的汉族文化，也为以后形成和发展的盛唐文明奠定了基础。可以这样说，在融入汉文化的同时，鲜卑文化的精华成了汉文化的一部分。鲜卑文化主动汉化的结果，却在一定程度上使汉文化鲜卑化或胡化了。

正因为如此，洛阳的物质文化和精神文化都达到了空前的高度，《洛阳伽蓝记》中传神的描述和今天还能看到的龙门石窟的辉煌艺术，就足以证明这一点。即使在当时，南方的有识之士已经承认，洛阳的文明程度已经凌驾于南朝的首都建康（今江苏南京）之上。永安二年（五二九年），梁武帝派陈庆之护送元颢归洛阳，陈失败后只身逃归南方。当时北魏国力大衰，洛阳经历河阴之变后也远非全盛时可比，但陈庆之回国后却说了一段发人深省的话：

> 自晋、宋以来，号洛阳为荒土，此中谓长江以北，尽是夷狄。昨至洛阳，始知衣冠士族，并在中原。礼仪富盛，人物殷阜，目所不识，口不能传。所谓帝京翼翼，四方之则。始如登泰山卑培塿，涉江海者小湘、沅。北人安可不重？（《洛阳伽蓝记》卷二《城东》）

从唐朝初年开始，拓跋鲜卑建立的魏国被正式承认为中国的正统之一，与继承了晋朝法统的南朝享有同等地位，官方编纂的历史就有《北史》和《南史》两种，从此有了"南北朝"的名称。一个非华夏（汉）族建立的政权能被华夏（汉）族承认为正统所在，是前所未有的奇迹。此前建立十六国（实际不止）的匈奴、鲜卑、羯、氐、羌诸族，被逃离中原的东晋称为"乱华"的"五胡"，在唐初官修的《晋书》中，他们的君主还没有资格享受"本纪"的待遇，只能专门另立一种"载记"。

鲜卑族本身也是改革的受益者。元氏家族，尽管经历了尔朱荣之乱，东、西魏分裂，北齐、北周取代东、西魏等屡次内乱、战祸和天灾，但依然子孙繁衍，名人辈出，特别是在中国文化史上留下了几位杰出人物。在唐朝，见于记载的就有神童元希声，北门学士元万顷，名士元德秀、元集虚，学者元行冲等，特别是著名诗人元结、元稹，元稹与白居易齐名而并称"元白"。金代末年，还出了大诗人元好问。

至于其他鲜卑族的后裔，或含有鲜卑血统的"汉人"就更不胜枚举，有兴趣的话不妨翻翻姚薇元的《北朝胡姓考》。在《新唐书·宰相世系表》中明显属于鲜卑、匈奴等族后裔的，就有刘氏、窦氏、高氏、房氏、宇文氏、长孙氏、李氏、于氏、阎氏、豆卢氏、源氏、浑氏、元氏、独孤氏、安氏等十多支。就连唐朝皇室李氏，也并不是纯粹的汉族血统，至于其他王侯将相以至士农工商中带有胡人血统的人，尽管我们永远无法做出定量分析，但毫无疑问是相当多的。

经过孝文帝的主动融合和以后的发展，鲜卑族和其他北方少数民族最终成为汉族的一部分。正由于鲜卑等民族的不断加入，才为汉民族不断注入了新鲜血液，也使汉民族的人口数量日益增加。今天汉族能成为中国的主体民族和世界上人数最多的民族，离不开鲜卑等民族的贡献。而鲜卑族本身，尽管因此不再作为一个单一民族而存在，但在另一个民族大家庭中得到了永生。中华民族固然应该纪念华夏族的祖先，但也应该纪念包括鲜卑族的先人在内的列祖列宗，不要忘记像孝文帝元宏那样为中华民族的形成和壮大做出过巨大贡献的盖世英雄。

不过，如果从另一个角度看问题，孝文帝或许会被当作千古罪人。由于他的改革，一个有近千年历史的纯粹的鲜卑族、鲜卑语言、鲜卑文化以至拓跋氏家族很快消亡了。尽管中国还有元氏和其他鲜卑姓氏的后裔，但都已不是纯粹的鲜卑血统；尽管专家们还能复原出鲜卑文化的某些片断，但终究难睹它的全貌了。要是孝文帝不实行改革，或者为了保持鲜卑民族的纯正，宁可放弃中原的物质文明和辽阔疆域，回到沙漠草原，可能近代的人们还会在蒙古高原或大兴安岭中发现一个逐水草而居的鲜卑族。或许有人会认为，孝文帝的作用与从肉体上消灭一个民族没有什么不同，不过采用了另一种手段而已，甚至是更阴险毒辣的手法，起到了外部敌人所不能起的作用，完全是一个"鲜卑奸"。

如果离开具体的人物和事件，来讨论这样一个问题：落后民族在先进民族面前应该做出什么选择？那么答案一定会更多，更复杂。这无疑已超出了本文的范围，笔者也不具备这样的能力。但孝文帝其人其事的确引起了我对一些问题的思考。

在今天中国的范围乃至整个东亚，在十九世纪以前的两千多年间，汉族及其前身华夏族一直是总体上最先进、文化水准最高的民族，所以对其他民族而言，"现代化"的过程不可避免就是"汉化"的过程。当然，由于地理环境、历史传统等方面的限制，想汉化未必化得了，但要进步就只能学习汉族文化却是别无选择的道路。不仅前面提到过的各个民族毫无例外，就是日本、朝鲜、越南等国家和民族的历史也都证明了这一点。

最好的办法，自然是"现代化"而不"汉化"，岂不两全其美？可惜，历史上从来没有出现过这样的事情。除了孝文帝等个

葛剑雄写史：中国历史的二十个片断

别君主，其他大多数非汉族君主都曾想过不少办法，试图在接受汉族文明的同时保留本族的一些重要习俗，但无不以失败而告终。辽朝皇帝曾坚持"捺钵"，即春夏秋冬四季都要到不同的野外帐篷中生活和办公，但到了后期，捺钵时间越来越少，而实际的首都却已从上京（今内蒙古巴林左旗南波罗城）南迁到了中京（今内蒙古宁城县西大明城），王公贵族还喜欢住在更南的南京（今北京市）。金朝后期，迁入黄河流域的女真人纷纷学汉语，穿汉装，改汉姓，以至皇帝多次下诏禁止。但连太子、诸王都"自幼惟习汉人风俗"，女真"文字语言或不通晓"，气得金世宗骂他们是"忘本"，看来已无可奈何。满族入关后，为了保持本族传统煞费苦心，将边外的"龙兴之地"列为禁区，设置围场，皇帝每年行围打猎，禁止满汉通婚，强制推行满族服饰，坚持使用满族文字、姓氏，措施不可谓不周。但曾几何时，早已在关内定居的满族人不愿再回关外；八旗将士骑不了马，拉不开弓；乾隆以前的皇帝还能跃马射虎，以后就只避暑而不围猎了；满姓虽还保持，名字却早已汉化，并在实际上取代了姓氏。到了清朝江河日下之时，关东开放，新军取代绿营，通婚开禁，剪辫合法，还有多少传统能够保得住？两千多年间，没有一个民族取得过比孝文帝改革后的鲜卑族更好的结局，这难道是偶然的吗？

请记住，这里讨论的是历史，不是现实。当时没有联合国宪章，没有国家之间的和平共处五项原则，更没有民族自治或基本人权的保障。当时也没有火车、轮船、汽车、飞机，没有电话、电报、摄影、电影，更没有电视、传真或信息高速公路，不要忘记，先民是在工业革命前进行民族间的交往、争斗、竞争和融合的。所以我要赞扬孝文帝元宏，因为他走了一条当时唯一正确的道路。

十断片

南朝：江陵焚书

一

　　一千四百六十多年前的今天，公元五五五年一月十日（梁元帝承圣三年十一月甲寅）晚上，在梁朝的首都江陵城（今湖北江陵县）内发生了一场中国文化史上空前的浩劫，被西魏大军围困在内城的梁元帝令舍人高善宝将宫中收藏的十四万卷图书全部焚毁。

　　这些图书的价值，从它们的来历就能完全了解。对此，《隋书·经籍志》有详细记载，大致如下：秦始皇焚书坑儒以后，规定以吏为师，禁止百姓收藏图书。学者逃亡山林，有的连儒家经典也没有能保存下来，只能靠口头传播。汉惠帝时取消了禁止百姓收藏图书的法令，儒家学者才开始在民间传播学说，但由于原书没有完整地保留，长期依靠口头流传，造成很多错乱和遗漏，《书经》出现了两种本子，《诗经》有三种，齐地流传的《论语》与鲁地不同，《春秋》有数家之多，其他的典籍更混乱。汉武帝设置了太史作为专门机构，收藏全国献上的图书。司马谈、司马迁父子，就是以太史所藏史书为主要依据写成一百三十篇《史记》的。到了汉成帝时，这些藏书又流失了不少，因而派陈农到各地收集散落在民间的图书。又令光禄大夫刘向等人加以校阅整理，刘向死后，汉哀帝令其子刘歆继承父业，终于将三万三千零九十卷书分为七类，编成《七略》。

王莽覆灭时，皇宫中图书被焚烧。东汉光武帝、明帝、章帝都很重视学术文化，特别注重儒家典籍，各地纷纷献书，皇宫中的石室和兰台的藏书又相当充足了。于是将新书集中在东观和仁寿阁，令傅毅、班固等依照《七略》分类整理，编成了《汉书·艺文志》。可是到董卓强迫汉献帝西迁长安时，军人在宫中大肆抢掠，将用缣帛写成的长卷当作帐子和包袱，但运往长安的书籍还有七十余车之多。以后长安也沦于战乱，这些书籍被一扫而光。

魏国建立后，开始收集散在民间的图书，由中央机构秘书负责收藏整理，根据不同内容分为甲乙丙丁四部。加上西晋初在汲郡（治今河南汲县西南）古墓中发掘出来的一批古书，共有二万九千九百四十五卷。但不久八王之乱和永嘉之乱爆发，首都洛阳饱受战祸，成为一片废墟，皇家图书荡然无存。

东晋在南方立国后，又陆续收集了一些，但对照原来的四部目录，只剩下三千零十四卷。此后北方的遗书逐渐流到江南，如东晋末刘裕攻占长安时，曾从后秦的府藏中收集到四千卷古书。到宋元嘉八年（四三一年）秘书监谢灵运编成《四部目录》，已著录了六万四千五百八十二卷。到齐朝末年，战火延烧到藏书的秘阁，图书又受到很大损失。梁初的秘书监任昉在文德殿集中、整理图书，不计佛经共有二万三千一百零六卷。由于梁武帝重视文化，加上江南维持了四十多年的安定局面，民间藏书也大量增加。侯景之乱被平息后，湘东王萧绎（即以后的梁元帝）下令将文德殿的藏书和在首都建康（今南京）收集到的公私藏书共七万余卷运回江陵。

其余的七万卷应该是梁元帝在江陵的旧藏，至此，他的藏书达到了前所未有的十四万卷。梁元帝将这些图书付之一炬的后果如何，《隋书·经籍志》也有记载：由于北方长期战乱不绝，图书散失更加严重。北魏统一北方后，朝廷的书籍还很少。孝文帝迁都洛阳后，曾向南方的齐朝借书，藏书才稍有增加。尔朱荣之乱时，朝廷的藏书又散落民间。北周在关中建立之初，藏书只有八千卷，以后逐渐增加到一万多卷，灭北齐后又获得了五千卷。

隋文帝开皇三年（五八三年）接受了秘书监牛弘的建议，派人到各地搜访异书，规定原书可在抄录或使用后归还，并且每卷发给一匹绢的奖赏，因此收获很大。隋灭陈后，又获得了不少书籍，但这些大多是太建年间（五六九—五九二年）新抄的，用的纸墨质量差，内容也错误百出。这说明经过江陵焚书，南方的古籍已毁灭殆尽了。经过整理，隋朝秘阁的藏书达到三万余卷。隋炀帝时将秘阁的藏书抄写了五十份副本，并在东都洛阳建观文殿作藏书之用。

唐武德五年（六二二年）灭王世充，攻占洛阳后，将所有图书装船运往长安。由于过三门峡时翻了船，大多数图书落水漂没，留下的只有一二成，连目录都残缺不全。唐初修《隋书·经籍志》时收集到的书有一万四千四百六十六部，共八万九千六百六十六卷。

唐初的藏书包括了五五五年以后数十年间问世的新书，实际恢复的旧籍还不满原来的一半。从数量上说，梁元帝毁灭了传世书籍的一半。从质量上说，他所毁的是历代积累起来的精华，质量自然远在民间所藏或太建年间抄本之上，所以损失是无法用数量来估价的。从秦始皇到唐初，中国的书籍已经遇到了大小无数次灾难。从唐初到现在，天灾人祸又难计其数，当时的近九万卷书中大多也没有能保留下来。但一次由皇帝主动焚毁十四万卷书的记录，在这两千多年间是绝无仅有的，在世界史上也是罕见的。

要是梁元帝没有焚书，那么即使在西魏军队占领江陵时有所破坏，总有一部分会作为战利品集中到长安，也总有一些会流传到今天，而间接保留到今天的信息必定会更多。如果这样，公元五五五年前的中国史会比今天所了解的丰富许多，中国古代文明必定会更加辉煌。一千四百六十多年后的今天，中国人中知道发生过这场浩劫的人肯定已经不多了，但是江陵焚书的起因却是值得所有关注中国文明命运的人认真思考的。

梁元帝焚书的间接原因是西魏的入侵和防御战的失败。公元五五四年十一月（梁承圣三年十月），西魏遣大将于谨、宇文护、杨忠率五万大军从长安出发，直指江陵。其实，两年前梁元帝定都江陵，就已经注定了他覆灭的命运。江陵背靠长江，北方无险可守，而且远离南朝长期的政治、军事中心建康。为了应付兄弟和宗族间的冲突、控制潜在的敌对力量，他又将军队分驻在各地，对北方的强敌西魏非但不加防范，还妄想利用它来消灭异己，甚至在接到梁朝旧臣马伯符从西魏发来的密件时，还不相信对方已在作入侵的准备。

西魏的主帅于谨在出兵时就对梁元帝的战术作了预测：上策是"耀兵汉、沔，席卷渡江，直据丹扬"，即军队总动员后主动放弃江陵，转移到建康。中策是"移郭内居民还保子城，峻其陴堞，以待援军"，即将外城居民迁进内城，加固城防工事固守，等待援兵。下策是"难于移动，据守罗郭"，即不作任何主动转移，死守外城。而从各方面情况分析，梁元帝必然采取下策。以后的发展果然不出于谨所料，梁元帝的战术甚至比下策还糟糕。

十一月二十日，武宁太守（治所在今湖北荆门市东北）宗均报告了魏军即将南下的消息。梁元帝召集大臣商议，大将胡僧祐和谋臣黄罗汉说："两国关系友好，并没有什么利害冲突，必定不会如此。"上年曾出使西魏的侍中王琛说得更绝："我当时揣摩宇文泰（西魏太师，实际统治者）的神色，肯定没有入侵的道理。"梁元帝决定派王琛再次出使西魏。可是三天后，魏军已到达襄阳（今湖北襄阳市）一带，元帝这才下令内外戒严。但王琛跑到石梵（今湖北钟祥市境）后又给黄罗汉送去急信："边境秩序井然，以前的消息都是儿戏。"这使元帝又将信将疑。直到十一月二十八日，元帝才派人到建康去征召握有重兵的大将王僧辩来江陵任大都督、荆州刺史，率军入援。但他对抵抗魏军毫无信心，十二月一日晚上在凤凰阁上已发出"今必败矣"的哀叹。即使在这样的形势下，他对部属的防范控制却丝毫没有放松，郢州刺史（治今武汉市）陆法和出兵援江陵，他派人阻止："我这里能够破敌，你只要镇守郢州，不必调动军队。"就这样失去了一支最近的援兵。十二月十日，魏军渡过汉水，于谨派宇文护和杨忠率精骑袭占江津（今湖北荆州市沙市区东南），截断了东陵以东的长江水路。当天梁元帝在江陵外城的津阳门外举行了一次阅兵，但北风大作，暴雨骤降，只得草草收场。第二天，魏军攻下武宁，俘获太守宗均。一向坐轿的元帝骑马出城，部署在城周竖起一道六十余里长的木栅，命胡僧祐、王褒分别负责城东城西的防务，太子巡守城楼，百姓搬运木石。当天夜里，魏军到达离江陵仅四十里的黄华，十四日进抵木栅下。十五日，梁军开门出战，新兴太守裴机杀了魏将胡文伐。可是到了二十四日栅内失火，烧掉了几千家民房和二十五座城楼，魏军乘机大举渡过长江，于谨下令筑起包围圈，江陵与外界的联系完全断绝。尽管梁元帝已多次向四方征召援兵，但没有一支到达。实力最强大的王僧辩远在建康，虽已作了部署并派出前军，却准备采取等待时机、袭击魏军后路的策略，可惜还来不及实行，江陵就已陷落。另一支援兵由广州刺史（治今广州市）王琳率领，虽日夜兼程，刚赶到长沙。二十七日，深感绝望的梁元帝撕下一块帛亲笔写上："吾忍死待公（你），可以至矣！"催王僧辩进军，但早已无济于事。五五五年一月四日，梁军分路开门出战，全部败还。十日，魏军全面攻城，梁军主将胡僧祐中流矢而死，军心动摇，有人开西门放入魏军。元帝退入金城（内城），立即派两位侄儿作人质，向于谨求和。城南将领纷纷投降，城北的将士苦战到黄昏，听到城陷的消息才四散而逃。

元帝在焚书时想赴火自杀，被左右阻止，于是准备投降。谢答仁等劝他乘夜突围，只要渡过长江，就能得到驻在江南马头的一支梁军的救援，但元帝不惯骑马，认为"事必无成，徒增辱耳"。在王褒的挑拨下，元帝还怀疑谢答仁的忠诚，因此在他建议收集内城残部五千余人固守后又拒绝与他见面，气得谢答仁吐血而去。元帝换上白马素衣出东门投降，备受羞辱后，于一月二十七日被杀。魏军从梁朝王公大臣和江陵百姓中选了数万人为奴婢，作为战利品押回长安，其余老弱幼小全部杀尽，得到赦免的只有三百余家。当时天寒地冻，冰雪交加，又有二三成人沿途冻死或被人马踩死。

这场战争实际只进行了一个月，而且梁军根本没有什么有效的抵抗，最大的损失还是这十四万卷书和江陵城中的无辜百姓。在中国历史上，这样的战争实在称不上"大战"，与秦汉之际、两汉之际、东汉末年、西晋末年、东晋十六国期间已经发生过的战争相比，江陵之战只是小巫而已，此后至今大小战争不知又发生了多少。这些战争，无论是国内的农民暴动还是统治集团内部的权力之争，无论是民族、政权间的冲突还是外敌入侵，都曾造成文化积累的破坏和文明的倒退，书籍的损失只是其中之一。但在印刷技术还没有形成或没有普及的情况下，大量书籍都只有稿本或少数抄本流传，无数杰出学者的毕生心血、千百年的学术文化结晶在铁血和烈火中毁于一旦。《隋书·经籍志》中提到的几次书籍大灾，无一不是发生在战乱之中。直到近代，帝国主义的侵略和国内的战乱还毁灭了大批珍贵典籍。明永乐年间编成的二万多卷《永乐大典》，唯一还留下的一部近二万卷的副本在一八六〇年英法联军和一九〇〇年八国联军侵入北京时被焚烧或掠夺，目前所存仅八百卷。乾隆五十八年编成的、多达近八万卷的《四库全书》，尽管在副本以外又抄成了七部，但副本与其中的三部分别毁于帝国主义对北京的入侵和太平天国战争。

人类文明所受的浩劫又何止在中国？而其中为害最烈的也是战争，直到今天还在威胁着一些珍贵的文化遗产。例如前南斯拉夫一座闻名世界的古桥，不久前毁于战火。

正因为如此，我在阅读史籍，写出江陵焚书的前因后果后，最大的愿望就是：在今后的一千四百六十年间，在更长的未来以至永远，在中国，在世界，不要再有战争。让和平永远伴随着人类文明的进步，让我们的先人创造的丰富多彩的文化永远保留在地球上，成为我们和后人取之不尽、用之不竭的财富。

如果这善良的愿望被侵略者所破坏，那就应该用强大的军事力量摧毁战争狂人。当年的梁元帝只要稍有一点信心和勇气，在战略和战术上少犯一些错误，江陵之战或许根本不会发生，或许会有完全不同的结果。同样，如果清政府能适应世界潮流，变法图强，或者能坚决抵抗帝国主义的侵略，外国入侵者就不至于如此猖狂肆虐，《永乐大典》的大部分或许能保存到今天。

在战争还无法完全避免的情况下，国际大家庭应该采取更有效的措施来保护文化遗产，应该制定在战争中保护文化遗产的公约，将在战争中破坏文化遗产的行为确定为对全人类的罪行。

三

江陵焚书是梁元帝主动犯下的罪行，因为魏军兵临城下时并没有焚书的必要，他要战要降也与是否焚书无关。在他被俘后曾被问到焚书的原因，回答是："读书万卷，犹有今日，故焚之。"这固然说明他至死也不了解亡国的真正原因，或者知道了而不愿承认，但也证明了他一生爱书，爱读书，由极度的爱突变为极端的恨，要让这些书成为他的替罪羊或殉葬品。

据《梁书·元帝纪》所载，他五岁时就能背出《曲礼》的上半部。虽然自幼瞎了一眼，却异常好学，"博总群书，下笔成章，出言为论，才辩敏速，冠绝一时"，"性不好声色，颇有高名"。这些话或许有所夸张溢美，但有几件事情却是不会作假的：元帝酷爱玄学，从五五四年十月十九日开始在龙光殿给大臣们讲解《老子》。十一月二十三日，魏军已经到达襄阳，他才暂停讲课，宣布"内外戒严"。二十七日，见边境没有什么动静，便又恢复讲课，百官只得穿着军装听讲。十二月二十七日晚上，江陵已处于魏军合围之中，元帝上城巡视，还雅兴不减，随口作诗，群臣奉和。他的著作有《孝德传》三十卷，《忠臣传》三十卷，《丹阳尹传》十卷，《注汉书》一百五十卷，《周易讲疏》十卷，《内典博要》一百卷，《连山》三十卷，《洞林》三卷，《玉韬》三卷，《补阙子》十卷，《老子讲疏》四卷，《全德志》《怀旧志》《荆南志》《江州记》《贡职图》《古今同姓名录》一卷，《筮经》十二卷，《式赞》三卷，文集五十卷，合计超过四百卷。如此广博浩繁的成果，即使是专业学者也并非唾手可得，对于一位只活了四十七岁，又经历了多年乱世的皇帝来说，实在是了不起的成绩。他的诗文虽然不脱轻薄浮艳习气，但也不乏清新隽永之作，在中国文学史上据有一席之地。作为皇子，他先后在会稽（今浙江绍兴市）、建康、江州（今江西九江市）和荆州（治江陵）任职，收罗七万卷图书，并最终汇集到十四万卷，也是煞费苦心的。要说梁元帝爱书，爱读书，是毫无疑问的。

不仅梁元帝如此，历代帝王中爱书和爱读书的人还不在少数，如《隋书·经籍志》中提到的几次大规模征集图书，无不与当时帝王的爱好有关。连昏庸无道以致亡国的隋炀帝，在保存古籍方面也做了一件好事。要不是他下令将秘阁的三万卷书抄了五十份副本，说不定多数书会逃不过隋末唐初的战祸。皇帝既有绝对的权力，又有取之不尽的钱财，还有普天之下的臣民可供驱使，在收集、整理和保藏图书方面的作用是任何其他个人都无法替代的。

但是历史的悲剧也正发生在皇帝身上。一旦图书为皇帝所收藏，就成了他个人的私产，不仅从此与民间绝缘，而且随时有被篡改或销毁的可能，也会成为一位皇帝或一个朝代的殉葬品。梁元帝焚书后，又把所佩宝剑在柱上砍折，自叹："文武之道，今夜尽矣！"在他眼中，十四万册书与一把宝剑一样，不过是他的私产，有用时用之，无用时毁之，何罪之有？

秦始皇的焚书和梁元帝的焚书是公开的，另一种形式的"焚书"却是打着冠冕堂皇的旗号不动声色地进行着。实际上每一次大规模的收书征书，都随之以大规模的抄写、整理和编纂，都得按皇帝的旨意和当时的主体意识进行加工、篡改以至销毁。唐初编纂《隋书·经籍志》时采取的原则就是："其旧录所取，文义浅俗，无益教理者，并删去之。其旧录所遗，辞义可采，有所弘益者，咸附入之。远览马史、班书，近观王、阮志、录，挹其风流体制，削其浮杂鄙俚，离其疏远，合其近密。"可以肯定，有不少"文义浅俗，无益教理"，或"浮杂鄙俚"的书籍或内容已被删削，或被销毁了。皇帝一次次"稽古右文"的盛举，同时也是思想文化的一次次清剿。《四库全书》编纂过程中的征集规模和收录范围都大大超过了前代，但在此期间禁毁、删削、篡改的书籍数量也是空前的。

书籍如此，其他艺术品也是如此。唐太宗酷爱王羲之书法，不惜采取卑劣手段从其后人处骗取《兰亭序》真迹，最后还将它作为陪葬品带进了陵墓。一些爱好书画的帝王在一件件国宝上任意盖印、题词，要不是皇帝被推翻，这些稀世珍品就一直是他们的私产。要是多几位唐太宗，被带进坟墓的书法真迹还会更多；要是多几位乾隆皇帝，名画必定会变成御玺的印谱。而每次战乱或改朝换代，少不了皇宫的焚烧或战利品的掳掠，又有多少艺术珍品随之遭殃？

而且要是皇帝没有什么文化倒还好办，懂行了、太高明了麻烦就更多。皇帝的欣赏习惯、评价标准以至个人好恶，无疑就是学术、文化、艺术的鉴定准则，成为不可违抗的法律。一个流派、一种思想、一类风格或一部著作会因此而兴旺发达，而另一些却会就此消失。即使是为了满足皇帝的虚荣心，也要付出巨大的代价。乾隆皇帝最爱卖弄小聪明，以能亲自发现臣下的错处为乐，《四库全书》抄成后他要亲自校阅，而最大的乐趣莫过于找到错字，以显示自己的天纵圣明。总裁官纪昀深通邀宠之道，让抄手们故意留下一些错字。可惜《四库全书》卷帙过于浩繁，乾隆皇帝看了一些后就不再有兴趣，而那些故意写成的错字却再也无人改正了。

相反，散处民间的书籍和艺术品虽然免不了虫鼠水火之害，难免不毁于战乱，却不会有这一类灾难。所以秦始皇焚书毁不尽天下的书，图书在一次次浩劫后会有幸存者，清朝列入禁毁书目的一些书现在还能见到，主要还是靠民间的收藏。中国古代的地图制作相当发达，但在长沙马王堆汉墓出土一幅西汉初年的古地图之前，除了有几块十一世纪刻成的石刻地图外，竟没有明代以前的地图原本传世。主要原因倒不在于地图描绘的困难，而是由于地图一向是皇家与官方的秘藏，又是行政权力的象征，私人收藏地图就有谋反之嫌，而官方的地图又一次次成为改朝换代的牺牲品。

旧时代的文人学者在对江陵焚书痛惜之余，自然不会谴责梁元帝为罪犯，因为他们从皇权观念出发，是无法否认皇帝有这样的处置权的。封建专制制度造成了这样的悲剧，但悲剧并没有随着封建制度的覆灭而成为过去。本应属于全体公民所有的文化遗产实际为个别特权人物所占有的现象，在辛亥革命后还是屡见不鲜。至于政治权力或个人应该控制、干预学术、文化、艺术，则至今仍然是某些政治家的信条，就不必多说了。因此我希望文化遗产永远属于人民，学术、文化、艺术真正保持独立，才能避免大大小小、形形色色的江陵焚书事件重演。

写到这里，我联想到了近来学人们不时在讨论的人文精神问题。老实说，我到现在还不很明白人文精神的确切含义，特别是在中国应如何诠释。但我相信，对学术、文化、艺术的追求应该是人文精神的内容之一。从这一意义上说，梁元帝身上是有那么一点人文精神的。他对文学和学术的追求以及取得的成果，丰富了中国的文化，至今还值得我们研究和肯定。

但梁元帝是典型的双重人格，在他勤奋好学、富于创造、刻意追求的另一面是极端的虚伪、残忍、优柔寡断、贪生怕死，学术上的认知从来没有成为他的实践。例如他著有《孝德传》《忠臣传》，自然是为了阐述、宣扬孝和忠，但自己的行为却既不孝也不忠。在侯景围攻建康，他的父亲梁武帝危在旦夕时，他却以"俟四方援兵"为借口，在上游拥兵自重，甚至杀了劝阻他退兵的下属萧贲。在建康陷落后，他忙于骨肉残杀，乘机逼死了亲生儿子萧方等，杀了侄子萧誉，赶走了侄子萧詧。其弟武陵王萧纪发兵东下后，他不仅让方士画了萧纪的像，亲自在上面钉钉子，咒他早死，还请西魏出兵，让西魏占了蜀地。萧纪兵败时，他又密令部将樊猛不许将萧纪活捉回来。萧纪的两个儿子被他关着绝食，以致自己咬臂上的肉吃，十三天后才死去。王伟是侯景的头号帮凶，侯景从发动叛乱起的一切行动几乎都出于他的策划。但此人才思敏捷，诗做得很好，被押到江陵后，在狱中写了一首五十韵的长诗献给梁元帝。梁元帝爱他的文才，准备赦免。忌妒王伟的人得知后，对梁元帝说："以前王伟写的檄文也很好呀。"他找来一看，原来上面写道："项羽重瞳，尚有乌江之败；湘东一目，宁为赤县所归！"（项羽的眼睛有两层眼珠，还会有乌江之败；湘东王只有一只眼睛，难道天下会归他吗？）他勃然大怒，将王伟的舌头钉在柱上，开膛剖肚，一刀刀碎割而死。王伟的罪行早够死刑，元帝因爱才而不杀；但一旦得知他曾挖苦自己，就如此残酷地杀死；究竟还有什么是非好恶的标准？

可是我们不能因为梁元帝的为人而否定他符合人文精神的那

些行为，就像不能因为一个人的人品不好就否定他的书法艺术一样。书法的评价标准只能是书法本身，所谓"字如其人"实际上大多是对既成事实的承认，我看是靠不住的。董其昌是个劣绅，谁能从他写的字里看出来？汪精卫当汉奸后写的字，究竟与早年革命时写的字有什么两样？但对书法家的评价就不能只用书法的标准，还要包括他的为人和作用。显然，对梁元帝一类历史人物，人文精神不能成为唯一的评价标准，而只能用之于其某一个侧面。

如果梁元帝不是一位皇子和皇帝，而是一介布衣，那么他的凶残险恶的一面可能就不会得到充分表现，或者不会留下具体的记载，我们今天看到的可能只是他的诗文和好学不倦的故事，他就是一位著名诗人和优秀学者。不幸的是，历史给了他皇帝这样一个举足轻重的地位，无论他是否愿意，都只能用皇帝的标准来衡量了。

中国历史上有不少这样的皇帝，像李后主、宋徽宗、明武宗、明熹宗，他们本来应该是杰出的诗人、书法家、画家，优秀的运动员、工匠。还有的皇帝，如梁元帝的父亲梁武帝萧衍、明朝的崇祯皇帝朱由检，可以成为某一方面的典范，如个人生活朴素、工作勤奋等等。还有像晋惠帝和南朝的一些少年皇帝，不过是低能或幼稚，如果是普通人倒是值得同情的，或者不过是可笑而已。这些人都具有符合人文精神的某一方面的特点，但不幸他们当了皇帝，因此只能成为昏君、暴君、亡国之君。所以，对于皇帝或者对社会负有特别责任的政治家来说，抽象的人文精神并没有太多的实际意义，更主要的是他们的历史责任感和社会贡献。

有人在评价某些伟人时，往往有意无意地强调他的个人品德，突出他的人情味，或者更时髦一些，用人文精神来加以衡量，我以为不是正确的态度和方法，至少是相当片面的。

这最后一点可能已经超出了纪念江陵焚书事件的范围，但大概受到了关于人文精神讨论影响的缘故，的确是我同时想到的，所以还是写了下来，作为本文的结束语。

葛剑雄写史：中国历史的二十个片断

片断十一

唐：玄武真相

幼时上历史课，对唐太宗李世民印象最深，因为课本上和教师都对他赞扬有加。记得一个例子是说，由于唐太宗武功赫赫，但又善待境内外的少数民族，因此深受各族首领爱戴，被尊称为"天可汗"。以后自己读《旧唐书》，见贞观四年（六三〇年）唐朝灭东突厥，俘虏颉利可汗，"自是西北诸蕃咸请上尊号为'天可汗'，于是降玺书册命其君长，则兼称之"；知道事情果然如此，唐太宗自己在给西北的属国或部族首领下诏书时，也乐意同时使用皇帝和天可汗的名义。

在我近半个世纪的印象中，唐太宗一直是得到肯定的人物，这在中国古代帝王中大概是绝无仅有的。尽管毛泽东有"唐宗宋祖，稍逊风骚"的诗句，但实际上，即使在"文化大革命"期间，唐太宗也保持了正面的形象。改革开放以来，高层领导发表提倡节俭、接受群众批评、吸取历史教训、对外开放、团结少数民族等方面的意见后，经常可以看到报纸上发表的唐太宗故事，显然这位皇帝在一千多年前已经"率先垂范"，堪为今人楷模。

不过读史稍多后，也使我产生了困惑，这位"天可汗"生前做过另一件在皇帝中绝无仅有的事：几次三番要看史官们为他自己记载的历史，并且亲自督促他们修改到他满意为止。这与中国的历史传统完全不符，因为即使有九五之尊，皇帝也不能查阅史官们对他记载了什么。史官们对他日常活动和言论的记录应该随时密封，待他去世后才能正式整理成书，永久保存。唐太宗为什么要打破常规，亲自做这样完全可能给他留下不利影响的事呢？

　　贞观九年（六三五年）五月，当了十年太上皇的李渊去世。十月二十七日，这位唐朝开国的"高祖太武皇帝"被隆重安葬。就在葬礼举行前十天，唐太宗通知史官，他要亲自查阅高祖皇帝和自己的《实录》，被恪守祖制的史官婉言拒绝。

　　贞观十六年四月，唐太宗又问谏议大夫褚遂良："你还负责记《起居注》吗？记了什么能让我看看吗？"褚回答："史官记录君主的言论和行动，好坏都要记载，才能使君主不敢做坏事。没有听说君主自己可以拿来看的。"唐太宗问："那我如果有什么不好的事你也记吗？"褚答道："这是我的职责，不敢不记。"黄门侍郎刘洎在旁边插话："假如褚遂良不记，天下人都会记。"唐太宗又碰了一个钉子。不过就在两个月后，唐太宗忽然下令将十六年前被杀、并被追夺太子封号的长兄建成由"息隐王"恢复为皇太子，又将同时被杀的弟弟元吉由"海陵刺王"改为"巢刺王"，不知是不是这两个冤魂在冥冥中传出了什么信息？

　　到了第二年四月，皇太子承乾因罪被废为庶人，太子的叔父汉王元昌因参与阴谋而被杀。太宗当面答应立最受宠信的第四子魏王泰为太子，但又改变主意立第九子晋王治为皇太子。魏王泰被降封为东莱郡王，不久又改封为顺阳王，软禁在今湖北西北山区偏僻闭塞的均州郧乡。那几天间，太宗一度心力交瘁，哀叹"我给这三个儿子、一个弟弟搞成这样，想想活着实在没有什么意思"，从座位上跌倒在地，还不等心腹大臣将他扶起，又拔出佩刀想自杀，被褚遂良夺下。这次变故使一向以英明自居的太宗受到很大打击，他亲自到太庙祭拜，为承乾的事向祖宗谢罪。

六月初一发生了日蚀，到七月间民间居然传出流言，皇上派恶鬼出来挖人心肝，用来祭天狗星。一时间闹得人心惶惶，太宗不得不派人到各地辟谣，抚慰百姓，一个多月后才平息下来。

这些事是否与宫廷的变故传入民间有关，已不得而知，但无疑促使太宗更关注史官给自己的记载，于是向监修国史的宰相房玄龄提出了第三次要求："我的用心和以往的君主不一样。帝王想亲自阅读国史，以便了解自己以前的错误，作为今后的警戒，你可以按顺序写成了呈上来。"谏议大夫朱子奢极力反对："陛下身负圣德，言行从无过失，史官记载的自然尽善尽美，所以陛下要查阅《起居注》并无不妥。但从此形成制度传下去，我恐怕到了曾孙、玄孙辈，难保没有达不到上智的君子，会文过饰非，那史官就免不了受刑罚惩处。这样一来，史官为了保全自己，避免祸患，无不迎合风向，顺从旨意，悠悠千载的历史还能相信吗？这就是历来不允许帝王查看的道理。"太宗却坚持要看，于是房玄龄只得与许敬宗等人删改成《高祖实录》及《太宗实录》（时称《今上实录》）各二十卷呈上御览。

其实房玄龄等心中都明白，太宗最关心的是哪一部分，自然已在文字上下了功夫。但太宗看了"六月初四日"的记载后还是嫌他们写得太隐晦："当年周公杀了管叔、蔡叔而使周室安定，季友毒死叔牙才为鲁国带来太平。我这样做是为了安定社稷，造福万民。史官执笔时何必有劳你们特别隐讳呢？应该加以修改，删除不实之处，直截了当地把事实记下来。"有了这样明确的指示，以房玄龄为首的史官们自然只能体察圣心，将两朝《实录》中有关文字修改到唐太宗满意为止。这就是我们今天能看到的《旧唐书》《新唐书》和《资治通鉴》等书中记述的"玄武门之变"。

唐高祖武德九年（六二六年）六月，突厥进犯，太子建成建议派其四弟齐王元吉率军北征，并征调秦王（世民）府的大将尉迟敬德、程知节（即程咬金）和秦叔宝等人随军出征，得到高祖李渊批准。一向嫉妒秦王军功和威望的建成，一直在找谋害他的机会，企图利用与秦王在昆明池饯行的机会，埋伏甲士将他刺杀，事成后即上奏称其暴卒，对尉迟敬德等秦王府骁将也准备一律活埋。秦王很快从他收买的太子下属、东宫率更丞王晊处得到了这一消息，连夜与长孙无忌、房玄龄等人商议对策。众人都劝秦王先发制人，而李世民不忍骨肉相残，还犹豫不决。幕僚们举了舜躲避受其恶兄象唆使的父亲瞽叟迫害的例子，终于说服他采取行动。

偏巧五六月间太白星多次在白天出现，六月初一、初三又再次出现，傅奕向高祖密奏"太白见秦分，秦王当有天下"。高祖闻奏大怒，认为这预示世民将谋反篡位，立即召世民责问。世民申辩说是建成、元吉二人想谋害他，并且密奏建成、元吉"淫乱后宫"的丑闻。李渊大吃一惊，决定第二天将兄弟三人一起召来当面"鞫问"。六月初四一大早，世民率长孙无忌等人埋伏于玄武门。建成、元吉二人行至临湖殿时，忽然发觉情况异常，当即掉转马头想逃回东宫。世民率人冲出，在后面追赶，元吉拉弓向世民放箭，因为惊慌失措，弓弦都未拉开，连射三箭不中。世民张弓还击，一箭射死建成。此时尉迟敬德率七十余名骑兵赶到，射中元吉坐骑，元吉坠马。世民的马也受了惊吓逃入树林，被树枝绊倒。元吉赶到，夺下弓箭勒住世民，尉迟敬德跃马怒叱，一箭射死元吉。此时东宫和齐王府二千余精兵闻讯赶到，猛攻玄武门，情势十分危急，尉迟敬德急持两人首级出示，宫府军见主人已被杀，立时溃散。

李世民派尉迟敬德全副武装，进宫去保卫高祖。谁知原定当天早上要亲自讯问这三兄弟以判定是非的高祖，居然兴致十足，正在后苑海池的游船上。见到手持长矛，一身甲胄的尉迟敬德闯到面前，高祖大吃一惊。敬德报告太子与齐王作乱，已被秦王杀掉，现在大臣们劝他将国事交给秦王处理。高祖答允得十分爽快："好得很！这正是我长久以来的心愿！"立即亲笔写了敕书，命令诸军听从秦王号令。大局已定，秦王赶来与高祖见面，父子俩抱头痛哭。高祖随即颁发诏书，立秦王世民为太子，建成、元吉两人的十个儿子均以谋反罪处死。两个月后，高祖宣布退位，成为安享天年的太上皇。"玄武门之变"以秦王世民提前登上帝位而结束。

可惜唐太宗毕竟"稍逊风骚"，对文治的一套还不内行，特别是没有从长远的战略高度重视历史的作用，既没有以钦定的《实录》为纲统一臣民的思想，又缺少"戈培尔"式的人物做好"玄武门之变"伟大意义的宣传和讲解工作，更没有彻底清查和销毁各类违背《实录》精神的论著和史料。尽管有唐一代，因为所有的皇帝都是太宗的子孙，没有人敢翻"玄武门之变"的案，但从宋朝开始，就不时有人揭露史料中的矛盾，质疑唐朝的官方记载了。时至今日，我们只要对史料稍作分析，也不难看出事件的前因后果和真相。

据钦定的《高祖、太宗实录》，"建成幼不拘细行，荒色嗜酒，好畋猎"，"帷薄不修，有禽犬之行，闻于远迩"；"巢剌王（元吉）性本凶愎，志识庸下，行同禽兽。兼以弃镇失守，罪戾尤多，反害太宗之能"；完全是流氓禽兽，显然成事不足败事有余。而唐高祖李渊也是优柔寡断，迟迟不敢起兵。既然这父子三人都成不了气候，就只能依靠大智大勇，深谋远虑的李世民了。"高祖所以有天下，皆太宗之功"。只是这些说法实在过于荒唐，连囿于传统史观、奉太宗为正统的司马光都有所怀疑，"史臣不无抑扬诬讳之辞，今不尽取"；在编《资治通鉴》时没有完全采用。

透过被太宗的史官篡改过的史料，李渊起兵的经过依然可辨。

隋大业十三年（六一七年），太原留守、袭爵唐国公的李渊以尊立隋炀帝的孙子代王杨侑的名义，自晋阳（今山西太原）起兵。据新、旧《唐书》和《资治通鉴》的记载，这次起兵的策划和部署全出自李世民一人之手。万事俱备，李世民却恐怕李渊不同意，犹豫了很久，不敢告诉他。果然，当世民将计划密告李渊后，他大惊失色："你怎么敢说这样的话，我现在马上将你押送朝廷法办。"说完就动手写奏章。李世民不慌不忙地说："现在天时人事已到了这种地步，我才会作这样的打算。如果一定要将我送朝廷究办，我也不怕死。"李渊说："我怎么会忍心告发你？但你千万小心，不能再说。"经过李世民和众人的反复劝说，李渊才被迫同意，表示今后家破人亡还是化家为国都由你了。此前裴寂还将晋阳行宫中的宫女偷偷送给李渊受用，在酒酣时，裴寂又威胁道："臣子占用宫女可是杀头的罪，二郎（世民）密谋起兵也是因为怕这件事败露，才这样准备的。"至此李渊已无退路，"事到如今，还有什么办法呢？只好听他的吧！"如果李渊只是为了给儿子保密，在只有父子两人在场时，何必一本正经要写奏章告发他？而到了临起事时怎么还会说这样的话？还要儿子与谋士策划用女色引他上钩，看来李渊真是一个胆小怕事、胸无大志又好色无度的委琐小人，让他做大唐的开国皇帝实在冤枉！

可是据《旧唐书·宇文士及传》，早在大业六年（六一三年）李渊和宇文士及就在涿郡（今北京）"尝夜中密论时事"。既然要秘密讨论，自然不是效忠隋朝的事了。而据《旧唐书·夏侯端传》，在起兵的一年前，李渊任河东讨捕使。好友夏侯端曾以天象的异常相劝："金玉床摇动，此帝座不安。参墟得岁，必有真人起于实沉之次。天下方乱，能安之者，其在明公。……若早为计，则应天福，不然者，则诛矣。"李渊听后，"深然其言"，完全赞同他的分析和建议。温大雅的《大唐创业起居注》说得更具体：在被任命为"太原道安抚大使"后，李渊"私喜此行，以为天授。所经之处，示以宽仁，贤智归心，有如影响"。值得注意的是，温大雅在李渊起兵后任"大将军府记室参军，专掌文翰"，是李渊的机要秘书，此书又撰写于"义宁、武德间"，即公元六一七年后的几年间，看来在玄武门之变后也没有受到删削，应该比较可信。可见李渊早有叛隋起兵之心，只是感到时机还未成熟，才韬光养晦。对他的政治态度和密谋策划有人已有所觉察，晋阳长姜謩曾私下对其亲信说："隋祚将亡，必有命世大才，以应图箓，唐公（李渊）有霸王之度，以吾观之，必为拨乱之主。"（见《旧唐书·姜謩传》）李靖因为已经查到了蛛丝马迹，肯定李渊"有四方之志"，想亲自向隋炀帝告发，只是由于道路阻塞才作罢。（见《旧唐书·李靖传》）温大雅的记录更明白，李渊明确告诉世民："隋历将尽，吾家继膺符命。"李渊应该是晋阳起兵的主角，退一步说，至少也是共谋者，绝不是为李世民的既成事实所迫。

李世民生于隋开皇十八年（五九八年），大业九年（六一三年）年仅十五周岁，到李渊正式起兵时（六一七年）也才十九周岁，不论唐朝史官以后如何吹嘘他才略盖世，当时毕竟还不成熟。而李渊的长子建成当时已二十九岁，显然更应该成为李渊的得力助手。《通鉴》明确记载，在李世民多次催促下李渊仍"迁延未发"，就是因为当时"建成、元吉尚在河东"。由于李渊抗御突厥失利，隋炀帝一度要将他解捕到江都（今江苏扬州）治罪。这种情况下李渊仍不愿起兵，不正透露出要等待建成、元吉二人到晋阳后谋划起兵大事吗？而且，一旦李渊公开起兵反叛，留在河东的儿子必定有生命危险，对此李世民不会一无所知。而且《大唐创业起居注》中明确记载，李渊告诉世民："不早起兵者，顾尔兄弟未集耳。"果然在建成、元吉离开河东、李渊起兵后，李渊庶妻万氏所生儿子智云就被隋朝捕捉，送至长安杀死。如果李世民真是出于这样的目的，说明他与长兄建成的矛盾由来已久，早就欲借刀杀人，将他置于死地，日后在玄武门弑兄屠弟也就毫不奇怪了。

对于建唐前建成、元吉的作为，《旧唐书·隐太子建成传》说他们"义旗草创之际，并不预谋，建立已来，又无功德，常自怀忧，相济为恶"。可是温大雅的记载完全不同。前面提到李渊对世民说的话，对建成的倚重溢于言表。河东是军事要地，介于太原和关中之间，建成留在那里，是负有李渊的特殊使命"潜结英俊"，而建成亦不负期望，"倾财赈施，卑身下士"，"故得士庶之欢心，无不至者"。以后唐军攻克霍邑后，"河东水滨居人，竞进舟楫，不谋而至，前后数百人"（《旧唐书·高祖本纪》），足见建成此前拉拢人心的成效。建成、元吉从河东赶回太原，随即与世民共同指挥了关系帝业成败的首次大战，一举攻克西河城，往返仅用九天时间，从此奠定了进军关中、直取长安的基础。而两《唐书》涉及这一至关重要的战役时，却只说世民奉高祖之命征讨西河，一笔抹杀建成的功绩。西河之役后，建成因功封为陇西公，统率左军，世民封为敦煌公，统率右军，可以说建唐以前的

葛剑雄写史：中国历史的二十个片断

全部军事活动，定西河、取霍邑、围河东、屯永丰、守潼关、克长安等，建成都是直接参与者和指挥者。温大雅属于李世民一党，虽然当时不可能预料他们兄弟间日后的绝情，但绝不会故意贬低世民，抬高建成，他的记录应该比《高祖、太祖实录》真实可信得多。

四

武德元年（六一八年）定都长安后，李渊随即立李建成为太子，李世民为秦王、李元吉为齐王。作为储君，建成的主要职责是帮助高祖处理日常政务，"高祖忧其不闲政术，每令习时事，自非军国大务，悉委决之"（《旧唐书·隐太子建成传》），并委派德高望重的老臣李纲、郑善果辅佐。而领军作战、平定各地割据势力的任务基本上都由秦王世民承担，客观上为其建立显赫的战功创造了条件，形成了"秦王勋业克隆，威震四海，人心所向"的局面。（同上）如果仅从这一点便认定建成的政治、军事才能远远不如世民是很偏颇的，刘黑闼事件就是明证。

窦建德为唐军击败后，其部将刘黑闼于武德四年（六二一年）起兵，很快重新占领旧地。世民奉命围剿，实行残酷镇压，被俘虏的小头目都杀死示众，妻子都由唐军抓走，连刘军投降都不接受。唐军付了极大代价，勉强取胜，但仅隔数月，刘黑闼于武德五年再度起兵，"旬日间悉复故城"（《旧唐书·刘黑闼传》），并定都洺州，称汉东王。此时建成接受王珪、魏征的建议，主动请令征讨，一改世民的高压政策，实行宽大安抚，所获俘虏全部遣送回乡，"百姓欣悦"，于是刘黑闼众叛亲离，本人也被活捉。仅两个月时间就平定山东，这些都是《新唐书·隐太子建成传》都承认的事实。可见建成的军事才能绝不亚于世民，甚至有过之而无不及。《资治通鉴》为了贬抑建成，借王珪之口说"今刘黑闼散亡之余，众不满万，资粮匮乏，以大军临之，势如拉朽"，建成正可借此轻易博得勋名云云。但对照《旧唐书·刘黑闼传》，形势并非如此明朗，刘黑闼再度起兵后，凭借突厥兵力进攻山东，瀛州刺史马匡武城陷被杀，贝州刺史许善护全军覆没，淮阳王李道玄战死，原国公史万宝大败而逃，沧州刺史程大买、庐江王李瑷弃城逃走，可见其声势非常浩大，所以齐王元吉也"畏黑闼兵强，不敢进"（《资治通鉴》卷一九〇）。

旧时史家的记载，均众口一辞称建成、元吉嫉贤妒能，两人狼狈为奸，多次阴谋加害世民，玄武门之变实在是他不得已之举。据说玄武门之变发生前三天的六月初一晚，建成召世民到东宫饮酒，在酒中下了毒药，世民当即"心中暴痛，吐血数升"（《旧唐书·隐太子建成传》），被叔父淮安王李神通扶回西宫。此事的真伪实在令人可疑。建成既然要置世民于死地，必然要用剧毒，世民当场吐血数升，说明毒性已经发作，回家后居然平安无事，莫非用了假冒伪劣产品？而建成居然没有预伏甲士，听任世民活着脱身，以建成的政治经验，难道不知道毒杀未成的严重后果吗？再说，既然世民早已掌握建成"淫乱后宫"等诸多罪行，又有叔父目击自己被毒的铁证，为什么还要等两天后再向李渊告发，而且绝口不提毒酒事件呢？看来此事多半出于贞观史臣的虚构。

建成系高祖与窦皇后所生嫡长子，立为太子名正言顺。他曾为大唐创建立下了赫赫战功，掌握着东宫独立的武装长林兵，并且获得手握兵权的四弟齐王元吉的支持。高祖最为信任的宰相裴寂，也是建成的坚定支持者，高祖宠爱的张婕妤、尹德妃等人经常说建成的好话。显然，建成的"接班人"地位十分稳固，完全没有搞阴谋诡计的必要。而世民身为次子，正常情况下绝无做皇帝的可能，除非发生意外，或采取政变夺权，可见他才有背着高祖与建成暗中活动的必要。世民确实早有夺取皇位的野心，据《旧唐书·杜如晦传》记载，世民平定长安后，秦王府很多文武官员被调赴外地，使得他颇感不安。谋士房玄龄告诉世民，这些人调走得再多，也用不着可惜。但是杜如晦就不同了，此人是辅佐帝王之才，如果你只想当一个藩王，杜如晦这样的人也没什么用，但是如果要"经营四方"，则非此人莫属。世民闻言大惊，"你要不说，我差点就失掉这个人才"。急忙将已外调为陕州总管府长史的杜如晦调回。这些对话不可能出自《旧唐书》编者的杜撰，想必本自贞观史官的实录。当年收录此事无非是为了突出世民重视人才，却无意中暴露了早在建唐之初，他就在积极筹备"经营四方"，蓄谋夺取皇位了。

在这场储位斗争中，高祖李渊的态度颇为关键。按两《唐书》和《通鉴》的说法，早在晋阳起兵之初，他就许诺要立世民为太子，只是被世民坚决推辞了。到了武德四年（六二一年），高祖再次私下许诺立世民为太子。言之凿凿，似乎确有其事，但却与同一来源的另外几条材料相抵牾。东都之役后，李世民逐渐以洛阳为基地、扩充自己的势力，于武德四年设立文学馆，招徕了杜如晦、房玄龄、长孙无忌等"秦府十八学士"，武将则有"八百勇士"，引起高祖极度不满。武德五年他对宰相裴寂说："此儿典兵既久，在外专制，为读书汉所教，非复我昔日子也。"（《旧唐书·隐太子建成传》）此后对世民的军政权力加以限制，于同年四月将其兵权转归齐王元吉，不久又罢免了他的陕东道大行台、都督山东河南河北诸军事的职务，由太子建成取代。接着又驱逐了世民心腹房玄龄、杜如晦，以至六月初三夜世民召二人密谋时，他们都是身穿道服化装潜回的。高祖还曾经当面斥责世民："皇帝自有天命，不是靠智力可获得的，你何必那么急着想要呢？"（《资治通鉴》卷一九一）由此可见，李渊在立储一事上，态度一直没有改变，从未倾向于世民。在这种情况下，身为皇位合法继承者的太子建成要除掉意欲篡夺的世民是再容易不过的事，谋士魏征就"常劝太子建成早除秦王"（同上）。尽管建成采取了不少维护自己地位、打击秦王势力的行动，但始终没有采纳直接刺杀他的建议。武德七年（六二四年），齐王元吉自告奋勇要为建成除掉世民，"元吉伏护军宇文宝于寝内，欲刺世民。建成性颇仁厚，遽止之"（同上）。即使史籍中所说建成等人"日夜谮诉世民于上"（同上）完全是事实，也只能说明建成一直希望能够通过高祖作主，按正常程序解决兄弟争端，而不愿骨肉相残。直到玄武门之变的当天，建成接到张婕好密报，得知世民在高祖面前密奏自己淫乱后宫，高祖将召兄弟三人入宫"鞫问"，李元吉主张应该"勒宫府兵托疾不朝，以观形势"（同上）。而建成却认为应该与四弟入朝，亲自向高祖说明（同上），没有采取任何措施便坦然入宫，可见对他"性颇仁厚""亲慈"的说法绝

　　　　　　葛剑雄写史：中国历史的二十个片断

非子虚乌有。而世民在种种情势均对自己不利的情况下，要夺取皇位，惟有孤注一掷，发动政变对自己的同胞兄弟下手。陈寅恪曾据巴黎图书馆藏敦煌写本 P2640《李义府撰常何墓志铭》考定，玄武门之变太宗取胜的关键在于收买了原建成的亲信、玄武门守将常何（《唐代政治史述论稿》）。可见玄武门伏兵绝非仓促之计，这血腥一幕的出现只是或早或晚而已。

由于唐太宗与贞观史臣的合谋，要复原"玄武门之变"的真相已经不可能了。但我们完全可以推测，这是唐太宗蓄谋已久的一场政变，而皇太子建成和齐王元吉却毫无戒备，以至在获得明确情报后也没有采取相应的对策，遭伏击后才夺命而逃，自然必死无疑。被武力胁迫的唐高祖只能就范，在完成了宣布儿子建成、元吉的罪状，杀死了十个年幼的孙子，改立太子，转移权力的手续后，老老实实做了太上皇。

就在二十二年前的隋仁寿四年（六〇四年），太子杨广因为有被废的危险，就发动宫廷政变，杀死其父文帝杨坚和其兄废太子杨勇自立。所不同的是发动政变的主人，一个是"接班人"位置受到威胁，另一个却根本不是"接班人"；一个是杀了父亲，一个是让父亲做了太上皇。不过要是唐高祖不愿就范，不主动配合的话，让年已六十的皇上"驾崩"，焉知不是尉迟敬德执行的方案之一？留在史书上的隋炀帝杨广，是一个荒淫无耻，灭绝人伦的暴君，而导演了一场同样宫廷政变的李世民，却是大唐帝国的缔造者，是历史上少有的明君。之所以会有如此巨大的差别，当然与两人的所作所为有关，但更是隋炀帝亡国的结果。要是隋朝不亡，炀帝也像唐太宗那样在《实录》上下些功夫，今天我们了解的杨广就不是那样，也绝不会获得"炀帝"的恶谥，遗恶万年了。

评判一个历史人物，不能只用道德标准，而要根据他的全部功过。尤其是对帝王和政治领袖，主要要看他对当时的社会所起到的作用和影响，而不必过于注重他的个人品质或私生活。尽管李世民是以残酷、卑劣的手段成为唐太宗的，但唐太宗的历史贡献还是应该得到充分的肯定。但这并不等于我们应该完全相信他一手炮制出来的史书，让"玄武门之变"的真相永远湮没在历史的迷雾之中。就是对被人津津乐道的"天可汗"称号，也不要太当真。在只有汉文史料的情况下，谁知道这是不是哪位唐朝词臣的杰作或蓄意误译，就像乾隆时英使马戛尔尼来华，天朝大臣们将英国国王平等的问候信译成"恭贺万寿"的表文那样。在我们读到残留的突厥文碑文时，可以肯定国破家亡的突厥人绝不会对"天可汗"那么尊敬，被武力纳入唐帝国的各国各族真会对唐太宗衷心爱戴吗？

（本文与周筱赟合写）

片断十二

五代十国：冯道长乐

小时候看过一种通俗的中国历史，将冯道称之为无耻之徒，大意是说他一生经历四个朝代，曾向契丹称臣，居然当了六个皇帝的宰相，一直保持着荣华富贵，还恬不知耻地自称为"长乐老"。这给我留下了很深的印象，所以一直认为冯道不是好东西。"文革"后见有人俨然如不倒翁，就称之为长乐老，意其与冯道颇多类似。一次偶与季龙（谭其骧）先师议及冯道，先师说："欧阳修对冯道的评价是不公允的，还是《旧五代史》说得全面，只看《新五代史》是要上当的。"这是我第一次听到对冯道的正面评价，所以就把新、旧《五代史》中的《冯道传》对照着看了一遍，原来的看法发生了动摇，觉得冯道这个人是很复杂的，不能简单地作出贬褒。

前些年前南斯拉夫战乱不绝，也引发了严重的社会、信仰、道德、伦理危机。不止一次在报刊上看到这样的事例：由于国家分裂，新建立的国家与原国家间、新建国家之间、不同民族之间、不同宗教信仰之间存在着激烈的矛盾和冲突，人们实在无法在忠于哪个国家、哪个民族、哪种宗教，甚至哪一位家庭成员间作出抉择，往往非此即彼，不能兼顾。选择原来的国家，它已经不存在了；效忠新国家，却被视为异族、异教；投入本民族，又不一定是同一宗教；顾了宗教，就顾不了民族、国家、家庭；以至夫妻离异，父子反目，兄弟成仇，朋友相斗，出现了一幕幕人间悲剧。不知什么原因，我忽然又想到了冯道。

为什么由前南斯拉夫的形势会想到一千余年前的冯道？这里得先简单介绍一下冯道其人其事。

冯道（八八二至九五四年），瀛州景城（今河北泊头市交河镇东北）人，唐末投刘守光作参军，刘败后投河东监军张承业当巡官。张承业重视他的"文章履行"，推荐给晋王李克用，任河东节度掌书记。后唐庄宗时任户部尚书、翰林学士，明宗时出任宰相。后晋高祖、出帝时均连任宰相。契丹灭晋后，被任为太傅，后汉代晋后任太师，后周代汉后依然任太师。周世宗征北汉前，冯道极力劝阻，激怒了周世宗，因而不让他随军，令他监修周太祖陵墓。当时冯道已患病，葬礼完成后就去世了，被周世宗追封为瀛王。就是这位冯道，竟引起了千古毁誉。尽管薛居正的《旧五代史》和欧阳修的《新五代史》中的《冯道传》对他有不同的评价，但相当大一部分内容是一致的。冯道的不少好事，就是连称他为"无廉耻者"的欧阳修也没有否定，例如他"为人能自刻苦为俭约"，在随军当书记时，住在草棚中，连床和卧具都不用，睡在草上；发到的俸禄与随从、仆人一起花，与他们吃一样的伙食，毫不在意；将士抢来美女送给他，实在推却不了，就另外找间屋子养着，找到她家长后再送回去。在丧父后辞去翰林学士回到景城故乡时，正逢大饥荒，他倾家财救济乡民，自己却住在茅屋里，还亲自耕田背柴；有人田地荒废又没有能力耕种，他在夜里悄悄地去耕种，主人得知后登门致谢，他却感到没有什么值得别人感谢的地方；地方官的馈赠也一概不受。

后唐天成、长兴年间，连年丰收，中原比较安定，冯道却告诫明宗："我以前出使中山，在经过井陉天险时，怕马有个闪失，小心翼翼地紧握着缰绳，但到了平地就认为没有什么值得顾虑了，结果突然给从马上颠下受伤。在危险的地方因考虑周到而获得安全，处于太平的环境却因放松警惕而产生祸患，这是人之常情。我希望你不要因为现在丰收了，又没有战事，便纵情享乐。"明宗问他："丰收后百姓的生活是不是有保障了？"冯道说："谷贵饿农，谷贱伤农，历来如此。我记得近来聂夷中写过一首《伤田家诗》道：'二月卖新丝，五月粜秋谷，医得眼前疮，剜却心头肉。我愿君王心，化作光明烛，不照绮罗筵，偏照逃亡屋。'"明宗让左右抄下这首诗，经常自己诵读。另一次临河县献上一只玉杯，上面刻着"国宝万岁杯"，明宗很喜爱，拿出来给冯道看，冯道说："这不过是前世留下来的有形的宝，而皇帝应该有的却是无形的宝。"明宗问是什么，冯道说仁义才是帝王之宝，并说了一通仁义的道理。明宗是没有文化的武夫，不懂他说些什么，就找来文臣解释，听后表示要采纳。

冯道担任宰相后，"凡孤寒士子、抱才业、素知识者"，即贫穷的、无背景的读书人和有真才实学、有事业心的人，都得到提拔重用，而唐末的世家显贵、品行不正、办事浮躁的人必定被抑制或冷遇。无论如何，这是值得称道的措施。

明宗年间，冯道还与李愚等委派官员，将原来刻在石上的儒家经典用雕版印刷。这是见于记载的首次以雕版印刷《九经》，是中国印刷史和文化史上的一件大事。此事竟然发生在战乱不绝的五代时期，与冯道个人的作用是分不开的。

冯道最受诟病的是他的政治道德，欧阳修自不必说，司马光也称他为"奸臣之尤"，就是对他持肯定态度的《旧五代史》，在盛赞"道之履行，郁然有古人之风；道之宇量，深得大臣之体"之后，也不得不对他的"忠"提出了疑问："然而事四朝，相六帝，可得为忠乎？夫一女二夫，人之不幸，况于再三者哉！"直到范文澜作《中国通史》，还花了不小的篇幅对冯道大加挞伐，主要也是针对他的政治道德。这些批判看来都是大义凛然，但联系冯道所处社会和环境的实际来分析，结论却不是如此简单。

像欧阳修这样生在承平之世的人，又遇到一个优容士大夫的宋朝，实在是三生有幸的。所以他尽管也不时受到谗言的攻击，在宦海中几经沉浮，却能位至宰辅，死后获得"文忠"的美谥。他不必像生在乱世或改朝换代时的士人那样，必须在不止一个的君主或朝代间作出非此即彼的选择，还可以从容地用"春秋遗旨"（见《宋史》卷三一九《欧阳修传》）来审判冯道一类不忠之臣。

相比之下，冯道可谓不幸至极，他所处的时代是中国历史上改朝换代最频繁的时期，他一生所事四朝（唐、晋、汉、周）加上契丹、十一帝（唐庄宗、明宗、闵帝、末帝，晋高祖、出帝，汉高祖、隐帝，周太祖、世宗，辽太宗耶律德光）合计不过三十一年，平均每朝（含契丹）仅六年余，每帝仅三年余，最长的唐明宗和晋高祖也只有八年。如果冯道生在康熙、乾隆时，他的一生仕途刚刚超过皇帝享国时间之半，不用说换代，还等不到易君。而且这四个朝代都是靠阴谋与武力夺取政权的，契丹又是趁乱入侵的。除了个别皇帝还像个样，其余都有各种劣迹暴政，晋高祖石敬瑭更是靠出卖领土、引狼入室才当上儿皇帝的卖国贼。即使按照儒家的标准，这些帝王大多也够得上是"乱臣贼子"或昏君暴君。但事实上他们又都是统治了中原地区的君主，连欧阳修也承认他们的正统地位，一一为之作本纪。因此冯道除非住进桃花源，或者优游林下，"苟全性命于乱世"，否则总得为这些皇帝效劳，总得忠于这些皇帝或其中的某一人。逃避现实自然要容易得多，但如果当时的士人都是如此，难道真的要靠那些"乱臣贼子"和以杀戮为乐事的军阀刽子手治天下吗？

欧阳修在严厉批判冯道的"无耻"时，提供了一个懂"廉耻"的正面典型：五代时山东人王凝任虢州（今河南灵宝市）司户参军，病故在任上。王凝一向没有积蓄，一个儿子年纪还小，妻子李氏带着儿子送其遗骸回故乡。东行过开封时，到旅馆投宿，店主见她单身带一个孩子，心里有疑问，就不许她留宿。李氏见天色已晚，不肯离店，店主就拉住她的手拖了出去。李氏仰天大哭，说："我作为一个女人，不能守节，这只手难道能随便让人拉吗？不能让这只手玷污了我全身！"拿起斧头自己砍断了手臂。过路人见了都围观叹息，有的弹指警戒，有的流下了眼泪。开封府尹得知后，向朝廷报告，官府赐给李氏药品治伤，还给予优厚的抚恤，将店主打了一顿板子。

欧阳修明知此事不过是一篇"小说"，却认为"以一妇人犹能如此，则知世固尝有其人而不得见也"，然后教训冯道们："呜呼！士不自爱其身而忍耻以偷生者，闻李氏之风宜少知愧哉！"言下之意，从李氏的例子说明即使在五代这样的乱世，连一个女人都还是有廉耻之心的。不仅李氏，围观的人、开封府尹、朝廷也都是是非分明的，只是流传下来的事例太少了。李氏能断臂，冯道们为什么不能用自杀来避免"忍耻偷生"呢？读完这令人毛骨悚然的"节妇"事例，我非但不为欧阳修的良苦用心所感动，反而要为古人担忧了。从公元九〇七年朱温代唐至九六〇年赵匡胤黄袍加体，五十余年间换了六个朝代，皇帝有十个姓，如果大臣、士人都要为本朝守节尽忠，那就会出现六次集体大自杀；如果要忠于一姓，就得自杀十次；欧阳修效忠的这个宋朝在开国时就会面对一个没有文人为之效劳的局面，或许就永远不会有"宋太祖"和"欧阳文忠公"的称号。

相反，与冯道同时代的人对他就赞誉备至。冯道死时七十三岁，正好与孔子同寿，"时人皆共称叹"。宋初的名臣范质对冯道的评价是："厚德稽古，宏才伟量，虽朝代迁贸，人无间言，屹若巨山，不可转也。"（《资治通鉴》卷二九一引）显然这是由于范质等人至少都有历二朝、事二主的亲身体会，理解冯氏的苦衷，不像欧阳修只要说现成话那么方便。其实，欧阳修遇事也未必都效法李氏。治平二年英宗要追封自己的生父濮王为皇，当时任参知政事的欧阳修与宰相韩琦赞成，天章阁侍制司马光、御史吕诲、范纯仁、吕大防等反对，结果吕诲、范纯仁、吕大防等都被贬黜，而赞同欧阳修意见的蒋之奇被他推荐为御史，被众人目为奸邪。欧阳修的小舅子薛宗孺和他有怨，捏造他生活作风不正派。蒋之奇为了摆脱窘境，就上奏章要求对欧阳修进行查办。欧阳修闭门接受审查，因得到故宫臣孙思恭的辨释，蒋之奇等被黜逐，欧阳修也力求辞职，降任亳州知州。这一事件说明欧阳修并不那么光明正大，也不见得有李氏那样的廉耻之心。引经据典迎合皇帝的心愿，贬斥持反对意见的人，早已超出了学术争论的范围。蒋之奇的行为说明此人完全是一个无耻小人，但因为赞同自己的意见，就加以引荐提拔，显然已不是一般的用人不当。欧阳修受人污蔑后并没有像他要求别人那样以死明志，只是老老实实接受审查，以降职为台阶，看来事到临头就不像议论别人那么轻而易举了。《宋史·欧阳修传》说他"数被汗衊"，但他的反应至多只是要求退职，说明他从来就没有李氏断臂的勇气。有人喝着参汤作发扬艰苦朴素光荣传统的报告，带着浩荡的豪华车队去访贫问苦，儿子拿了绿卡后再提议限制出国，挪用公款后却要公教人员体谅国家的困难；或者跑到海外去指责中国的知识分子没有独立人格，入了外籍后来教导我们应如何爱国。大概都深得欧阳文忠公的真传，继承了假道学的传统。

三

　　冯道另一个污点是对契丹的态度。范文澜写道："他（晋高祖石敬瑭）要冯道出使辽国行礼，表示对父皇帝的尊敬。冯道毫不犹豫，说：'陛下受北朝恩，臣受陛下恩，有何不可。'好个奴才的奴才！"（《中国通史简编》第三编第一册，上海人民出版社一九六五年重印本，第四〇〇页）此事明见史籍，自然不能为冯氏讳，但全面分析冯道与契丹的关系就不难看出，他采取的是实用态度，与卖国贼石敬瑭还是有根本区别的。

冯道并没有参预石敬瑭割让燕云十六州的卖国勾当，他说这样的话，只是他"滑稽多智，浮沉取容"（《资治通鉴》卷二九一）的一贯本色。因为石敬瑭为了取悦契丹，认为只有冯道才能充当使者，已经说了"此行非卿不可"的话，再说"卿官崇德重，不可深入沙漠"，只是假惺惺表示关怀。老于世故的冯道自然明白自己的处境，索性表示得心甘情愿。据《旧五代史》所引《谈苑》，契丹主曾派人劝冯道留下，他回答："南朝为子，北朝为父，两朝皆为臣，岂有分别哉！"话说得很漂亮，实际还是不愿留在契丹。他把契丹的赏赐全部卖掉，得来的钱都用来买柴炭，对人说："北方严寒，老年人受不了，只能备着。"似乎作了在北方长住的打算。契丹主同意他返回时，他又三次上表要求留下，被拒绝后还拖了一个多月才上路，路上边行边歇，两个月才出契丹境。左右不理解，问他："别人能够活着回去，恨不得长上翅膀，你为什么要慢慢走。"冯道说："你走得再快，对方的快马一个晚上就追上了，逃得了吗？慢慢走倒可以让他们不了解我的真意。"可见他表面上的恭顺只是一种韬晦的手段。

契丹灭晋，辽太宗耶律德光进入开封，冯道应召到达，辽主问他为何入朝，答复倒也直率："无城无兵，怎么敢不来？"辽主又责问他："你是什么老子（老东西）？"冯道答："无才无德，痴顽老子。"辽主听后欢喜，任他为太傅。有一次又问他："天下百姓如何救得？"冯道说："现在就是佛出世也救不了，只有你皇帝救得。"这在一定程度上缓解了契丹的残暴举措，使他能在暗中保护汉族士人。契丹北撤时，他与晋室大臣被随迁至常山，见有被掠的中原士女，就出钱赎出，寄居在尼姑庵中，以后为她们寻找家人领回。耶律德光死后，汉兵起来反抗契丹军队，驱逐了辽将麻答，冯道等到战地慰劳士卒，军心大振。失地收复后，冯道又选择将帅，使军民安定。

冯道出使契丹的目的或许能推测为贪恋后晋的爵禄，那么他应辽主之召以及以后的行动就不能说是仅仅为了自己的利益。当时契丹军只占领了开封一带，他所在的南阳并无危险，要投奔其他割据政权也不难，以他的声望和政治手腕，博取荣华富贵易如反掌。但他却甘冒风险去开封，在复杂的形势下减少了契丹入侵造成的破坏。当时的文武大臣中，一心卖国求荣，争当儿皇帝、孙皇帝的；趁机烧杀抢掠，大发战乱财的；对辽主唯命是从，不敢稍有作为的；比比皆是。冯道的行为自然算不上大智大勇，但似乎也不应苛求了。

前些年有人要为石敬瑭卖国辩护，说什么契丹也是中国历史上的一个民族，所以石敬瑭将燕云十六州割让给契丹不是卖国行为，而是促进了民族团结。这种谬论不值一驳，因为当时契丹与后唐、后晋还不是一个国家，无论石敬瑭的主观愿望还是客观效果都没有任何积极意义可言。但如果认为卖给契丹罪孽深重，而卖给其他汉人政权就无所谓，那也是不公正的。尤其是到了今天，我们绝不能再用"华夷之辨"作为评判历史是非的标准，对冯道与契丹的交往也应如此。

一个人，尤其是一个生在乱世的知识分子，应该如何实现自己的价值，在这一点上，司马光与欧阳修基本上是一致的，即"君有过则强谏力争，国败亡则竭节致死"才算得上忠（《资治通鉴》卷二九一"臣光曰"，以下同）。但他也知道在"自唐室之亡，群雄力争，帝王兴废，远者十余年，近者四三年"的情况下，不能要求大家都在国亡时殉葬，所以又提出了一个"智士"的标准："邦有道则见，邦无道则隐，或灭迹山林，或优游下僚"；你冯道纵然不能作忠臣死节，当一个智士，不做官或只做小官总可以吧！这话其实也是欺人之谈。且不说在乱世中有几个人能自由自在地"灭迹山林"，就是在治世，要是皇帝看上了你能逃得了吗？自从朱元璋创造了"不为君用"就有灭族罪的法律以后，士人连不服从、不合作的自由也没有了，天地虽大，哪里还有山林可隐？再说，大官、下僚本无严格区别，更无本质不同；当大官是失节，当小官就可保住"智士"身份，岂不是笑话？如果司马光生在近代，看到曾国藩对"粤匪"斩草除根，蒋介石"剿共"时实行格杀勿论，或者在"文革"中连一般国民党员、保甲长都要被揪出打倒，那就会懂得当"下僚"是再愚不过的事了。话说回来，冯道并不是绝对没有选择灭迹山林或优游下僚的自由，不过冯道大概不愿意如此了其一生。他真这样做了，欧阳修、司马光和我们今天就没有冯道其人可评论了。但还会有张道、李道，因为知识分子总是要扮演自己的角色，实现自己的价值的。

现在可以讨论文章开头的问题了，要是冯道生在前南斯拉夫，在国家分裂、民族仇杀、宗教冲突时，他能做些什么？最容易的自然是"灭迹山林"，国内找不到，可以到国外去找，有钱就做寓公，没有钱也可以当难民，先在外国爱国，等天下太平了再回去爱国。在国内"灭迹山林"就没有那么方便，且不说在纷飞的战火中难保不中流弹，激烈的国家、民族、宗教情绪大概也容不得你置身度外，不过却能避免后人说长道短。另一条路就是当忠臣，选择一方后就竭尽全力，这样无论生前死后都能博得一部分人的赞扬。但旁观者已经可以看出，冲突中似乎没有一方握有全部真理，忠于一方的代价必定是是非参半，或者是更多的生命财产损失。这样的忠臣越多，战争持续的时间就越长，人民蒙受的损失也越大。如果有第三条道路，那就是以人类的最高利益和当地人民的根本利益为前提，不顾个人的毁誉，打破狭隘的国家、民族、宗教观念，以政治家的智慧和技巧来调和矛盾、弥合创伤，寻求实现和平和恢复的途径。这样做的人或许只是为了实现自己的价值，但他对人类的贡献无疑会得到整个文明社会的承认。

冯道走的就是第三条道路，尽管他没有走得很好，也没有最终成功，就像他在《长乐老自叙》中所说"不能为大君致一统，定八方，诚有愧于历职历官，何以答乾坤之施"；但与"灭迹山林"或效愚忠于一姓一国的人相比，他无疑应该得到更多的肯定。

片断十三

五代十国：亡国诸君

"问君能有几多愁，恰似一江春水向东流。"

北宋太平兴国三年（公元九七八年）三月，前南唐国主、三年前由"违命侯"改封为陇西郡公的李煜在开封一座住宅里结束了他四十二岁的生命。李煜留下了倾诉亡国哀怨的千古名篇，也留下了一个千古之谜——相传他是被宋太宗毒死的，尽管他死后被赠太师，追封为吴王，皇帝还为他"废朝三日"（停止上朝三天），以示哀悼。

十年后的端拱元年（九八八年）八月二十四日，刚被改封为邓王的前吴越国主钱俶欢度六十大寿，朝廷特意派使者赐给贺礼和宴席。一向对朝廷极其恭敬的钱俶陪同使者饮至日暮，当夜突然死亡。他被追封为秦国王，谥为"忠懿"，皇帝专门发布哀悼文告，为他废朝七日，还派特使护送他的灵柩归葬洛阳，可谓备极哀荣。此时离五代十国中最后一个割据政权北汉被灭已近十年，投降宋朝的前国君中只剩下一位北汉主刘继元，但已在两年前被封为保康军节度使，安置在最闭塞的房州（今湖北房县），三年后身亡。

在中国历史上，宋朝对待亡国之君大概是最优厚的。尽管有好几位都死得不明不白，但身后无不被追封厚葬，子孙安享荣华富贵。不过，因对待被统一的态度不同，这些前国王的际遇还是有很大差异的，李煜与钱俶就是不同的例子。

　　后周显德三年（九五六年），周世宗亲征南唐的淮南，至显德五年，完全占据了南唐江淮之间的土地，兵临长江。南唐主李璟求和，将江北的十四州六十县全部割让，划江为界，向后周称臣，在国内去帝号，称国主，用后周的年号，降到了一个属国的地位。赵匡胤代周建宋后，李璟继续保持恭顺，每年上贡大量金银土产。

　　建隆二年（九六一年）李煜继位，对宋朝更加小心谨慎。为了追尊李璟为元宗皇帝，他派特使奉表请示，得到宋太祖批准后才实行。宋朝军队中有不少是原南唐的降人，宋朝要求将他们在南唐境内的亲属送去，李煜立即照办。每次得知宋朝出兵获胜或有喜庆之事，他必定派特使祝贺，并献上金银珍宝、粮食土产。见宋朝灭了南汉，他又主动请求除去国号，改"唐国主"为"江南国主"，请下诏书时直呼其名，国内的机构也全部降低规格。

　　李煜这样做的唯一愿望，就是宋朝能够维持南唐的属国地位，让他继续做小国国君，但这无异与虎谋皮。南唐的服从没有能推迟宋朝的统一步骤，于开宝七年（九七四年）下诏，令李煜来开封朝见。李煜自然知道"入朝"是有去无回的，所以称病不奉诏，于是宋朝出兵讨伐。宋朝的借口是南唐表面顺从，暗底下在"缮甲募兵"备战，而李煜拒绝入朝就意味着公开决裂。但从宋军势如破竹，南唐军却毫无作为，李煜甚至根本不了解军事形势来看，这完全是宋朝制造的舆论。实际上，暗底下备战的恰恰是宋朝，不仅在长江中游造了数千艘战船，还经过精心观测，作了在长江上建浮桥的计划和演习。

在大兵压境时，李煜还寄希望于宋朝的怜悯，派堂弟李从镒等献上二十万匹绢、二十万斤茶叶及金银器物、王室用品等，结果李从镒等被扣。宋军兵临城下时，李煜派徐铉求见赵匡胤。徐铉说：“李煜无罪，陛下兵出无名。煜以小事大，如子事父，未有过失，奈何见伐？”赵匡胤的回答直截了当：“尔谓父子为两家，可乎？”（你说父子分成两家，行吗？）一个月后，南唐都城江宁府（今江苏南京）已危在旦夕，徐铉再次出使，最后一次请求保全南唐。他不断争辩，赵匡胤大怒，按着宝剑说：“不须多言！江南亦有何罪？但天下一家，卧榻之下，岂容他人鼾睡邪！”这句历史名言，充分表达了赵匡胤统一天下的决心。统一是大势所趋，任何统一之战都是正义的，为了统一可以不择手段，使用任何借口，实际上已与“成者为王，败者为寇”一样，成为中国历史政治的不变信条。

开宝八年冬，江宁城破，李煜只得出宫门投降，与其宰相汤悦等四十五人被当作俘虏献往开封。赵匡胤倒没有太为难他，要他按传统办法——脱光上衣，反缚双手，脖子上挂着印绶，双膝跪地——请降，只让他穿戴白衣纱帽在宫城楼下听候处理，接着就免了他的罪，封他为光禄大夫、检校太傅、右千牛卫上将军、违命侯。前面的都是虚衔，最后一项虽为侯爵，却是一顶不光彩的政治帽子，到第二年宋太宗继位后才摘掉，改封为陇西郡公。

李煜降宋后的日子并不好过。太平兴国二年（九七七年），他申诉生活困难，宋太宗下令增加他的月俸，并一次性补助了三百万钱。宋太宗新建崇文院（皇家图书馆），藏书八万卷，其中相当大部分是从南唐缴获的。有一天宋太宗到崇文院看书，召来李煜和前南汉国主刘铱，令他们自由翻阅。太宗问李煜："听说你在江南时喜欢读书，这里的不少书都是你原来的，你来朝廷后是否还经常读书？"李煜无言对答，只能叩头谢罪。他能说什么呢？如回答不读书，自然免不了受"乐不思蜀"的刘阿斗（蜀汉后主刘禅）之讥；要说在经常读书，如果皇上再要他谈谈心得体会，岂不更难应付？如果宋太宗因此而起了疑心，那就更糟糕了。

要是李煜像前南汉王刘铱那样厚颜无耻，肯定会若无其事，或许还能回答得让宋太宗满意。在宋太宗出师进攻北汉都城晋阳前的一次宴会上，刘铱站起来说："朝廷的威力影响深远，四方分裂割据的头子今天都已在座。过两天平定了太原，刘继元又要来了。我是第一个归顺朝廷的，到时候应该拿根仪仗当各国降主的领班。"说得宋太宗哈哈大笑。割不断故国情思、受不尽亡国之痛的李煜只能以泪洗面，写下哀婉的词句，苟延残生。

作为君主，李煜当然算不上有为，但他还是识时务的。实际上在他继位之前，南唐除了服从后周和宋朝外，已经没有任何选择的余地。南唐全盛时的辖境也不过今淮河以南的安徽、江苏、江西和湖北东部、福建西部，即使不考虑正统和僭伪、中央与地方的政治因素，仅以人力物力而言，要与后周抗衡也非易事。等到淮南丧失，与后周划江为界，双方的实力就更加相差悬殊。如果李煜真能"潜修战备"，倾南唐的国力抵御宋朝，总能支撑一段时间，造成宋军一些伤亡，但最终的覆灭还是不可避免的，百姓的生命财产损失更大。就在南唐举国投降时，江州指挥使胡则杀了刺史谢彦实，固守江州（今江西九江市）达四月之久，最后城破被杀。胡则的忠贞不贰或许能成为道德的典范，他求仁得仁，可以死而无憾，但满城百姓却因此而全部被屠杀，成了他的殉葬品。要是李煜像胡则一样，整个南唐岂不都将沦为屠场！李煜的投降使宋军基本上兵不血刃地统一了南唐全境，在当时的形势下，这是他最明智的选择，也是他对历史最大的贡献。

如果李煜明知不可为而为之，卧薪尝胆，励精图治，以收复淮南以至进军中原为己任，历史肯定会重写。或许他回天无术，但能像胡则那样视死如归，以身殉国，博得当世和后世一些赞誉；或许由于种种偶然因素，他能取得一时的成功，收复部分失地；甚至能像东晋的桓温一样逼近北方政权的首都；但至多只能为李氏政权延一时之命，为双方制造一些像胡则这样的忠臣烈士和悲欢离合的故事，而付出的代价却是玉石俱焚，留下无数的荒城废墟和冤魂白骨。

比起李煜来，钱俶更识时务，知天命。但也是形势所迫，不得不然。他的祖父钱镠趁镇压黄巢之机据有吴越，只是利用中原王朝无暇旁顾之机割据自保。吴越的辖境只有今浙江省、上海市和江苏苏州，后期虽占有福建福州以北，但北界已与后周和宋隔江相望，毫无作军事对抗的可能。所以钱俶始终服从中原王朝，

　　　　　　葛剑雄写史：中国历史的二十个片断

被后汉封为东南面兵马都元帅、镇海镇东军节度使、杭越等州大都督、吴越国王，被后周授予天下兵马都元帅，又被赵匡胤封为天下兵马大元帅。他不仅在名义上不敢僭越，就是在行动上也积极拥护中原王朝。后汉乾祐三年（九五〇年），南唐派查文徽进攻福州，钱俶出兵俘获查文徽，并向后汉报捷。后周显德三年，周世宗征淮南，命他出兵配合，他派偏将吴程包围毗陵（今江苏常州），攻下关城，活捉了刺史赵仁泽；又派路彦铢围宣城（今安徽宣城市）。虽然后来常州又被南唐军收复，周世宗也因南唐求和而令他班师，但他不顾唇亡齿寒，唯中原王朝之命是听的忠心，赢得了朝廷的格外恩宠。

宋朝代周后，钱俶每年上贡的数额又有增加，并在乾德元年（九六三年）派儿子惟濬进贡。但这些都不会影响赵匡胤的统一时间表，开宝五年（九七二年），他让吴越使臣黄夷简给钱俶带去口信："你回去告诉你们元帅，经常训练军队。江南（南唐）态度倔强，不愿入朝，我将发兵讨伐，元帅应当帮助我，不要听信别人说什么'皮之不存，毛将安附'。"赵匡胤还命有关部门在薰风门外造了大住宅，占地几个街坊，建筑宏丽，家具用品一应齐全。他召见吴越的进奉使钱文贽，告诉他："朕数年前就令学士承旨陶谷起草了诏书，最近在城南建了离宫，赐名'礼贤宅'，等着李煜和你的主人，谁先来朝见就赐给他。"赵匡胤将诏书的副本交给钱文贽，命他赐给钱俶战马和羊，并传达谕旨。

开宝七年冬，宋军出师征南唐。赵匡胤派内客省使丁德裕封钱俶为升州东面招抚制置使，赐战马二百匹和旌旗剑甲，又命丁德裕率一千名禁军为钱俶当"前锋"，将吴越军队完全置于监控之下。李煜给他送去一封信："今日无我，明日岂有君？一旦明天子易地酬勋（换一个地方答谢你的功劳），王亦大梁（开封）一布衣耳！"钱俶非但不予答复，还将此信上交朝廷，以示忠诚不贰。钱俶不顾大臣们的劝阻，亲自率五万大军攻下南唐的常州，又派大将沈承礼随宋军攻下润州（今江苏镇江），进兵金陵（江宁）。其实，赵匡胤并不在乎吴越这点兵力，要钱俶出兵，无非是要考验他的服从程度，并趁机控制他的军队。

赵匡胤令这位立了大功的元帅在平定南唐后"暂来与朕相见"，保证让他及时返回，不会久留，并表示自己已经"三执圭币"在上帝前立过誓，决不会食言。开宝九年二月，钱俶只得带着妻子孙氏、儿子惟濬入朝。赵匡胤以最隆重的礼遇接待，派皇子德昭到睢阳（今河南商丘市睢阳区南）迎候。在钱俶到达之前，赵匡胤亲自到礼贤宅检查接待的准备工作。钱俶一到开封，就成为礼贤宅的主人。尽管李煜已在此前来到开封，但已是亡国之君，自然丧失了入住礼贤宅的资格。

为了能平安归国，钱俶随带巨额财宝物资，不断贡献：赵匡胤在崇德殿接见，贡白金四万两、绢五万匹。赐宴长春殿，贡白金二万两、绢三万匹、乳香二万斤。为了祝贺平南唐，献白金五万两、钱十万贯、绵一百八十万两、茶八万五千斤、犀角象牙二百株、香药三百斤。赵匡胤驾临他的住处，又贡白金十万两、绵五万匹、乳香五万斤，以赞助郊祭典礼。赵匡胤特赐钱俶"剑履上殿，书诏不名"，即可以带着佩剑上殿朝见，皇帝下诏书时只称他为吴越国王而不用名字。赵匡胤又封钱俶的妻子为吴越国王妃，宰相提醒他从来没有异姓诸侯王的妻子封妃的制度，他说:"那就从我朝开始,以显示特殊的恩宠。"作为回报,钱俶又献上白金六万两、绢六万匹。有一次赵匡胤举行家宴,只有他的两位弟弟光义(宋太宗)和光美(廷美,秦王)在座,赵匡胤让钱俶与他们行兄弟之礼,吓得钱俶伏地叩头,哭着推辞。到了四月,赵匡胤说:"天气快热了,你可以早些回去。"钱俶表示今后愿意每三年来朝见一次,赵匡胤却说:"路途遥远,还是等我下诏再来吧!"只留下了他的儿子惟濬。据说,临别时赵匡胤赐给钱俶一个密封的包袱,让他在路上悄悄打开看,钱俶一看,竟是宋朝群臣要求将他留下而上奏的章疏,吓得他出了一身冷汗,对赵匡胤也更加感激。

其实取消吴越国只是一个时间问题,赵匡胤之所以不急于留下钱俶,最主要的原因还不在于守信用,而是因为在吴越之南还有一个割据福建漳州、泉州的陈洪进,如果能用和平手段同时解决这两个割据政权自然再好不过了。只是赵匡胤这位太祖皇帝来不及看到他统一大计的最终实现,在毫无先兆的情况下突然去世。

两年后的宋太宗太平兴国三年(九七八年)三月,钱俶再次被要求入朝,他带去了更多的金银财富和土产礼品,宋太宗也格外隆重接待。四月,同时被要求入朝的陈洪进向朝廷献出了漳、泉二州,钱俶赶快请求撤销封他的吴越国王、天下兵马大元帅,将军队交给朝廷,并允许他回国,遭到拒绝。钱俶不得不作出最后抉择,上表献出所辖的十三州、一军、八十六县。宋太宗立即恩准,封钱俶为淮海国王,钱氏子弟和下属都厚加封赏,盛极一时。不久,一千零四十四艘大船组成的船队将钱氏直系亲属和境内官吏全部送往开封。至此，五代以来南方的割据政权全部消灭。

钱俶识时务的抉择使他入宋后的处境与李煜截然不同，他是所有亡国之君中唯一被封为王爵，并且一直保持到死的。钱氏子孙世代显贵，成为少有的大族。他的死虽然使人怀疑是皇帝下的毒手，但入宋后享了十年的荣华富贵，又活了六十岁（在当时已属高龄），应该心满意足了。更应该看到，由于吴越国故地一直未受到战乱破坏，从唐朝后期开始的经济开发一直在继续，苏南、浙北成为全国经济最发达的地区，到宋朝就有了"上有天堂，下有苏、杭"，"苏、常（州）熟，天下足"的民谚。明清时，苏南、浙北不仅在经济上继续领先于全国，还成为文化最发达的地区。总结历史，我们不能不肯定宋朝和钱俶双方所作的贡献。

宋朝对被消灭的割据政权君主，无论主动归降还是战败被俘，一概不杀，都授予爵位。但这些人大多显然未得善终。

湖南周保权，建隆四年（九六三年）被俘，雍熙三年（九八六年）卒，三十四岁。

荆南高继冲，建隆四年降，开宝六年（九七三年）卒，三十一岁。

后蜀孟昶，乾德三年（九六五年）降，到开封后数日卒，四十七岁。

　　　　　　　　　　　　葛剑雄写史：中国历史的二十个片断

南汉刘𬬻，开宝四年（九七一年）降，太平兴国五年（九八〇年）卒，三十九岁。

北汉刘继元，太平兴国四年降，淳化二年（九九一年）卒，年不详。但刘继元死前几年已被"封"于房州，实际已被隔离。

南唐李煜和吴越钱俶，已见前述。

尽管今天已经无法找到确切的史料根据，但这些降王的死因是可想而知的。

只有漳泉陈洪进，太平兴国三年献地，雍熙二年病卒，七十二岁，算是寿终正寝的。

但从安史之乱后开始，实际延续了二百多年的分裂割据局面，在宋朝境内从此结束了。而那些被宋朝用种种不同手段消灭的割据政权，没有一个再能复辟，或出现反复，没有一位降王再被分裂割据势力利用。比起其他朝代来，宋朝的内部是最安定的，从来没有出现过有影响的分裂割据，连较大规模的农民战争也没有发生，宋朝的经济获得了空前的发展，或许我们今天还没有能够充分估价。

想到这些，我们就只能充分肯定宋朝的统一政策，而没有必要再追究那些降王是怎样死的了。

片断十四

宋：天书封禅

一

　　战国时齐、鲁一带的儒生和方士认为，天下最重要的大山有
五座，称为五岳，其中又以泰山为最高，居五岳之首。泰山最
高，自然离天最近，所以帝王应该登泰山之巅，筑坛祭天，称为
"封"；在山南的梁父山辟场地祭地，称为"禅"；合称"封禅"。
为了给自己的主张制造历史根据，他们编造了一套上古三王五
帝、尧舜禹都曾封禅的传说，据说孔子也承认"封泰山禅乎梁父
者七十余王"，但他认为从西周以后却还没有一位君主有这样的
资格。

　　封禅既然是如此盛事，君主岂有不想一试的？齐国近水楼
台，齐桓公被诸侯尊为霸主后，就准备封禅。相国管仲说，古来
封禅的帝王都是在完成"受命"之后，踌躇满志的桓公却反问
道："我的功绩比起古代'受命'的君主来又有什么不如？"管
仲见说服不了他，就出了一道难题："封禅要用鄗上的黍，北里
的禾，江淮间的三脊茅草，东海的比目鱼，西海的比翼鸟，还必
须出现凤凰、麒麟、嘉谷等各种祥瑞，现在有吗？"大概桓公只
顾武功，没有得力的宣传部长和通讯社，一时造不出这么多祥
瑞，封禅只得告吹。鲁国的季氏执掌大权后，不知天高地厚，也

到泰山去祭天，着实被孔子讥笑了一番。

灭六国后的第三年，秦始皇来到泰山脚下，召集齐鲁的儒生博士七十余人商议封禅典礼。当时天下一统，儒生们自然不敢拿"受命"来压秦始皇了。一些儒生则把这看成显示学问的好机会，于是旁征博引，各不相让，展开了激烈辩论。秦始皇见这批书呆子争个不休，提不出一个可行的方案来，干脆不再理会，仿照秦国在雍（今陕西凤翔）祭上帝的方式完成了封禅。儒生们空忙了一场，作用一点没有发挥，好不恼怒。正好秦始皇上泰山途中遇到暴风雨，自然成为儒生们讥讽的内容。十二年后秦朝覆灭，更证明了儒生们的先见之明，秦始皇成了"无德而用事"的典型，封禅也更加显得崇高而伟大了。

帝王们自不必说，专家学者和知识分子也都盼着有机会分享这份荣光，记录下这千载难逢的盛况。公元前一一〇年汉武帝封禅泰山，主管天文观测、国家历史和档案的太史令司马谈却未能随行，气愤之下，一病不起。临终时他拉着儿子司马迁的手，哭着留下遗嘱："皇上续断绝了千年的传统，到泰山封禅，我作为太史不能随行，是命也夫！命也夫！我死后，你一定能继任太史，千万不要忘了我想完成什么著作。"司马迁俯首流涕，接受了父亲的遗命。要没有这次封禅，或许就不会有司马迁发愤著成的《史记》了。

汉武帝以后能到泰山封禅的皇帝也是屈指可数。分裂割据的君主固然不敢举行封禅，就是统一王朝的皇帝也未必能去得成。因为随着中央集权制的加强，中央要管的事越来越多，皇帝和主要的大臣要离开首都一段时间并非易事。如此大规模的巡游和封禅大典的开支也不是小数，要不是国库充盈就难以负担。耽于安乐的皇帝受不了旅途劳顿，轻易不愿离开宫殿。开国皇帝往往来不及完成这样的盛事，守成的皇帝要没有什么明显的文治武功，大多也不敢做出超越其父其祖的事来。何况封禅过的皇帝在史书上留下的记载未必完满，这也使有自知之明的皇帝们望而却步。

在进行过封禅的皇帝中，宋真宗大概是最谈不上有什么功业的，但他亲自发动和领导的"天书封禅"运动却轰轰烈烈地搞了十四年，史书也有详细的记载，给我们提供了了解封禅真相的机会。

北宋景德五年正月初三（一〇〇八年二月十二日），宋真宗召集文武百官，亲自宣布了一个特大喜讯：

> 去年冬天十一月二十七日将近半夜，朕正准备就寝，忽然室内大放光彩，看见一位戴星冠、穿绛衣的神人对我说："下个月应该在正殿做一个月的黄箓道场，就会降下天书《大中祥符》三篇。"朕肃然起敬，想起身回答，神人已不见踪影。从十二月初一开始，朕就在朝元殿斋戒，建道场以求神人保佑。到今天，正好皇城司来报告，发现左承天门南面的鸱尾上挂着一条黄帛，派太监去观察，帛长约二丈，像封着书卷，用青丝绳缠着，隐约看出里面有字，这就是神人所说的天降之书。

首相王旦立即率群臣称贺。随后真宗步行到承天门，瞻仰天书，下拜致敬，派二名太监爬上屋顶取下。王旦跪进天书，真宗下拜接受，亲自放在轿子中，引导到道场，授予陈尧叟启封。只见黄帛上写着："赵受命，兴于宋，付于恒（真宗名），居其器，守于正，世七百，九九定。"真宗跪受后，又命陈尧叟宣读，三幅黄字所写内容类似《尚书·洪范》和《道德经》，赞扬真宗能以至孝至道继承帝业，希望他保持清净简俭，宋朝的国运必能昌盛绵长。皇帝又跪奉天书，用帛裹住后放入金匮。群臣在崇政殿致贺，皇帝赐宴款待。又派专使祭告天地、宗庙、社稷，大赦天下，改年号为"大中祥符"，又赏赐群臣，并特许京城百姓大喝五天。

这真是旷古未有的大吉大喜，陈尧叟、陈彭年、丁谓、杜镐等马上引经据典，阐述天书的伟大深远意义。消息传出，举国上下欢欣鼓舞，各种祥符纷纷上报。为了表达全国臣民的迫切心情，宰相王旦等率领文武百官、军队将士、地方官员、少数民族首领、和尚道士、社会名流和各地长老二万四千三百多人，五次上书，请求举行封禅大典。皇帝顾及国家利益，惟恐国库不足，但主管部门研究制定了详细的仪式。丁谓为让皇帝了解财政方面的大好形势，特意将历年收支数据编成《景德会计录》，与封禅大典的经费预算一起上报，获得皇帝嘉奖。

对天书降临作过特殊贡献的王钦若被任命为参知政事（副宰相），担任大典的常务总指挥。六月初六，王钦若从乾封县（今山东泰安）报告：泰山涌出醴泉，苍龙降临锡山。不久，木工董祚在醴泉亭以北的树上又见到挂着一块黄帛，上面有字，但不认识。皇城使王居正接到报告，立即奔赴现场，见帛上写着真宗的名字，赶紧报告王钦若。王钦若躬奉帛书，让太监飞马捧往首都。真宗立即在崇政殿召集群臣，又亲自宣布了第二个特大喜讯：

> 五月十七日子夜，朕又梦见上次见到的神人对我说："下月中旬，将在泰山赐给你天书。"朕马上密令王钦若等人，一旦发现祥异就立即上报，如今果然与所梦符合。上天如此关怀保佑，朕真怕担当不起呀！

王旦率众臣拜贺，将天书奉迎至含芳园正殿，又由真宗隆重奉接。这次的天书写得更明白：

> 你对我如此孝顺崇敬，养育百姓使他们幸福。特赐以嘉瑞，要让百姓们都知道。对我告诉你的话要保密，对我的意思要好好理解。国运一定能永远昌盛，你也可以健康长寿。

群臣当然理解上天的意旨，立即给真宗上了尊号，称为"崇文广武仪天尊道宝应章感圣明仁孝皇帝"。不久，各种祥瑞在全国遍地开花，王钦若献上芝草八千株，赵安仁献上五色金玉丹、紫芝八千七百余株，各地贡献的芝草、嘉禾、瑞木、三脊茅草多得无法统计。

为了永久供奉天书，真宗决定修建玉清昭应宫。主管部门和技术人员估计需要十五年时间，总指挥（修宫使）丁谓下令打破常规，日夜施工。对这项政治任务当然要坚持高标准，并且不能算经济账，监工太监刘承珪严格照图纸验收，有丝毫不合格就全部拆毁重建。结果，这座有二千六百零十间的宏伟建筑在七年内建成。

九月二十八日，真宗亲自在崇德殿演习封禅仪式。十月初四，在载着天书的豪华玉车引导下，真宗一行浩浩荡荡离开开封，十七天后到达泰山。王钦若等献的芝草已多达三万八千多株，在短短的三个月中竟又翻了两番，不知是解决了人工培植的难题，还是发现了新的产地。不过，比起以后亳州献的九万五千株来，胆子还是不够大的。经过三天斋戒，真宗登泰山顶完成了祭天仪式，第二天又在社首山举行了祭地典礼。于是真宗登寿昌殿接受群臣朝贺，宣布大赦天下，特许全国百姓大喝三天。接着在穆清殿举行盛大宴会，还在殿门外为当地父老开宴。十一月二十日，真宗回到开封，群臣的歌功颂德又掀起新的高潮。十二月初五，真宗在朝元殿接受尊号，封禅大典圆满结束。

但各地官民的积极性却越来越高。汀州人王捷报告："我在南康遇见一位赵姓道士，传授给我炼丹术和一把小环神剑，他就是圣祖（赵氏的始祖）、司命真君。"王捷被赐名中正，封为左武卫将军，倍受宠幸。

大中祥符三年六月，河中府（治今山西永济县西南）进士薛南及当地父老、和尚道士一千二百人请求皇帝到汾阴祭祀后土。原来汾阴也是有来历的地方，公元前一一六年当地一位巫师在土堆中发现了一只特大的鼎。汉武帝核对无误，派人迎至甘泉宫，又运回长安，途中居然出现黄云盖在鼎上，同时有一头鹿经过，被武帝亲自射杀，用以祭鼎。经有关方面召集专家论证，这是一只宝鼎，与泰皇、黄帝、禹所铸的鼎具有同样重大的意义。为此武帝改年号为元鼎，三年后又在汾阴建后土祠，亲自致祭。现在皇帝既然已经封禅，祭祀后土是顺理成章、必不可少之事。真宗俯顺民情，宣布明年进行。十二月，陕州（今河南三门峡市陕州区）报告境内黄河变清。这分明是圣人出现、天下太平的征兆。晏殊立即献上一篇《河清颂》。四年正月二十八日，真宗一行又以天书为前导由开封出发，出潼关、渡渭河，在二月十三日到达汾阴（已改名宝鼎县），四天后进行了祭祀后土地祇的典礼。

大概是为了使这场运动长盛不衰，到五年十月二十四日，真宗又对群臣宣布了一件奇迹：

朕梦见神人传达玉皇的命令："上次曾令你的祖先赵玄朗授你天书，现在令他再来见你。"第二天，又梦见神人传达圣祖的话："我的座位要朝西，再斜放六个座位等着。"当天就在延恩殿设道场，五更刚过，就闻到异香。不一会儿，黄光满殿，圣祖降临，朕在殿下拜见。接着又来了六个人，向圣祖作揖后一起就座。圣祖命朕上前，说："我是九位人皇之一，是赵氏始祖。第二次降生就是轩辕黄帝，后唐时又降生，传下赵氏已有百年。皇帝你要好好抚育苍生，保持以前那样的志向，不要懈怠。"说完离座驾云而去。

王旦少不了又率群臣拜贺一番。赵玄朗既是赵氏始祖，又是轩辕黄帝之祖，"玄朗"二字当然不许再用，于是诏令天下，以

　　　　　　　　　　葛剑雄写史：中国历史的二十个片断

元代替玄，以明代替朗，已有书籍中出现玄、朗二字时必须缺笔。但玄字与元字声音相近，又下令改用真字代替元、玄二字。又给赵玄朗上了一个尊号"圣祖上灵高道九天司命保生天尊大帝"。水涨船高，群臣也给真宗上了新的尊号"崇文广武感天尊道应真佑德上圣钦明仁孝皇帝"，不仅增加二字，而且用词的规格大为提高。经过三次谦让，皇上不得不接受。

六年元旦，国家天文台（司天监）报告出现了"五星同色"这一罕见的天象。金、木、水、火、土五个行星同时出现称谓"五星连珠"，已是少有的祥瑞，只有在周武王伐纣、汉高祖入咸阳这样的时候才会出现，"五星同色"的意义不言而喻。六月，由亳州（今安徽亳州市）地方官、父老三千三百人组成的代表团到达开封，在宫门外请愿，要求皇上到亳州太清宫祭祀老子。八月初一，皇帝答应明年春天亲自去太清宫，十天后就给老子上了尊号"太上老君混元上德皇帝"。七年正月，以真宗为首的祭祀大队又在天书的引导下开往亳州，历时二十天。现场指挥丁谓献的芝草创造了空前纪录，多达九万五千株。太史报告，天上出现了含誉星，这是大喜事的象征。亳州被升格为集庆军，当地百姓的赋税被减免三成。当年十一月，玉清昭应宫建成，次年又有一系列的供奉活动。

天禧二年（一〇一八年）夏，皇城司报告：保圣营的士兵在营西南角发现了乌龟和蛇，就在那里建了真武祠，现在祠旁涌出一股泉水，不少病人喝了后就痊愈了。真宗下诏就地建祥源观。

三年，巡检朱能宣称有天书降临在乾祐山。大家都知道，这是朱能与太监周怀政勾结后伪造出来的，真宗却深信不疑，下令将天书迎入宫中。尽管直到真宗死后，才有人来算朱能这笔欠债，但天书再也无法激起全国的狂热。乾兴元年（一〇二二年）二月真宗病死，享年五十五。半年后，天书作为殉葬品与他的遗体一起被送入永定陵，永远在人间消失了。

天书、祥瑞一类把戏在中国史上并不少见，但像宋真宗这样亲自策划、制造的倒也不多。平心而论，真宗算不上是昏君或暴君。在对抗辽国入侵时他虽然没有完全采纳寇准的意见，毕竟还亲征前线，比以后宋徽宗在金军进攻时望风而逃、宋钦宗一味求降要强得多。天书运动的真正导演是奸臣王钦若，他在辽军入侵时曾主张迁都金陵（今南京），被遣往天雄军（今河北大名）驻防后，在强敌面前只会紧闭城门，修斋诵经。他对敌国束手无策，侍奉皇帝、打击政敌却游刃有余，而真宗严重的虚荣心使他有了可乘之机。本来，澶渊之盟被视为宋朝的胜利，力主御驾亲征的宰相寇准在真宗心目中是大功臣。可是王钦若却大进谗言，说这是"以万乘之尊为城下之盟"，而寇准是将真宗当作赌博的"孤注"，不顾皇帝的死活为自己捞取名利。这一招果然有效，从此寇准圣宠日衰，不久被降职为地方官。自从听了王钦若的话，真宗将澶渊之盟视为奇耻大辱，却又没有挽回面子的办法，于是王钦若献计："惟封禅可以镇服四海，夸示外国。"封禅必须要有"天瑞"，但既然以往就有"以人力为之者"，那么只要真宗"深信而崇奉之，以明示天下，则与天瑞无异也"。他还进一步让真宗"解放思想"："陛下以为《河图》《洛书》真有其事吗？无非是圣人利用神道设教罢了。"当真宗问直学士杜镐《河图》《洛书》究竟是怎么一回事时，这位饱学的老儒也如此回答。但真宗还怕宰相王旦会反对，让王钦若去做说服工作。在得知王旦愿意顺从的信息后，真宗亲自召王旦欢宴，散席时又特赐酒一尊，让他带回去与妻儿同享。王旦回家后发现，尊中装的竟全是贵重的珍珠，他明白了皇帝的真意，更不敢再有异议了。至此，王钦若的奸计得售，达到了排斥寇准、摆布真宗的双重目的。真宗在向全国臣民撒下了天书降临的弥天大谎后，就像染上毒瘾一样，再也无法自拔，只能按照王钦若的导演不断地表演下去。他既需要欺骗臣民，也需要欺骗自己。以万乘之尊，他绝不会有承认错误的勇气。相反，在王钦若之流制造的祥瑞遍全国、颂歌响天下的狂热中，真宗"镇服四海，夸示外国"的虚荣心似乎真的得到了满足，陶醉在虚幻的"大好形势"下。

其实，直接参预王钦若阴谋的人极为有限，多数大臣只是附和而已，但首相王旦的态度却起了决定性的作用。真宗最担心的是王旦的反对，实际上要是王旦能与平时一样坚持正确立场的话，这场闹剧确实是演不成的。

王旦的出身、经历、能力、品行可以说是完美无瑕的。他出生在一个三代仕宦的家庭，父亲王祐是宋初名臣。二十三岁进士及第，出任知县，仕途平稳，二十一年后升至参知政事，连续当政十八年。生前位极人臣，死后也备尽荣哀，以后还被配享真宗庙廷，所立碑上由仁宗御笔题为"全德元老"。

真宗亲征澶州时，留守开封的雍王元份得了急病，王旦奉命赶回代理留守。临行时他要求真宗召来寇准，并提出："要是十天之内未得到捷报，我应该怎么办？"真宗沉默了好久，才说："那就立太子为帝罢。"王旦敢于向皇帝提出如此敏感的问题，足见他的无私无畏。果然，他回首都后直接进驻皇城，严密封锁消息，直到欢迎真宗回京时，家人才惊奇地发现他居然是从城里出来的。

他深知寇准的忠直，尽管寇准一直在真宗前说他的坏话，他却总是赞扬寇准。真宗感到不解，王旦说："我任宰相日久，政务上的缺漏必定很多，寇准对您一点不隐瞒，更说明他对陛下忠诚，所以我更器重他。"寇准被罢相后，托人向王旦要求使相一职，王旦惊奇地说："将相的职位岂能自己要求？我不接受私人请托。"寇准十分忿恨。不久任命下来，竟是有使相一职的，寇准向真宗谢恩，说都是陛下的恩德，真宗告诉他是王旦举荐的结果，寇准深感惭愧，慨叹自己远不如王旦。寇准到任后过生日时大摆宴席，平时也超标准地享受，被人告发，真宗大怒："寇准什么事都学我的样，这还了得！"如果有人稍加发挥，这完全够得上大罪。王旦却不紧不慢地说："寇准人倒是贤能的，可就是呆得没有办法。"真宗的气消了，也就不再追究。

而对王钦若这样的奸臣，王旦力劝真宗不要任命他为宰相。直到十年后王旦逝世，王钦若才如愿以偿。但他对王钦若也留有余地，当王钦若因与人在真宗面前争吵，引起真宗愤怒时，王旦并没有落井下石，而是劝真宗按正常途径处理。虽然王旦不得不带头庆贺天书降临，但对那些借献祥瑞钻营的人却不屑一顾。当陈彭年通过副相向敏中送上一篇文章，王旦不看一眼就用纸封了。向敏中请他看一下，他说："还不是想通过献祥瑞往上爬。"太监刘承珪深受真宗宠幸，临死时请求封为节度使，真宗对王旦说："要不他死不瞑目。"王旦却不为所动，反问道："要是以后有人要当枢密使（国防部长），怎么办？"真宗只得作罢。

王旦家中经常宾客满堂，却从不接受私人请托。他了解了值得推荐的人后，总是秘密报告皇帝，即使被采纳后也从不声张。直到他死后史官修《真宗实录》，才从档案中发现很多官员都是他推荐的。谏议大夫张师德是新科状元，两次上王旦门都未见上，以为被人家说了坏话，托向敏中向王旦解释。当讨论任命知制诰（为皇帝起草诏令）一职时，王旦说："可惜呀！要不该是张师德的。"原来王旦一直在皇帝面前称赞张师德，但见张师德两次上门，很不以为然，说："中了状元，本来就前程无量，应该耐心等待。要是大家都靠走门路，没有门路的人怎么办？"他不顾向敏中的一再请求，还是决定暂缓提升张师德，"聊以戒贪进，激薄俗也"。

王旦的政治技巧也可谓炉火纯青。他到兖州执行公务，太监周怀政同行，想找机会与他见面，他必定要等随从到全，穿上公服在办公室会见，谈完公事后就退场。以后周怀政因罪被杀，大家才佩服王旦的远见。一次发生蝗灾后，有人拾了死蝗虫报告真宗，真宗给大臣看了，第二天大臣们就带着死蝗虫要求在朝堂展览，然后率百官庆贺蝗灾的结束，只有王旦坚持不同意。过了几天各地上报，说飞蝗蔽天，真宗看着王旦说："要是真让百官庆贺了，岂不让天下人笑话？"一个算命人因为对宫内的事说三道四被杀了，在抄他家时发现了大批官员向他问吉凶的信件。真宗大怒，要御史立案追查，王旦说："这是人之常情，再说他们也没有谈公事，算不上犯罪。"真宗的气还不能平息，王旦就拿出自己问过卦的纸来说："我年轻微贱时也不免问过卦，一定要处罚，就将我送监狱罢。"真宗说："此事已经揭露了，总得有个交代呀！"王旦说："我作为宰相是要执国法的，岂能自己犯法？希望不要声张出去让别人抓把柄。"真宗碍着王旦的面子，答应让王旦处理。王旦回到办公处，立即将这些材料全部烧毁。果然真宗又改变主意，派人来取，却什么也没有得到，有关官员因此而逃避了一场灾难。

王旦敬重寡嫂，与弟弟王旭极其友爱，子女的婚姻不讲门第。平时生活俭朴，用的衣被都是极普通的。他从来不买田置宅，认为子孙应当自立，否则有了田宅，反使他们争夺出丑。真宗觉得他的住宅太差，要替他装修，他说这是先人的故居，不能改变。他对家人从不发怒，饭食不干净或不合口味，只是不吃，却不怪罪。家里人试他，故意在肉汤中放了点墨，他就只吃饭，说今天正好不想吃肉。下一次又在饭中放了点墨，他又说今天不爱吃饭，给我做些粥吧。

可见王旦完全够得上一位不可多得的贤相，不愧为道德的典范。王旦顺从真宗，为伪造的天书圆谎，并不是识不破王钦若的阴谋，更不是贪图一尊美珠，而是不敢与"最高指示"对抗。他可以千方百计化解真宗的怒气，保护寇准和其他官员；也可以巧妙地抵制太监的非分要求，拖延执行皇帝随心所欲的决定；但一旦意识到已经无法改变皇帝的决心时，就再也没有勇气表示不顺从了。固然，我们可以指责王旦的私心，但在专制君主的统治下，要求臣下揭露皇帝制造谎言实在是难乎其难，何况皇帝说的谎正是他本来就应该有的"天命"！

王旦为自己的失足付出了沉重的代价，从此他只能一次次带头欢呼庆贺，一次次奉着伪造的"天书"主持各种大典。他的良心受到强烈的自责，常常闷闷不乐，临终时给儿子留下遗嘱："我没有其他过错，只有不劝阻天书这件事，是赎不了的罪。死后要剃掉头发，穿上黑衣服下葬。"他是有自知之明的，知道逃脱不了历史的评判。但宋朝社会付出的代价更加沉重，可以想象，这样大规模的巡游、庆祝、祭祀、建筑耗费了多少百姓的血汗和生命？这样狂热的运动又给社会留下了多少创伤？从这一角度，我们是无法为王旦开脱的。

比起王旦来，寇准的失足更不光彩。他受王钦若排挤后当了十三年的地方官，再也耐不得寂寞了。天禧三年（一〇一九年），巡检朱能与太监周怀政勾结，谎称在乾祐山发现了天书。乾祐山就在寇准的辖境，他女婿王曙与周怀政关系密切，劝寇准与朱能合作，寇准就将天书降临的"喜讯"上报朝廷，因而得到真宗的好感。王钦若罢相后，寇准获得了代理宰相的任命。当时有人劝寇准："你的上策是到达首都附近后坚决称病要求改任地方官，中策是入朝廷后就揭发乾祐山天书的骗局，最下策是再当宰相，这会毁了你一生的声望。"但寇准挡不住宰相的诱惑，将宝押给了朱能和周怀政。一年后，寇准受丁谓陷害罢相。一个月后，周怀政在权力斗争中被杀，丁谓与皇后揭发了朱能伪造天书事件，寇准被贬相州（今河南安阳）。接着朱能拒捕后自杀，寇准又被贬到道州（今湖南道县），真宗死后更被贬到了雷州（今广东雷州市），一年多后死于当地。本来，受丁谓这样的奸臣排斥会受到舆论的同情，但与朱能伪造天书联系起来就成了寇准洗不清的污点。或许有人要为寇准辩护：上报天书无非是随大流，手段不妨卑鄙。我不想对寇准的政治伦理作出价值评判，但试问，要是他不与朱能之类划清界限，政治上还能有什么作为？他复出后一年就再次下台，不是很好的证明吗？

在君臣上下丧心病狂时，知识分子的良心并没有完全泯灭，依然有人公开批评真宗的行为。当天书降临，百官争言祥瑞时，龙图阁侍制孙奭却对真宗说："我听过一句话：'天何言哉！'天连话都没有，岂会有书吗？"真宗决定祀汾阴后，孙奭上疏，从八方面提出了反对理由。他一针见血地揭露群臣的丑态："现在见一只野雕、山鹿就当成祥瑞奏报，秋天旱灾冬天打雷也要作为吉兆称贺，背地里说怪话取笑的人有的是。"他甚至将真宗与同样封禅泰山、祀老子的唐明皇相比，劝真宗吸取唐明皇的教训，"早自觉寤"，"无为明皇不及之悔"。其他如王曾、张旻、崔立、张咏、任布等也都提出过各种反对意见。王曾还拒不接受"会灵观使"的任命，真宗责问道："大臣应该傅会国事，为何竟不合作？"王曾说："皇帝听意见称为明，臣子尽忠心称为义。我只懂得义，不知道什么合作不合作。"他因此丢了副宰相的官，却未改初衷。

孙奭等人幸而生在优容士大夫的宋朝，真宗也还有一点容纳不同意见的雅量，所以至多只是罢官降职。要是生在明朝，少不了会被拉到午门外打一顿屁股，或许会被活活打死。要是遇到一位暴君，必定有杀身之祸，说不定会殃及九族。但即使如此，不也还是有人在说真话吗？

几年前到泰安开会，在岱庙观赏"封禅大典"，看来是作为传统文化在向世人展示，或许也是为了吸引中外游客，适应市场经济的需要。若干年后会不会将"文化大革命""忠字化"搬出来表演一番？是作为传统文化，还是作为商品经济呢？

五十断片

宋：道君末日

公元一一一四年，女真首领完颜阿骨打以二千五百人起兵反辽，次年称帝，建都会宁（今黑龙江哈尔滨市阿城区南），数年内所向披靡，已经占有白山黑水之间。一一一八年（北宋重和元年，辽天庆八年，金天辅二年），宋朝的特使马政由海道前往金国，与金主开始了结盟攻灭辽国的秘密谈判。一一二〇年（宋宣和二年），宋朝特使赵良嗣再次赴金，商议夹击辽国。就在赵良嗣到达时，金国正式宣布与辽国断绝关系，金兵攻陷辽国的正式首都上京临潢府（今内蒙古巴林左旗南），辽的覆灭已指日可待。赵良嗣向金主提出：破辽以后，宋收回燕京（今北京）一带原属唐朝的汉地，将原来付给辽国的"岁币"按原额转付给金国。金主口头答应，宋收复的"汉地"包括西京（治今山西大同）、平（治今河北卢龙）、营（治今河北昌黎）等州在内。但在他写给宋主的亲笔信中，却提出了这样的条件：金兵自平地松林进兵古北口，宋兵从白沟夹攻，否则就不能如约。宋朝又派马政出使金国，带去的国书中写明"所有五代以后陷没幽、蓟等州旧地及汉民，并居庸、古北、松亭、榆关，已议收复"。显然，宋朝的目标是收复包括今河北北部和北京在内的全部五代失地。但金方的复书却只同意归还"燕京东路州镇"，宋朝"若更欲取西京（大同一带），请便计度攻取"。话说得很明白：原来付给辽国的"岁币"和出兵夹击只能换取燕京东路一些州镇，如果要收复西京，就自己凭实力去攻取吧！

这就是历史上有名的宋金"海上之盟"。尽管当时宋朝大臣中不乏反对的声音，甚至认为此事的结局凶多吉少，但谁也没有料到，七年后金兵就会攻陷宋都开封，满心想收复失地、完成统一大业的宋徽宗会落得父子"北狩"，魂断异国的下场。

由契丹首领耶律阿保机建立的辽朝可谓宋朝的世仇，早在宋朝建立之前的公元九三六年，辽朝已从后晋主石敬瑭手中接受了燕云十六州（或称幽云十六州），将辽朝的南界扩展到今河北省和山西省的北部，使大片自秦汉以来一直是由华夏（汉）族聚居的土地成了契丹国领土。从周世宗北伐开始，后周和北宋作过多次努力，但除了莫州（治今河北任丘市）和瀛州（治今河北河间市）两州得以收回外，其他十四州始终没有能重新统一。五代和北宋期间，除了因土地割让而改属辽朝的当地居民外，还有大批中原百姓被契丹人掳掠，或者因躲避战乱而主动投奔辽国。辽国的军队还不止一次南侵，甚至兵临澶州（今河南濮阳县），逼近宋都开封，使北宋面临生死存亡的紧急关头。

不过，自从一〇〇四年（宋真宗景德元年，辽统和二十二年）双方订立"澶渊之盟"后，宋辽间的战争基本结束，双方的边界也大致稳定，只是宋朝每年必须付给辽国银绢三十万的"岁币"。在女真勃兴之后，辽朝疲于镇压，处处捉襟见肘，对宋朝已经完全没有威胁。相反，迅速崛起的女真政权却是一个不可捉摸的变数，一旦辽国被灭，北宋将再次与一个强大的异族政权为邻。当时，女真军队已攻占辽国大片疆域，辽国败相已呈。如果宋朝君臣稍有远虑，至少应该坐山观虎斗，让女真人在灭辽过程中尽量消耗实力，或者尽可能延长这一过程，以便争取有利时机，并趁机巩固边防。与女真联合灭辽实在是一个充满风险的下策，可是宋朝竟连这个下策都没有很好利用，在双方商定的条件中，金朝连明确交还燕云失地的承诺都没有作出。

北宋的决策固然暴露了君臣的昏愦，但他们对于燕云旧地的民心作了完全错误的判断，也是一个重要的原因。他们认为，无论如何，燕云旧地的百姓大多是汉人或中原移民的后代，同属"炎黄子孙"，与契丹和女真毕竟是异族，他们长期受到异族的压迫，生活在水深火热之中，所以必定一直在盼望重新成为宋朝的臣民，欢迎宋朝的统一。

可是，事实并非如此。

从唐朝后期开始的汉人北迁，一部分是契丹政权军事掳掠和政治胁迫的结果，另一部分则是在战乱情况下汉人自愿的迁移，或者是随着投降契丹的汉族将领而北迁的。至于燕云十六州的居民，他们大多照旧居住在原地，只是换了统治者。汉族人口构成了契丹（以后的辽）政权人口的大部分，他们参与了辽朝的建立和发展，其中的上层人物还成为统治集团中的重要部分。尽管在辽朝的汉人大多数是今山西、河北等地的移民或燕云十六州的土著，但他们长期生活在契丹政权下，在政治、经济、文化，以至血统方面与契丹已经密不可分。在分隔一百多年后，辽国的汉人与南方宋朝的汉人已经没有什么联系，更谈不上有什么共同的感情。正如熟悉彼此情况的宋朝真定府安抚使洪中孚所说：

> 臣契勘维持契丹者，自公卿翰苑、州县等官，无非汉儿。学通书识者必取富贵，岂不知国家英俊如林，若南归，其权贵要途，燕云数州学究安能一一遍用？此士人无归意也。饘粥粗给者已连姻戚里，昔刘六符相房，疾且笃，耶律洪基临问遗言："燕云实大辽根本之地，愿深结民心，无萌南思也。"洪基乃诘其深结之道，六符对以"省徭役，薄赋敛"，洪基深嘉纳之，遂减税赋三分之一，两地供输者皆知之。

辽国从中央到地方的官员大多是汉人，读书人有官做，百姓能减轻赋税负担，与契丹族之间能和睦相处并通了婚，即使是汉族移民的后裔，哪里还会有回到一二百年前的故乡或投奔南方政权的愿望？洪中孚提到的刘六符就是汉族移民后裔，其曾祖、祖父都是辽朝大臣，其父官至北府宰相，其兄与公主通婚，本人也官至宰相，他临终向辽道宗耶律洪基提出的"省徭役，薄赋敛"的建议得到采纳，从此辽国汉民的税赋减轻了三分之一。辽国百姓的负担比宋朝百姓轻，日子比南方过得好，是两国百姓都了解的事实，在这种情况下，怎么可能指望辽国的汉民向往宋朝呢？

王介儒说得更加明白："南朝每谓南人思汉，殊不思自割属契丹已近二百年，岂无君臣父子之情？""谚语有之：一马不备二鞍，一女不嫁二夫。为人臣岂事二主？燕中士大夫岂不念此！"归属辽国近二百年的汉人只能与契丹统治者和契丹人有"君臣父子之情"，不可能与毫无关系的宋朝君臣或南方的汉人再有什么感情。即使根据中国传统的伦理道德，也不应该要求这些汉人"嫁二夫"，"事二主"。

宋朝统治者却完全不了解实情，加上与辽国接壤地区的边臣用人无术，有的情报人员为了获得奖赏和提升，随意编造一些对方百姓如何痛恨契丹人的统治，如何盼望宋朝军队去解救他们的事例。驻守边地的帅臣大多是庸庸碌碌，头脑昏愦之辈，往往将这些情报再夸大吹嘘一番；有的为了邀功请赏，或者企图乘机立功，更加强调有利形势，提出动用武力，完成统一的主张。少数别有用心的人编造出"人心所向"的谎言："我本汉人，陷于涂炭，朝廷不加拯救，无路自归，何啻大旱之望云霓。若兴师吊民，不独箪食壶浆，当以香花楼子界首迎接也。"只要出兵，辽国的汉人就会在边界用香花搭起彩门迎接，这怎么不使宋朝君臣怦然心动，跃跃欲试？

首先提出由海路与女真结盟建议的辽国汉人马植，就是这样一个不惜挑起宋辽战争，以便博取荣华富贵的人。马氏是燕京人，已是辽国大族，本人官至光禄卿，却因行为卑劣为人所不齿。他利用宋朝权阉童贯出使燕京的机会献计灭辽，并随同童贯投奔宋朝。在宋徽宗召见时，他说："陛下念旧民涂炭之苦，复中国往昔之疆，代天谴谪，以治伐乱，王师一出，必壶浆来迎。"徽宗龙颜大悦，立即赐他姓赵，封为秘书丞，以后与金国盟约的具体条款就是这位"赵良嗣"（马植所改名）议定的。

另一位积极响应宋军的是辽国常胜军帅郭药师，在宋军还没有出动时，他就以涿州留守的身份率八千部众和涿、易二州来降。但他的动机很明白，"此男儿取金印时也"，只是为了自己升官发财。由于"收复"燕京之功，郭药师如愿以偿，官居太尉，拥兵三十万驻守燕京。但等到金兵南下，宋军败绩时，郭药师就以燕山所属州县投降，并且成为金军进攻宋朝的向导。

实际上，迎接宋军的不是箪食壶浆和香花楼子，而是观望和猜疑，甚至是反抗。即使是被宋朝收编入伍的北方汉人，也往往与南人格格不入，摩擦不断。北方汉人认为自己受了歧视，"北人（契丹人）指曰汉儿，南人却骂作番人"；而宋军士兵却将北人当作降人，抱怨朝廷对他们过于优待。宋朝的文武官员以他们的救星自居，有意无意将他们视为异己。金兵在占领燕京后，将当地百姓掳掠一空，留给宋朝几座空城。已在燕京一带生活了一二百年的汉人被迫北迁，他们固然怨恨入侵的异族女真人，但更加仇视与女真结盟的宋朝，因为正是宋朝要得到这片土地，才造成他们背井离乡，流离失所。结果是，南侵的金兵利用了想返回家园的北方汉人，将他们编入南下的大军。而被收编为"义胜军"安置在山西的数十万"汉儿"，不是阵前倒戈，就是被宋朝军民所杀，以致金兵如入无人之境，迅速逼近开封，敲响了北宋的丧钟。

如果宋朝君臣面对"人心所向"时能稍微保持一些清醒的头

脑，能以人之常情分析一下北方汉人的心态，或许就不会听从马植（赵良嗣）的计谋，也不会对郭药师之流委以重任。虽然北宋未必能逃脱被金朝灭亡的命运，但结局总不会是如此之快、如此之惨吧！

片断十六

元：厓山之后

公元一二七九年三月十九日（宋帝昺祥兴二年、元世祖至元十六年二月癸未），宋元在厓山（今广东江门市新会区南海中）海上决战，宋军溃败，主将张世杰退守中军。日暮，海面风雨大作，浓雾迷漫，张世杰派船来接宋帝出逃。丞相陆秀夫估计已无法脱身，先令妻子投海，然后对九岁的小皇帝赵昺说："国事如此，陛下当为国死。"背着他跳海殉国。

七天后，海面浮起十万余尸体，有人发现一具穿着黄色衣服、系着玉玺的幼尸，元将张弘范据此宣布了赵昺的死讯。消息传出，完全绝望的杨太后投海自杀。张世杰被地方豪强劫持回广东，停泊在海陵山（今广东阳江市海陵岛），陆续有些溃散的部众驾船来会合，与张世杰商议返回广东。此时风暴又起，将士劝张世杰弃舟登岸，他说："无能为力了。"张世杰登上舵楼，焚香祈求："我为赵家已尽了全力，一位君主死了，又立了一位，如今又死了。我之所以不死，是想万一敌兵退了另立一位赵氏后裔继承香火。现在又刮那么大的风，难道是天意吗？"风浪越来越大，张世杰落水身亡。

至此，南宋的残余势力已经全部灭于元朝。

一年后的元至元十七年，被俘的宋将张钰在安西以弓弦自缢而死。此前张珏曾为宋朝固守合州，元将给他送去劝降书："君之为臣，不亲于宋之子孙；合州为州，不大于宋之天下。"（你不过是宋朝的臣子，不比皇室的子孙更亲；合州不过是一个州，不比宋朝的江山更重要。）但张珏不为所动，直到部将叛变降元，自己力竭被俘。

另一位宋朝的忠臣文天祥，于宋祥兴元年（元至元十五年，一二七八年）十二月被元兵所俘。他坚贞不屈，以各种方法自杀，或有意激怒元方求死。被押抵大都（今北京）之初，文天祥仍求速死，但言辞中已不否认元朝的既成地位，在自称"南朝宰相""亡国之人"时，称元朝平章阿合马为"北朝宰相"。此后，文天祥的态度发生了微妙的变化，据《宋史·文天祥传》，在答复王积翁传达元世祖的谕旨时，他说："国亡，吾分一死矣。傥缘宽假，得以黄冠归故乡，他日以方外备顾问可也。若遽官之，非直亡国之大夫不可以图存，举其平生而尽弃之，将焉用我？"如果说《宋史》系元朝官修而不足信，王积翁有可能故意淡化文天祥的对抗态度，那么邓光荐所作《文丞相传》的说法应该更可信，《传》中文天祥的回复是："数十年于兹，一死自分，举其平生而尽弃之，将焉用我？"但除了没有让他当道士及今后备顾问二事外，承认元朝已经取代宋朝的态度是一致的。

而且，在文天祥被俘前，他的弟弟文璧已在惠州降元，以后出任临江路总管。据说文天祥在写给三弟的信中说："我以忠死，仲以孝仕，季也其隐"；明确了三兄弟的分工。实际上，文氏家族的确是靠文璧赡养，文天祥被杀后，欧阳夫人由文璧供养，承继文天祥香火的也是文璧之子。这更说明，根据文天祥的价值观念，他是宋朝的臣子，并出任过宋朝的丞相，宋朝亡了就应该殉难，至少不能投降元朝当它的官。但他承认元朝取代宋朝的事实，包括他的家人、弟弟、妻子在内的其他人可以当元朝的顺民，甚至出仕。也就是说，在文天祥心目中，这是一场改朝换代，北朝战胜南朝，新朝取代前朝。

另外一位宋朝的孤忠的基本态度与文天祥相同。

曾经担任宋江西招谕使的谢枋得，曾五次拒绝元朝征召。在答复那些奉命征召的官员时，谢枋得说得很明白："大元制世，民物一新。宋室孤臣，只欠一死。枋得所以不死者，九十三岁之母在堂耳。""世之人有呼我为宋逋臣者亦可，呼我为大元游惰民者亦可，呼我为宋顽民者亦可，呼我为皇帝逸民者亦可。""且问诸公，容一谢某，听其为大元闲民，于大元治道何损？杀一谢某，成其为大宋死节，于大元何益？"也就是说，他承认宋朝已亡，元朝已立，只要元朝不逼他出来做官，愿意当一名顺民，不会有什么反抗的举动。但元福建参知政事魏天祐逼他北行，他最终只能在大都绝食而死。

态度最坚决的是郑思肖，在宋亡后他依然使用德祐的年号，表明他不承认元朝，希望能等到宋朝的"中兴"。但到"德祐九年"，即文天祥死后次年，他也不再用具体的年份记录，证明他对复国已完全绝望，实际已不得不接受元朝存在的事实。不过，像郑思肖这样的人在宋遗民中亦属绝无仅有。

这一方面固然是由于元朝已经拥有宋朝全境，除非逃亡越南或海外，宋朝遗民只能接受既成事实，即使他们心中不承认元朝。另一方面，宋朝从一开始就没有能统一传统的中国范围，早已习惯了与"北朝"相处，并且实际上已经将它们看成中国的一部分。宋朝与辽、金的关系，如果从名义上说，宋朝往往居于次位，如不得不称金朝皇帝为"大金叔皇帝"，而自称"大宋侄皇帝"。宣和二年（一一二〇年）宋朝与金朝结盟灭辽，绍定五年（一二三二年）与蒙古联合灭金，都已将对方视为盟国或敌国。所以，在宋朝的忠臣和遗民的心目中，只会是崖山以后无宋朝，却不会是崖山以后无中国。

那么，崖山以后的元朝和元朝以降的各朝是否还是中国呢？

首先我们得确定中国的定义。

目前所见最早的"中国"两字的证据是见于青铜器"何尊"铭文中的"宅兹中国"。从铭文的内容和上下文可以断定，这里的"中国"是指周武王灭商前的商朝都城，即商王所居。自然，在周灭商后，周朝首都就成了新的"中国"。显然，那时的中国，是指在众多的国中居于中心、中央的国，地位最高、最重要的国，当然非作为天下共主的天子所居都城莫属。

但从东周开始，随着周天子及其权威的不断丧失以至名存实亡，随着诸侯国数量的减少和疆域的扩大，到战国后期，各诸侯国已无不以中国自居。到秦始皇灭六国，建秦朝，中国就成了秦朝的代名词，并且为以后各朝所继承，直到清朝。一九一二年中华民国建立，中国成了国号的简称和国家的名称。在分裂时期，凡是以正统自居的或以统一为目标的政权，包括少数民族入主中原所建政权，或占有部分中原地区的政权，都自称中国，而称其他政权为岛夷、索虏、戎狄、僭伪。但在统一恢复后，所有原来的政权中被统一的范围都会被当作中国。如唐朝同时修《北史》《南史》，元朝《宋史》《辽史》《金史》并修，以后都已列入正史。

蒙古政权刚与金朝对峙时，自然不会被金朝承认为中国，它自己也未必以中国自许。到与南宋对峙时，蒙古已经灭了金朝，占有传统的中原和中国的大部分。特别是以"大哉乾元"得名建立元朝后，蒙古统治者已经以中国皇帝自居，以本朝为中国。就是南宋，也已视元朝为北朝，承认它为中国的北方部分。到元朝灭南宋，成了传统的中国范围里的唯一政权，无疑是中国的延续。就是文天祥、谢枋得等至死忠于宋朝的人，也是将元朝视为当初最终灭了南朝的北朝，而不是否定它的中国地位。

所以，就疆域而言，元朝是从安史之乱以后，第一次大致恢复了唐朝的疆域，尽管今新疆的大部分还在察合台汗国的统治之下，西界没有到达唐朝极盛时一度控制的阿姆河流域和锡尔河流域，但北方和东北都超过唐朝的疆界，对吐蕃的征服也使西藏从此归入中国，元朝疆域达到了中国史上空前的辽阔，远超出了以往的中国范围。在此范围内已经没有第二个政权，要说元朝不是中国，那天下还有中国吗？明朝的中国法统从哪里来？

如果将中国视为民族概念和文化概念，的确主要是指自西周以降就聚居在中原地区的诸夏、华夏，以后的汉族及其文化，而周边的非华夏、非汉族（少数民族）被视为夷狄，称为东夷、西戎、南蛮、北狄，它们的文化自然不属中国文化。华夏坚持"夷夏之辨"，"夷夏大防"是重要的原则，并一再强调"非我族类，其心必异"。但是随着华夏人口的不断扩展，非华夏人口的持续内迁，华夏或汉族的概念早已不是纯粹的血统标准，而成了对地域或文化的承认，即凡是定居在中国范围或者被扩大到中国范围内的人，无论以什么方式接受了中国文化的人，都属于中国。

当成吉思汗及其部族还活动于蒙古高原时，当蒙古军队在华北攻城略地后又退回蒙古高原时，他们在中原的汉、女真、契丹、党项等的心目中自然不属中国，他们也没有将自己当作中国。但当忽必烈家族与他的蒙古部族成了中原的主人，并且基本在传统的中国定居后，蒙古人在元朝拥有比其他民族更高的地位或更大的特权，占人口绝大多数的汉人不得不接受他们为中国。而当蒙古人最终成为文化上的被征服者时，连他们自己也以成为中国人为荣了。尽管这一过程因人而异，因地而异，即使自觉坚持蒙古文化的人，只要在元朝覆灭后还留在明朝境内，他们的后人也不得不接受主流文化，最终被"中国"化。

东汉以后，大批匈奴、羌、氐、鲜卑等族人南下或内迁，广泛分布于黄河中下游各地，还形成了他们的聚居区。三国期间，今陕西北部、甘肃东部和内蒙古南部已经成了"羌胡"的聚居区，东汉与曹魏已经放弃对那里的统治，撤销了行政机构。西晋初年，关中的"羌胡"已超过当地总人口的一半，匈奴已成为山西北部的主要人口，辽东成了鲜卑的基地。此后的"十六国"中，由非华夏（汉）族所建占十四个，在战乱中产生数百万非华夏流动人口。但在总人口中，非华夏各族始终处于少数，并且随着他们不断融入华夏，在总人口中所占的比例日益降低。

从十六国中第一个政权建立起，"五胡"各族的首领无不以本族与华夏的共主自居，几乎完全模仿以往的中原政权，移植或引进华夏的传统制度。有的政权虽然实行"一国两制",在称王登基的同时还保留着部族制度,但随着政权的持续和统治区的扩大,特别是当它们的主体脱离了原来的部族聚居区后,部族制度不可避免地趋于解体。到北魏孝文帝主动南迁洛阳,实施全面汉化后,尽管出现过多次局部的反复,鲜卑等族的"中国化"已成定局。

东晋与南朝前期,南方政权与民众都将北方视为异域,称北方的非华夏人为"索虏"。但北方政权逐渐以中国自居,反将南方人称之为"岛夷"。随着交往的增加,双方有识之士都已承认对方为同类,有时还会作出很高的评价。如北魏永安二年(五二九年),梁武帝派陈庆之护送元颢归洛阳,失败后陈庆之只身逃归南方。尽管当时北魏国力大衰,洛阳远非全盛时可比,还是出乎陈庆之意外,在南归后说了一段发人深省的话:

> 自晋宋以来,号洛阳为荒土,此中谓长江以北,尽是夷狄。昨至洛阳,始知衣冠士族,并在中原。礼仪富盛,人物殷阜,目所不识,口不能传。所谓帝京翼翼,四方之则。始知登泰山卑培塿,涉江海者小湘沅。北人安可不重?

经过东晋、十六国、南北朝期间的迁徙、争斗和融合,到隋朝重新统一时,定居于隋朝范围内的各族,基本都已自认和被认为华夏(汉)一族,尽管其中一部分人的"胡人"渊源或特征还很明显,他们自己也不隐讳。在唐朝,突厥、沙陀、高丽、昭武九姓、回鹘、吐蕃、靺鞨、契丹等族人口不断迁入,其中的部族首领和杰出人物还被委以重任，授予高位，或者赐以李姓。血统的界限早已破除，相貌的差异也不再成为障碍。唐高宗确定《北史》《南史》并修，就已肯定北朝、南朝都属中国。皇甫湜在《东晋元魏正闰论》中更从理论上明确："所以为中国者，礼义也。所谓夷狄者，无礼义也。岂系于地哉？"陈黯在《华心》中说得更明白："以地言之，则有华夷也。以教言，亦有华夷乎？夫华夷者，辨在乎心，辨心在乎察其趣向。有生于中州而行戾乎礼义，是形华而心夷也。生于夷域而行合乎礼义，是形夷而心华也。"

从蒙古改国号大元到元顺帝逃离大都凡九十八年，蒙古人进入华夏文化区的时间也不过一百多年，还来不及完全接受中国礼义，也不是都具有"华心"。但已经发生变化，并越来越向礼义和"华心"接近，却是不争的事实。如元初的皇帝还自觉地同时保持蒙古大汗的身份，但以后就逐渐以皇帝为主了。元朝皇帝孛儿只斤·妥懽帖睦尔（明朝谥为顺帝）逃往上都（今内蒙古正蓝旗东闪电河北岸）后，已经失去了对全国范围特别是汉族地区的统治权，照理最多只能称蒙古大汗了，但他还是要当元朝皇帝，继续使用至正年号，死后被谥为惠宗。此后又传了两代，才不得不放弃大元国号、年号这套"礼义"，重新当蒙古部族首领。

如果将中国作为一个制度概念，那么从蒙古入主中原开始就基本接受和继承了以往各朝的制度。到了元朝，在原金、宋统治区和汉人地区实行的制度并无实质性的变化，但更趋于专制集权，权力更集中于蒙古人、色目人，从宋朝的文治、吏治倒退，并影响到此后的明朝、清朝。另一方面，从治理一个疆域辽阔、合农牧为一体的大国需要出发，元朝的制度也有创新，如行省制度，以后为明、清、民国所沿用，直到今天。

从中国这一名称出现至今三千一百余年间，它所代表的疆域逐渐扩大和稳定，也有过分裂、缩小和局部的丧失；它所容纳的民族与文化（就总体而言，略同于文明）越来越多样和丰富，总的趋势是共存和融合，也有过冲突和变异；它所形成的制度日渐系统完善，也受到过破坏，出现过倒退；但无论如何，中国是始终延续的，从未中断。从秦朝至清朝，无论是膺天命还是应人心，统一还是分裂，入主中原还是开拓境外，起义还是叛乱，禅让还是篡夺，一部《二十四史》已经全覆盖。总之，无论厓山前后，都是中国。

　　　　　　　　　　葛剑雄写史：中国历史的二十个片断

片断十七

明：宝船远航

郑和为什么要下西洋，按照《明史·郑和传》的说法，"成祖疑惠帝亡海外，且欲耀兵异域，示中国富强"。

　　第一个目的是为了寻找建文帝朱允炆的下落，实际是毫无根据的。据成书最早的明朝官方史书《成祖实录》记载，朱允炆是在燕王朱棣（成祖）的军队进入京师（今南京）后，在宫中自焚的。但民间一直有他削发为僧，从地道中逃脱的传说，并逐渐演变为完整的故事，清初谷应泰作《明史纪事本末》，有《建文逊国》一卷作详细记述。但建文帝流亡海外的说法，此前并无线索，以情理度之亦不可能。建文帝生于洪武十年（一三七七年），一直未离开宫禁，建文四年（一四〇二年）被推翻时才二十五岁，毫无社会经验，更无海外联系，在没有可靠的外力支持下怎么可能逃亡海外？如果朱棣真的怀疑他未死，必定会立即大规模搜捕，何至于在官私史料中一无所录，连谷应泰也编不出什么具体情节？在国内也没有留意寻访追捕，怎么会查到海外去呢？退一步说，即使有建文帝逃亡海外的传闻，却没有任何对国内造成威胁的迹象，对朱棣而言，让建文帝终老海外不是更好的解决办法吗？再说，如果建文帝真流落海外，秘密寻访或许会有所得，如此兴师动众，岂不是预先警告他继续远遁吗？

　　至于第二个目的"耀兵异域，示中国富强"，这是历来帝王

　　　　　　　　　　　　　葛剑雄写史：中国历史的二十个片断

用事海外的普遍心态，只是从来没有哪位皇帝会花费如此大的人力物力财力，接连六次（第七次是其孙宣德帝所为）下西洋，并且越驶越远，到了此前从未到过的东非。首次下西洋距永乐帝篡夺成功不过三年，而且在此前二年的永乐二年已经派宦官马彬使爪哇、苏门答腊，李兴使暹罗，尹庆使满剌加、柯枝等国，如此急迫，显示还有其特殊目的。

要说"耀兵"，总得与军事形势有点关系，而当时在军事上对明朝稍有关系的（实际还谈不上威胁）无非是蒙古、安南（越南）、日本，永乐帝都已分别处置，但于永乐三年（一四〇五年）至五年郑和、王景弘的首次下西洋经过的却是占城、爪哇、旧港、苏门答腊、南巫里、古里，是经今越南南部至印度尼西亚群岛，或许还到了锡兰（今斯里兰卡）。而永乐五年至七年的第二次下西洋到了锡兰，航线与第一次大致相同，显然也与军事无关。

近年有学者提出，郑和下西洋或许是永乐帝军事大战略的一部分，是为了联络西亚，对付蒙古。此话貌似有理，实际却经不起推敲。如果当年汉武帝派张骞出使前对西域的形势还全然不知，那么在明朝初年，蒙古、西域的地理已经了如指掌。从成吉思汗西征，到元朝与蒙古四大汗国形成，亚欧大陆已连成一体，元朝与西域的交通往来已相当频繁。永乐帝难道还不知道，如要从战略上牵制或包抄蒙古，西域（今新疆和中亚）才是关键，何必舍近求远，绕那么大的圈子？离蒙古越来越远，根本沾不了边。

明朝当然要考虑制约、防范蒙古，所以在永乐之前的洪武二十九年（一三九六年）已经派陈诚往西域撒里畏兀儿（今青海省西北），建安定卫、曲先卫、阿端卫。永乐十一年（一四一三年），诏令中官李达护送帖木儿国王沙哈鲁派遣的使者回国，随行人员中有典书记陈诚，回国后撰成《西域行程记》《西域番国志》，进呈御览。永乐十四年，陈诚护送哈烈、撒马尔罕、俺都淮等国朝贡使臣回国。永乐十六年，陈诚护送哈烈沙哈鲁、撒马尔罕兀鲁伯派遣的朝贡使阿尔都沙回国。如果永乐帝真要为了对付蒙古而实施什么外交甚至军事战略，已经有足够的机会。

而且在郑和前三次下西洋采取的有限的军事行动，都是针对沿途或当地的敌对势力，从未离岸深入。从第四次开始，已经没有任何军事行动。

那么郑和究竟为什么下西洋呢？这要从永乐帝朱棣夺取政权后的形势分析。

洪武三十一年（一三九八年）闰五月明太祖朱元璋去世，将帝位传给了皇太孙朱允炆（建文帝）。建文元年（一三九九年）七月，朱元璋第四子燕王朱棣在北平（今北京）举兵"靖难"，至四年六月兵临京师（今南京），建文帝于宫中自焚，朱棣入城即位。尽管朱棣顺利夺取政权，但如何取得合法性成了最大的难题。因此，他立即以利诱和威逼手段争取建文帝的重臣、文学博士方孝孺的合作，条件就是为他起草登极诏书，企图将自己的篡夺行为解释为周公在兄长周武王死后辅佐侄儿成王。方孝孺严辞拒绝，被灭十族（九族加朋友弟子）。接着朱棣宣布革除建文年号，称洪武三十五年，取消了建文帝的合法性。以明年为永乐元年，表明自己直接继承太祖皇帝。永乐九年下诏重修《太祖实录》，据吴晗考证，这次和以后的重修，目的都是为了篡改有关史料，证明太祖皇帝生前早已属意于这位四皇子，因而取代建文帝完全合法。

尽管朱棣在这方面不遗余力，显然收效有限。如永乐元年曾下令"禁亵渎帝王之词曲"，限五日送官烧毁，"敢有收藏者，全家杀了"。这些词曲亵渎的对象如系历代帝王，大可不必在即位伊始就如此厉禁。朱元璋时实行严刑峻法，不大可能再有亵渎他的词曲流传，最大的可能就是民间因同情建文帝而流传的亵渎了朱棣的词曲。朱棣的内心始终是空虚的、恐惧的，因为天下人都知道建文帝合法继承皇位又被他以武力推翻的过程。尽管他可以销毁证据，篡改史实，但这三年多的历史空白是无法填补的。

历代帝王往往通过发现"祥瑞"，编造图谶，证明自己"天命所归"。但这主要用以起事开国，或篡夺之前，而朱棣是事后弥补，即使能骗后人，却骗不了当世人。所以他不得不乞灵于另一途径，制造梯航毕集、重译贡献、万国来朝的盛况，向天下臣民证明自己才是膺天运、继大统的真命天子。这才是朱棣派郑和率领史无前例的庞大船队、二万多士兵，"多赍金币""以次遍历诸番国"的目的。

果然，郑和的船队返回时，"诸国使者随（郑）和朝见"，还带回大批各国的"贡品"，尽管提供的"回赐"远高于这些物品的市价。有的国还专门派遣使者，如永乐五年，满剌加使者来朝。六年，浡泥（今文莱）国王麻那惹加那携家属、陪臣一百五十多人来朝，两月后病逝于南京。但这丝毫不减弱扩大"万国来朝"影响的效果。国王一行在福建登陆后，一路受到沿途州县隆重接待，到南京后皇帝多次赐宴，死后以王礼葬于安德门石子岗，并寻找入中国籍的西南夷人为国王守墓，每年春秋两季由专人祭扫。永乐九年，满剌加国王拜里米苏剌率妻子、陪臣等五百四十多人来朝。永乐十五年苏禄国（今菲律宾西南）东王、西王、峒王携家眷、官员共三百四十多人来朝，从福建泉州登岸后，沿途受到隆重接待，又派专使在应天府（南京）宴请接风，又陪同北上，到北京后朱棣亲自款待。使团留京近一月，三王辞归，又派专人护送。至德州时东王病殁，建陵隆重安葬。

郑和带回来的"贡品"中如果有见于古籍记载的"瑞兽"，或者中国从未见过的珍禽异兽，其作用更非同寻常。如永乐十七年郑和第五次远航返回，带回的贡品中就有阿丹国所贡麒麟，木骨都束（今摩加迪沙）所贡花福鹿（长颈鹿），足证圣天子的声威无远弗届，也证明大明已是千古未有的太平盛世，一向声教不及的远人才会贡献如此珍贵的瑞兽。皇家画师奉命绘图记载，文武百官观赏后恭呈颂扬诗文。

这些活动直接和间接的影响遍及明朝各地，一定程度上抵消了民间对朱棣的负面影响，增强了政权的合法性，也使朱棣得到自我陶醉。正因为如此，郑和的船队才会一次又一次出发，并且越驶越远，直到东非。

这也证明了郑和的船队曾经到达南极洲、美洲的所谓新发现纯属无稽之谈。既然郑和远航的目的是号召和组织"万国来朝"，是为了扩展大明的声威，他的目的地自然是有人有国的地方，实际上他正是循着阿拉伯人已经开辟的航路和积累的知识，由近及远，一个国一个国地拓展的。他不需要也不可能去一个事先一无所知或已经知道没有人的地方，或者远涉重洋去发现新大陆。这与以探寻新航路、殖民地、土地、资源、人口为目的的西方殖民者、探险家、航海家是完全不同的。

由于郑和下西洋的档案在宣德年间就被全部销毁，这样的推测已经找不到直接的文献根据，但还是可以找到直接的证据。

宣德六年（一四三一年），郑和第七次下西洋出发时，分别在浏河天妃宫（在今江苏太仓市济河镇东北）和长乐天妃行宫（在今福建福州市长乐区西）立了"通番事迹碑"和"天妃灵应之记碑"。前者立在当地天妃行宫的墙壁中，湮没无存。但在明人钱谷所辑《吴都文粹续集》卷二十八《道观》中录有碑文。后者至今保存在长乐区的吴航小学内，碑文内容与《吴都文粹续集》所录大同小异。摘录相关内容如下：

> 皇明混一海宇，超三代而轶汉唐，际天极地，罔不臣妾。其西域之西，迤北以北，固远矣，而程途可计。若海外诸番，实为遐壤，皆奉琛执贽，重译来朝。皇上嘉其忠诚，命和等统率官校旗军数万人，乘巨舶百余艘，赍币往赉之，所以宣德化而柔远人也。自永乐三年奉使西洋，迄今七次，所历番国，由占城国、爪哇国、三佛齐国、暹罗国，直逾南天竺、锡兰山国、古里国、柯枝国，抵于西域忽鲁谟斯国、阿丹国、木骨都束国，大小凡三十余国，涉沧溟十万余里。观夫海洋，洪涛接天，巨浪如山；视诸夷域，迥隔于烟霞缥缈之间，而我之云帆高张，昼夜星驰，涉彼狂澜，若履通衢者，诚荷朝廷威福之致，尤赖天妃之神护佑之德。

一、永乐三年，统领舟师，至古里等国。时海寇陈祖义，聚众三佛齐国劫掠番商，亦来犯我舟师，即有神兵阴助，一鼓而殄灭之，至五年回。

一、永乐五年，统领舟师，往爪哇、古里、柯枝、暹罗等国，王各以珍宝珍禽异兽贡献，至七年回还。

一、永乐七年，统领舟师，往前各国，道经锡兰山国，其王亚烈苦柰儿，负固不恭，谋害舟师，赖神显应知觉，遂生擒其王，于九年归献。寻蒙恩宥，俾归本国。

一、永乐十一年，统领舟师，往忽鲁谟斯等国。其苏门答剌国有伪王苏斡剌，寇侵本国。其王宰奴里阿比丁，遗使赴阙陈诉，就率官兵剿捕。赖神默助，生擒伪王，至十三年归献。是年满剌加王亲率妻子朝贡。

一、永乐十五年，统领舟师往西域。其忽鲁谟斯国进狮子、金钱豹、大西马。阿丹国进麒麟，番名祖剌法，并长角马哈兽。木骨都束国进花福禄，并狮子。卜剌哇国进千里骆驼并驼鸡。爪哇、古里国进麋里羔兽。若乃藏山隐海之灵物，沉沙栖陆之伟宝，莫不争先呈献，或遣王男，或遣王叔、王弟赍捧金叶表文朝贡。

一、永乐十九年，统领舟师，遣忽鲁谟斯等国使臣久侍京师者，悉还本国。其各国王益修职贡，视前有加。

一、宣德六年，仍统舟师，往诸番国，开读赏赐。驻泊兹港，等候朔风开洋。

由于碑文是向天妃呈报并感激、祈求庇佑的，自然不敢编造，所以除了有些用词难免夸张外，其余内容都应属实。可见下西洋的主要目的是"宣德化而柔远人"，特别是第五次下西洋，取得"藏山隐海之灵物，沉沙栖陆之伟宝，莫不争先呈献"的成就，导致"或遣王男，或遣王叔、子弟赍捧金叶表文进贡"，这才是永乐帝所求。当然，碑文不会也不可能点破永乐帝的最终目的——增强、稳定他的政治合法性。

而碑文记录下西洋途中的军事行动时，都强调其被动性，事非得已，并都是适可而止，对敌对分子宽大处理，完全看不到对"耀兵"的渲染。

这些都使我对自己"郑和为什么下西洋"的推断更有把握。

八十断片

明： 悲剧海瑞

海瑞的名字是幼时就知道的，那是从戏曲、评弹和连环画中看来、听来的，自然不是历史。二十世纪六十年代知道得更多的却是对"大毒草"《海瑞罢官》的批判，但对海瑞其人反而越来越模糊了。八十年代读到黄仁宇先生的《万历十五年》，对有关海瑞的内容留下很深的印象，于是翻出《明史》来读了一遍《海瑞传》。但那时对海瑞这样一位道德楷模却成为现实生活中的悲剧人物的社会原因不甚了了，也未及深究。最近，为应付文债，又读了一遍《海瑞传》，想不到却有了一点新的看法。

历来都把海瑞看作清官的典型。所谓清官，尽管没有明确的定义，但最基本的标准是"清"，即个人生活清廉俭朴，为官清正廉明。当官的不贪污，不受贿，不徇私枉法，洁身自好，就可以算清官了。如果要求高一点，还应包括刚正不阿，疾恶如仇，不畏强暴，打击贪官污吏，为百姓申冤做主等条件。无论根据哪一种标准，海瑞都是当之无愧的清官。在当淳安知县时，海瑞穿的是布袍，吃的是粗米饭，让老仆人种菜自给，为母亲祝寿才买二斤肉。万历年间首辅张居正派御史来看他，也只用"鸡黍"招待。海瑞没有子女，到他死后，人们发现他用的是葛布帐子和破竹箱，比穷书生还不如，丧事还是别人集资为他办的。他以右佥都御史巡抚应天十府时，疏浚了吴淞江和白河，使百姓得到实惠；打击地主豪强，救抚贫民和受欺压者不遗余力，富家占有的贫民土地都被他夺回发还。正因为如此，海瑞深得民心。他做巡抚仅半年，但百姓听说他调离时，"号泣载途"，并在家中供上他的画像。海瑞在南京逝世后，载灵柩的船在江上经过时，两岸满是穿着丧服送灵的人，哭着祭奠的人延续到百里以外。

但是海瑞却非常不得官心，从《海瑞传》的记载可以看出，他在官场和朝廷是相当孤立的。黄仁宇曾经指出这一例子：明朝的官员按惯例可以为自己的父母请封赠，一般只有犯了罪或受过处分的才不获批准，但官居正二品的海瑞却没有能为他母亲请得太夫人的称号，在当时是少有的例外。海瑞一生提出过不少治国施政的意见和方案，但被采纳的几乎没有。他能够大刀阔斧地实行自己的政见，只有在巡抚应天十府任上的短短半年时间，而且除了疏浚江河的成果得以保持以外，其他的措施在他离任以后就被废止了。所以我们如果用从政的实绩来评判明朝人物的话，海瑞不过是个一般的清官，对明朝的政治、经济和社会并没有很大的影响，而在很大程度上只是一个道德的典范。民间流传的很多海瑞故事，多数是出于百姓的良好愿望而编造的。

海瑞为什么不得官心呢？因为他的所作所为得罪了大多数官员。贪官当然恨他，如总督胡宗宪的儿子路过淳安县时作威作福，海瑞将他扣留，没收了他带的几千两银子，说："以前胡总督巡视时，命令路过的地方不许铺张，现在这个人行装豪华，一定不是胡公子。"并派人报告胡宗宪。胡宗宪哭笑不得，不能治海瑞的罪，但心里不会不恨。都御史鄢懋卿巡视过县时，海瑞声称县小容不得大人物，招待很差。鄢懋卿很不痛快，却不便发作，但回去后还是授意下属诬陷海瑞，使他降了职。他出任应天巡抚时，下属官吏有贪赃行为的连忙辞职，有的地主豪强甚至闻风逃往他乡躲避，原来将大门漆成红色的豪强吓得将门漆成黑色，连负责监督南京织造的太监也减少了轿子和随从的排场。海瑞曾向皇帝建议恢复明太祖时的惩贪法律，即贪赃枉法所得满八十贯钱的处绞刑，更严重的贪官要剥皮实草；这自然要引起大小贪官极大的怨恨和恐慌。但恨他、怕他的还不止贪官。他在应天十府打击豪强时，据说一些"奸民"乘机诬告，使一些官僚大姓被错罚。他又裁减了驿站的费用，使过路的士大夫都得不到招待，纷纷表示不满。明朝南京的机构本来就是闲职，官员无所事事，懒散惯了，但海瑞却要加以改变。有一位御史偶然招艺人演了场戏，海瑞想按明太祖定下的规矩狠狠打他一顿屁股，使得官员们惊恐不安，叫苦不迭，当然巴不得海瑞早点下台。

平心而论，尽管海瑞有良好的主观愿望，他的措施和建设却往往是不现实的。在几乎无官不贪的情况下，如果真的要实施明太祖时的法律，大概很少有人不够处绞刑的资格，剥皮的刽子手恐怕会供不应求。如果像那位御史的过失也得挨打，该打的官就太多了，南京锦衣卫就得大大增加人力。因为根据明朝的制度，要打这样正七品的官员，得举行一个正式的仪式，由锦衣卫在南京午门前用刑，由守备太监监刑。正德年间（一五〇六至一五二一年）为了打御史李熙三十下屁股，锦衣卫挑选士兵先演习了几天。士兵们大概练得太地道了，差一点把他打死。取消各地驿站的招待虽然节约了经费，也使贪官少了一个揩公家油的机会，但正常往来的官员人等包括像海瑞自己一样的清官肯定会有很大的不便。《海瑞传》说他"意主于利民，而行事不能无偏"，是公允的评价。

但海瑞的悲剧主要还不在于他的偏激，对此，《明史》的作者并未涉及，以后的学者似乎也没有注意到。为什么海瑞这样一位清官会受到如此大的抵制和孤立？隆庆年间的首辅高拱、万历初年的首辅张居正和此后的执政者，无不暗底下尽力阻止皇帝重用海瑞。为什么明朝的吏治那么腐败，以至到了无官不贪的地步，海瑞成了凤毛麟角？总不能说，中国的士人到了明朝都变坏了，或者明朝必然是封建社会最黑暗的时代。窃以为不能不检讨一下明朝官吏的俸禄制度。

明朝的开国皇帝朱元璋出身贫民，因此对百姓的疾苦记忆犹新。他当皇帝后，一方面为了打击官吏的贪赃枉法，另一方面也为了树立自己的绝对权威，对贪官污吏的惩治采取了空前绝后的严酷手段。他规定官吏贪赃额满六十两的一律斩首示众，还要将皮剥下，中间塞上草，制成一具皮囊。他把府、州、县衙门左面的土地庙作为剥人皮的场所，称为皮场庙。又在官府公座的两侧各挂上一具皮囊，使办公的官员随时提心吊胆，不敢再犯法。他还采用挑断脚筋、剁手指、砍脚、断手、钩肠、割生殖器等酷刑。有时还让犯贪污罪的官吏服刑后继续任职，充当反面教员。他还屡兴大案，如洪武十八年户部侍郎郭桓贪污案，牵连被杀的就有万余人。

朱元璋又把官吏的俸禄定得出奇的低，如洪武二十五年确定的文武百官的年俸，最高的正一品只有一千四十四石（米，部分折成钱支付），最低的从九品为六十石，未入流的为三十六石。例如一省之长的布政使是从二品，知府是正四品，知县是正七品，年俸分别为五百七十六石、二百八十八石和九十石。相当于全国最高学府校长的国子监祭酒是从四品，年俸是二百五十二石。值得注意的是，按照惯例，官员的部分幕僚、随从的报酬和部分办公费是要在年俸中开支的，所以官员们依靠正常的俸禄无法过上舒适的生活，低级官员更连养家活口都有困难。相比之下，皇子封为亲王后年俸有一万石，是最高官员的近七倍，还不包括其他各种赏赐。

由于官员的正常收入太低，所以尽管朱元璋惩治的措施十分严厉，贪污还是屡禁不绝，不过与明朝以后的情况相比，当时的吏治毕竟是比较清廉的。但在这位开国皇帝去世以后，后继者既不具备这样的权威来执行如此严厉的法律，也没有兴趣来对付越来越普遍的贪污现象。而且稍有作为的皇帝明知低俸禄的弊病，但又不能更改"太祖高皇帝"的制度。昏庸的皇帝自己沉溺于奢侈享乐，除了朝廷的正常开支外，还经常要大臣们贡献，自然不会管他们的钱从哪里来了。

三

明朝初年以后，大小官吏贪污成风，几乎无人不在俸禄以外设法搞钱，真正的清官就相当拮据。海瑞最后两年多任南京右都御史的年俸是七百三十二石，是高级官员中第三位的高薪，但相当多的下属是要由他支付薪水的，可以肯定他不会让下属去办"三产"赚钱，而他自己连子女都没有，生活又如此节约，死后却毫无积蓄，可见官员们靠正常收入是无法维持生活的。显然要让一般官员这样严格地遵守本来就不合理的俸禄制度，既不合情理，也是完全不可能的。所以奸臣赃官自然不用说，就是一些在历史上有影响的人物，也免不了广为聚敛。明末坚持抗清，不屈不挠，最后在桂林慷慨就义的瞿式耜，在家乡常熟却是一名贪赃枉法的劣绅。清军攻下南京后，江南名流、东林领袖钱谦益率文官投降，为了表示自己的廉洁，向清军统帅多铎送了一份最薄的礼品，也有包括鎏金壶、银壶、玉杯及古玩等在内的二十种；其他大臣的礼物大多价值万两以上。明朝的权臣和太监迫害政敌或清流常用的手段就是给对方栽上"贪赃""受贿"的罪名，这固然出于诬陷，但也说明当时像海瑞这样的官实在太少，就是清流们也未能免俗，要说他们贪污再容易不过。

可是在名义上，太祖高皇帝定下的法律从来没有更改过，至多只能稍作些修正。如正统五年（一四四〇年）就有人提出：洪武年间物价便宜，所以定下枉法赃满一百二十贯免除绞刑充军；现在物价贵了，再按这样的标准就太重了，建议改为八百贯以上。到海瑞时又有一百多年了，却没有听说将标准再提高。看来并不是物价没有上涨，而是这些法律已经成了空文，修改不修改无所谓了。海瑞建议要恢复明太祖的严刑，对贪官剥皮，不仅"议者以为非"，就是皇帝也觉得太过分；说明法不罚众，到了大家都把俸禄以外的收入当作正常财源时，就是朱元璋再生也只能徒唤无奈。海瑞只想用严刑肃贪，却没有提出消除贪污的积极办法，除了招致更多的怨恨外，必定也是于事无补的。当然，在封建集权制度下要从根本上消除贪赃枉法是不可能的，但采取切实可行的措施减少贪污并非不可思议，清朝雍正皇帝的做法就有明显的效果。

清朝入关后，基本上继承了明朝的制度，官吏的俸禄也定得非常低。不仅如此，由于军事行动频繁，国家开支浩繁，朝廷还不断要官员们"捐俸""减俸"，地方存留的公费也一律上交，上级部门还以各种名义向下级摊派，甚至直截了当要下面"设法"，以至各级行政机构连办公费都没有。但是官员们不能不过奢侈的生活，衙门也不能不办公，于是各级官员和衙门都纷纷开辟财源，一方面截留本该上缴的赋税收入，另一方面就千方百计向百姓搜括，包括在正常的赋税额度之外提高、加征各种地方性的附加费用，"耗羡"就是主要的一种。所谓"耗羡"（或称"火耗"）本来是指征收赋税、交纳钱粮时对合理损耗的补贴，如粮食在收交、存放、贮运等过程中会有损耗，银子在熔铸时也会有少量的损失，所以允许地方官在征收时每两加征一、二分（百分之二至百分之三）作为对合理亏损的正常补贴。按惯例，这项收入也不是都落入地方官的腰包，而是要分成不同的份额，馈送各级官吏。但由于国家并没有正式制度，各地征收的标准相差悬殊，加上公私都需要这笔"计划外"的收入，所以一般都要加到一钱（百分之十）以上，重的要加至四五钱，甚至达到正额的数倍。这些钱固然有一部分用于官府的开支，但多数却成了官员们的额外收入。

康熙年间，官员的贪污现象已相当严重，一些大权在握的大官僚肆无忌惮地贪污公款，收受贿赂，如满族大臣索额图、明珠，汉族大臣徐乾学兄弟、高士奇等。当时的民谣说："九天供赋归东海（徐乾学），万国金珠献澹人（高士奇）。"这些人的贪赃行为可见一斑。康熙皇帝也觉察到情况的严重，曾经惩办了一批贪官，还大力表扬于成龙、张伯行、张鹏翮等一批清官，作为各级官员的榜样。但是康熙却没有意识到低俸禄的弊病，没有在惩贪的同时解决官员的合理待遇问题。所以康熙渐渐发现不但贪污无法肃清，就连自己树为典型的几位清官也并不真是两袖清风，像张鹏翮在山东兖州当官时就曾收受过别人的财物；张伯行喜欢刻书，每部至少得花上千两银子，光靠官俸无论如何是刻不了的。晚年的康熙不仅不再致力于肃贪，反而认为："若纤毫无所资给，则居官日用及家人胥役，何以为生？"此论一出，各级官员自然更加无所顾忌了。可是这位并不昏庸的皇帝却没有想到，既然当官的必须有"居室日用及家人胥役"的开支，为什么不能从制度上保证他们有足够的合法收入，而不必收受别人的"资给"呢？雍正皇帝继位后，决心改革积弊，严厉打击贪污，整顿吏治。他令各省在限期内补足国库的亏空，对查实的贪污官员从严惩处，追回赃款，抄没家产。当时雍正对一些大臣的惩办虽然还有政治上的复杂原因，但也确实起了打击贪污的作用。与此同时，雍正正视现实，解决了官吏俸禄过低和地方政府开支没有保障的问题。具体办法就是实行"耗羡归公"，将全国的耗羡统一规定为每两加征五分，列入正常税收，存留藩库，官员按级别从中提取"养廉银"，作为生活补贴和必要的办公开支。"养廉银"的数量一般大大超过原来的俸禄，官员们完全可以过上体面的生活，也不必再为办公费无处开支发愁了。这样做实际上并没有增加国库的开支，只是化暗为明，把原来不规范的惯例改成了全国统一的税收。百姓的负担也没有增加，相反，不少地方都有所减轻。而贪官污吏再要在耗羡上做手脚，既直接犯法，又不易隐瞒了。雍正期间，吏治有了明显改善，贪污虽不能说就此绝迹，但的确大大减少了。

雍正之所以能一举解决长期积弊，关键在于既有严厉的打击措施，又切实解决了官吏们的实际困难，使大多数人能够合法地获得较高的收入，地方政府的正常开支也有了保证，从而使真正的贪污行为失去了最普遍的借口。但惩贪与养廉必须同时并举，才能奏效。乾隆时期，对贪官污吏的惩处逐渐放松，吏治又趋于腐败。因此如果仅仅依靠对官员物质生活上的满足，养廉银发得再多，也是无济于事的。海瑞的道德、廉洁、刚正无疑远非雍正皇帝可比，但在解决官员贪污这一痼疾方面雍正却要高明得多。或许有人说雍正作为皇帝拥有至高无上的权威，海瑞却只担任名义上受到尊崇的闲职。此话不无道理，但雍正的父亲康熙就没有解决问题，而海瑞如果真的提出过可行的办法，尽管不一定就得到实施，至少也会受到多数正直官员的同情和重视，作为一种先见之明载入史册。

我无意苛求海瑞，但在重读《海瑞传》以后却更加体会到，道德的榜样和严刑峻法都不是万能的，解决社会矛盾还得有切实可行的办法，尤其是要注意消除产生这些矛盾的根源。海瑞一直没有认识到这一点，这是造成他的悲剧结果的真正原因。

片断十九

清：雍正"赐地"

尽管我们以前听惯了秦始皇、汉武帝、唐太宗、康熙、乾隆如何开疆拓土，中国古代的疆域如何辽阔，例如唐朝东至朝鲜，西至咸海，北至贝加尔湖，南至越南，如此种种的说法；也看惯了一幅幅大同小异的反映各个朝代"极盛疆域"的历史地图；但现在大概已有不少人明白：中国历史上的疆域实际上是不断变化的，既有由小而大的扩张，也有由大而小的收缩，并非一成不变。不过，一般都以为只有国势衰弱时才会丧失领土，只有强敌压境时才会割地赔款，却不会想到天朝大国的另一面——为了维持"天下共主"的体面，皇帝可以将自己的领土无条件地赏赐给周边的属国，一些长期属于中国的领土就是这样成了今天的外国。近代中国领土的形状由一片秋海棠叶子变成了一头雄鸡，也不是没有这方面的原因。

　　远的不说，就举一个这几年被电视炒得通红的雍正皇帝的事为例吧！

　　明清易代之际，清朝忙于消灭明朝残余势力，南明则江河日下，难以为继，双方都无暇顾及边境，占据越南高平一带的莫氏政权与安南黎朝趁机蚕食，在中越沿边占据了不少本来属于明朝的土地。至清朝灭南明，平三藩，克台湾，政局稳定，进入"康雍盛世"，安南黎朝灭高平莫氏，成为清朝合法的属国，像对待明朝一样，"输诚纳贡"。清朝满足于属国"恭顺"，边境相安无事，对前朝边界线的改变从未追究，实际已承认现状。但安南方面却对莫氏政权曾向明朝归还部分土地耿耿于怀，一直想"收复"。只是慑于清朝的实力，未敢轻举妄动，只能采取伺机蚕食的办法。

雍正二年（一七二四年），因开采开化府逢春里都竜铜矿，云南当局清查地界，发现马伯汛外原属中国的斜路村六寨被安南蚕食，就派开化镇总兵冯允中前往清查。据冯允中报告："亲身踏量至都竜厂之对过铅厂山下一百二十九里，又查出南狼、猛康、南丁等三十四寨亦皆系内地之寨，被交阯（安南的旧称）占去，不止马都戛等六寨。据《开化府志》及土人之言，皆以此铅厂山下即系旧界内一小溪，即系赌咒河。但此溪甚小，不应与外国分界之处指如此小溪，且谓之河。复细查《云南通志·图考》内刊载开化二百四十里至交阯赌咒河为界，因细问土人过都竜厂一百余里有一大河，今交阯人呼为安边河，以道里计之正合二百四十里，此方是赌咒河，以此为界方始符合。"云贵总督高其倬、云南布政使李卫深感"铜矿事小，疆境事大"，遂于雍正三年春上奏清廷。高其倬称，明朝已失去一百二十多里地，但不能确知失于何时，而雍正三年之前的四十多年内又失去四十多里。这些情况地方官是清楚的，"历来知而不言者，因都竜厂广产银、铜，内地及外彝俱往打矿，货物易消，贸易者亦多，总兵设汛稽查暗抽私利"，还是出于地方利益和腐败的需要；至云南因开采都竜铜矿而清查地界，"此弊亦露"。由于铅厂山下小溪（即今马关县都龙西部的小白河）内斜路村被安南侵占，越南实际控制区已深入到马伯汛（今马关县城）数里之外的中国领土。高其倬主张"若以旧界，应将二百四十里之境彻底取回，交阯都竜、南丹二厂皆在此内"，但也预料："交阯倚此二厂以为大利，必支吾抗拒，且必谓臣等图其矿利捏辞陈奏。"与此同时，高其倬派冯允中率军在斜路村之马鞍山立碑、分界，派兵驻防。果然，安南方面也以国王的名义呈文报告此事。

雍正的批示却大出群臣意外：

> 治天下之道，以分疆与柔远较，则柔远为尤重。而柔远之道，以畏威与怀德较，则怀德为尤重。据奏都竜、南丹等处在明季已久为安南国所有，非伊敢侵占于我朝时也。安南国我朝累世恭顺，深为可嘉，方当奖励，何必与争明季久失之区区弹丸之地乎？且其地如果有利，则天朝岂与小邦争利？如无利，则何必争矣。朕居心惟以至公至正，视中外皆赤子，况两地接壤最宜善处，以安静怀集之，非徒以安彼民，亦所以安吾民也，即以小溪为界其何伤乎？贪利幸功之举，皆不可。

雍正的意思很明白，这些土地是安南在明朝就占有的，不是从清朝取走的，并不伤清朝的体面。安南"累世恭顺"，奖励还不够，何必计较区区弹丸之地？雍正以"天下共主"自居，认为双方都是自己的百姓。如果有争议的地方有利，天朝岂能与小邦争利？如果无利可图，又何必争？总之，让安南占据算了。

高其倬"仰体皇上至公至正、中外一视之圣心"，自然不敢再有"贪利幸功之念",不得不放弃收回全部失地的计划,撤回驻防斜路村的清军。但他认为,"自铅厂山下小溪以内,土田有粮额可凭,疆界有塘基可据,失去仅四十余年,彼处之人知之者多,应以小溪为界"。雍正三年底,他奉命通知安南:"自铅厂山下小河以外之境宣播皇仁,畀与安南,不复清查",派出广南知府潘允敏前往边境,与安南勘界委员胡丕绩、武公宰会勘双方界线。在勘界过程中,潘允敏以志书、粮册以及"(逢春里)六寨之人现皆衣窄袖之衣"为据,坚持以铅厂山下小河为界;胡、武则"坚称此地是伊国旧境",不肯归还所侵六寨,双方争执不下。雍正四年,即将调任闽浙总督的高其倬上奏雍正,表示对此形势"难容缄默",请求谕令继任者继续交涉,"畀安南速行清还,则内外之境截然,边方永息纷竞之扰矣"。

据继任者鄂尔泰上奏,潘允敏与武公宰等已勘出自开化府"至铅厂山溪流仅得一百二十九里",它显然不是"古所谓赌咒河"。中方因为已"奉有谕旨,又窥铅厂山形势,两山高峙,中贯一溪,据险相守,中外截然,因议就近立界,不复深求",但安南对于中方作出的重大让步非但不"感激天恩""输诚恐后",反而"欲并厂山内地而悉踞之"。他认为,"我国家幅员之广已极于海隅日出,区区黑子弹丸何关轻重",只是安南不体会皇上"好生之仁","略无恭顺之仪","畏威而不怀德",主张"径行立界以伏其心,并檄勒兵而慑其胆"。

可是到了当年夏天,鄂尔泰接到雍正给安南国王的敕谕,允许以铅山下划界。他不得不顺着雍正的意图,称安南"向无违抗",只是由于李卫"以清查矿厂为辞,有失大体,遂被所轻";高其倬虽然"行文委婉,冀服其心",但安南国王"愈不信,以为决非出自圣主意",以致"犹豫以成违抗"。他认为一旦"安南国王奉到(敕谕)之日",必然"自幸自悔,钦遵惟谨"。

不久,安南国王致函鄂尔泰,称潘允敏勘界时"援一、二侬人飘零佣赁,踪迹浮萍,而指为内地土户;又漫引抄本志书,无凭汛地"作为凭证,他抱怨安南是"覆盆之下未照日月之光",表示不相信雍正帝会受云南地方官员蒙蔽,让"开化侵占(安南领土)之谋"得逞。果然如此,即"耑员赴阙上达天听,求伸抑郁"。尽管鄂尔泰已把此次争端的责任归于李卫和高其倬的措置失当,但"向无违抗"的安南居然会作出如此反应却让他大感意外。雍正帝对此更感惊异,在接到该函时朱批"不通,欠理,朕未料其如此痴迷!"随后批准了鄂尔泰的建议,"速于铅厂山下设界立关",但"不许少施凌辱,不许随带兵丁,使彼得托词借口,而规模务须壮丽以属观瞻,工程务须坚固以垂久远";还一再叮嘱鄂尔泰,开化镇总兵南天祥"聪明有余",难免"年轻未谙","凡事不可令其专",以免处置不当引发冲突。

鄂尔泰奉命回复安南国王,据理驳斥,指出中方所引《云南通志》系官方所修,与"古之诸侯所恃以守其封疆"的典籍无异,完全可以作为依据。只是皇上"念贵国累世恭顺,特加恩赐,温旨频颁,始则撤回斜路村驻扎人员,继复以铅厂山外八十里地",安南理应"感激欢忻,敬谨遵奉",却先"侵疆越土",又"骄恣失礼",所以"纵使圣恩宽大,犹欲矜全",他"责在封疆",也难"隐忍",万不得已时"不容不整兵相待"。

雍正四年八月初一，潘允敏奉命在铅厂山下建关立界，他率工匠、夫役，树起"奉旨立界建关"的大旗，"鼓吹升炮，动土开工"；而南天祥奉令"简练精兵"，"声色不动"。安南方面起初在都竜关聚集了五千余人，又"添设枪炮于铅厂山对面屯扎"，"增置卡房"，剑拔弩张，如临大敌；后见潘允敏打出了"奉旨"建关的旗号，"名正言顺，且无一兵，无所借口"，渐渐撤兵。至十月初十新关建成，包括关楼三间、瞭房一间、烟墩一座、炮台四座和关墙、木城等，关前立碑，书"敕建云南省开化府界"；关旁的大石壁上刻上："大清雍正四年五月初四日钦奉圣旨于铅厂山立界，凡河水上流以内村寨俱系中土，外彝不得越境侵扰。""各寨径路立碑六通，各书：钦奉圣旨于铅厂河一带立界建关，凡客商往来俱由关口，不得私从山径小路出入，如敢故违，把守兵役捆拿解究不贷。"一直担心建关立界会引发武装冲突的雍正帝得知此事经过后，颇感惊讶，朱批曰："此事更奇料理矣，亦出朕之望外，大笑览之，但此事朕尚不敢信。"他似乎忘了一个基本事实，安南争的这些土地本来就是属于中国的。

建关立界后，鄂尔泰与南天祥会商，从开化镇标内拨派官兵一百名，由守备一员统率，驻扎在铅厂新关，并把原驻马街的清军一百名移防马鞍山，二者"互相犄角，联络声势"，由新关守备统一指挥。考虑到"外藩边界地方固应重兵弹压，但初当定界设关，安南王方怀疑惧，若开化据于关内添兵，安南必将于关外增汛，彼此相防，或反致滋事"，鄂尔泰主张在上述布防方案之外不宜添兵。这一建议很快得到雍正认可，即仍以睦邻为上，慎重处理边防事务，以免产生误会引起冲突。

安南方面见云南地方奉旨设关立界，知已无机可乘，雍正五年初安南国王致函两广总督，不再指责志书的可信与否，而是断章取义地引述高其倬等的咨文，混称大、小赌咒河，否认"税册""塘基"的可靠性，而且一改强硬态度，只是指责鄂尔泰咨文中的"侵疆越土""声罪致讨"用词不当，称"此等说话似待违命梗化之邦，圣朝柔怀之体，恐不如是之容忍"，并请求代呈奏本。因此前清廷已谕令两广督抚，安南如因边界问题请求代进奏本，"令其赍送云贵总督鄂尔泰处转行奏闻"，但在发还奏章时仍应"以礼善待其使"。两广方面遵命退回奏本，并复文开导："我皇上德威远被，丕冒万方"，安南"世受隆恩，素昭恭顺，疆界一事自应平心，恪遵敕谕，以尽事上之诚"。

安南不得不致函鄂尔泰请求转奏，语气更为委婉，自言"本国始终恭顺"，并非"违命梗化之邦"。鄂尔泰发还奏本，复文加以驳斥："礼乐征伐出自天子，益地削地皆由王朝，尺地一民原非私有，故赐之则为藩国，收之皆为王土。今无论实系侵越，幸荷殊恩不复深究，即本非内地，欲归入版图，以清疆域，安得妄争？"这话自然完全是以天朝与藩属的主从关系出发的，根据这一原则，无论这些土地原来是否属于安南，皇帝都有权重新分配，可赐予也可收回，因为本来连藩属都是天朝的一部分。他进而引用高其倬咨文的全文，驳斥安南"谬摘一二句反以为证"的做法，并申明本应将所侵"二百四十里地尽行收入，然敕谕已颁，不敢有违，亦姑且容忍"，以待该国"自新"，劝安南不要贪尺寸之地，"顿忘国土长久之谋"。安南如"另具本章备陈圣德，答谢天恩"，他"自当代达"。在进呈安南来函、复文底稿时，鄂尔泰向雍正表示，安南若"自悔罪陈情，勿庸置论；倘仍不知悛改，狂悖如前"，即"一面代奏，一面整兵，恭请圣旨，直取安南"。

接到鄂尔泰的复文和发回的奏本后，安南的态度又由辩解变为对抗，企图以此引起清廷对云南地方官的不满。雍正五年六月十六日，南天祥派人将雍正帝的敕书带到安南都竜关，其土官黄文绥以"我国王行文，凡天朝公文不许擅接，奏过国王方敢迎接。且总督发回我国本章，又行文申饬，所以我国王行文，凡云南公文一概不接"为由，拒绝迎领。但他又称将派人请示国王，两个月后才有回音。南天祥立即上报鄂尔泰："本职血气武夫，必欲直取都竜，其帷幄运筹专恃指示。"一向主张"德威兼施"的鄂尔泰也建议：如安南两个月后仍不迎领敕书，则"抗逆显著，国体所关，何能隐忍"？但他也认为出兵一事，"非数月期年可成，且动兵数万即需饷百万，然得其地不足守，得其人不足用，断不敢好大喜功"，更不敢"孟浪从事"，主张由广东方面明檄诘询、暗差探听，以期"临事无误"；"先虚后实"，即"布置既定"后发布檄文，"罗列罪状，明告以用兵日期，冀其悔悟"，如果安南"谢罪输诚，便令就都竜关划地中分，截立各界，然后班师；若更有违逆，则添兵选将，刻期并进，势将灭国改土，一仍汉唐之旧，事非得已，伊实有以自取"。

雍正的反应却截然不同。当读到南天祥欲直取都竜时，他批示"使不得，使不得"；对鄂尔泰言安南两月不迎敕书即为"抗逆"准备用兵时，他批示："便抗逆亦当问明，方可举行"；但不忍在安南"复汉唐旧制"，即恢复为中国直接统治的行政区。雍正甚至认为此事完全是由于高其倬等处置不当所致，只要"无损国体"，就是将数十里地界赐给安南又何妨：

> 朕纵不为天下先，此事原发端在我，当日高其倬举行此事，若先请而举早无事矣，不应一面举行，原未奏闻，该国表文到来，朕方知也。又因初次安南国所进呈甚觉无礼，又便高其倬结此事实，因无奈曲从四十里铅厂河立界之请，便卿接任，亦出不得已之事。朕当日一见该国王奏章，即知其此事必生衅端，后接卿数次之奏，所以有"出朕之望外"之谕。朕两四筹画，不如特遣天使申明事情大义，伊便少有不恭处，朕意当隐忍，再加详悉开导。若必执迷，恋此尺寸疆土，况系伊国数百年盘踞之地，论理论情皆不应为之事，便将此数十里地界赐他，无损于国体，更表朕之仁政也，何妨乎？朕意定此。遣来使臣若行云南之路，恐伊少距，与事无益，所以朕命到滇，将此情节一一备悉问卿，令伊等从广西路往，到彼开示，方能无事。此际只可备扣边之事，料不敢也；设万有此事，亦只可应，万不可举直取之事。朕生平乐天知足，苟无害于生民之事，朕不敢起好大喜功之念也。凡事小不忍则乱大谋，朕开殊恩容其大过，伊若肆志放纵，另有不恭不法之事，方可告神明而行征讨。今即此立界之事，只可委曲善全，卿悉意，可遵旨如此行事，只以善全为是。将此旨亦密录与郝玉麟、南天祥们看，著他们

察之。

但"北边戒严"的消息已经使安南"中外疑惧",执政的郑氏一面"严饬边吏不得妄动",一面派人迎领敕书,并上呈国书"历言事大畏天之实"。雍正五年十月初六,安南工部右侍郎阮仲意、翰林院侍制阮逢率官员六十多人、士兵三百多人,"敬备龙亭、仪仗,结队出(都竜)关,恭迎天旨",在铅厂河关外"三跪九叩,山呼万岁,鼓乐彩旌",把敕书迎进都竜关,送往国都。当初拒领敕书的黄文绥被当作替罪羊锁拿回去治罪。

雍正闻讯后,在鄂尔泰的奏折上朱批"朕深为慰悦",指示"钦差亦可不必遣"了,已经到达昆明的钦差副都御使杭奕禄、内阁学士任兰枝暂留昆明。雍正六年初安南国王的陈谢表文送达雍正:

> 安南国王黎维祹谨奏:十二月初二日臣接领敕谕,焚香披阅,喜惧交并。窃臣国渭川州与云南开化府接壤,原以赌咒河为界,即马伯汛下之小河,臣国边目世遵守土,臣罔知侵占内地为何等事,且未奉诏书,是以备因陈奏。旋奉敕谕,令撤回斜路村等处人员,别议立界之地,仰蒙慈照,欣幸无涯。今复奉敕谕定于铅厂山小河立界,谕臣勿恃优待之恩,怀无厌之望,自干国典,臣凛尺天威,弥深木谷。目今铅厂山经广南知府先已设关门、筑房屋、立界碑,臣国边目、土目遵臣严饬,帖然无言。臣竭诚累世,向化圣朝,蒙圣祖仁皇帝柔怀六十余年,今恭逢皇帝陛下新膺景命,如

日方升。且薄海敷天莫非臣土，此四十里地臣何敢介意、有所觖望也？兹荷纶音，晓谕诚切，臣感戴圣恩，欣跃欢忻，惟愿万方拱命，万寿无疆，圣朝千万年太平，臣国千万年奉贡。

雍正帝认为此文"感恩悔过，词意虔恭"，于是"特沛殊恩，将云南督臣查出之地四十里赏赐该国王"，派杭奕禄、任兰枝前往宣谕；至于大小赌咒河是否有别，安南究竟有否侵占中国领土已完全不予追究了。

至此，一场历时四年的边界之争实际已经结束。尽管连鄂尔泰也表示反对："安南国屡行劫夺，曾不数世，故贪顽性成、狡狯习惯，示以恩则逞心，慑以威则伏胆。今明侵占内境，妄意年远难稽，一奉诘问反据为外地，自称屈抑，至敢妄诞放肆，并谓天朝之志书皆不足凭，试思云南现有志书犹不足凭，该国所据以为凭者曾有何事？虽屡柬申诉，并不能明辩一语，则其情伪可知。况既已设关立界，附近小国谁不闻知？今忽见四十里之地仍复还给，是既设之关尚且可退，其并无关隘之处，又谁能理论？臣窃恐附近酋长相率效尤，数十年后必将起衅端，实不敢不虑。"但圣旨已定，只待履行手续了。

得知杭奕禄、任兰枝即将前来"赐地"，安南行文广西巡抚韩良辅，称"感戴天恩，喜逾望外"，并派出范谦益等"迎接天使"。雍正六年五月二十四日，杭、任二人出关，在安南官员陪同下到达公馆。安南方面请以五拜三叩礼迎接敕谕，在这一点上，杭、任二人十分注意维护天朝体面，坚持要等三跪九叩礼，安南方面也不像以往册封、谕祭时那样再加争辩。六月十六日，在三跪九叩的大礼中，杭奕禄宣读了"赐地"敕谕，"赐地"正式生效。

十月十八日，双方划定边界，云南署开化府知府吴世鲲、署开化镇中营游击王无党与安南兵部侍郎阮辉润、国子祭酒阮公寀分别在马白汛外的小河两岸立碑，北岸碑文简述了"赐地"经过，为这次事件画上了一个圆满的句号："从此边陲永固，亿万年蒙休于弗替矣。"南岸的碑文却没有领这份情，仅记载了"安南国宣光镇渭川州界，以赌咒河为据"。

雍正的大度"恩赐"，使云南开化府的南界收缩了一百二十华里，因为地形的差异，一些地段还不止此数。"从此边陲永固"，也只是清朝的一厢情愿，不久临安府南部边争又起。

我们自然不必一味指责雍正，不管史学家如何评价，他毕竟不是一位无所作为的皇帝。但在雍正和当时绝大多数文武官员的心目中，大清国就是"天下"，皇帝就是天下共主，安南和其他国家都是藩属，只是皇帝不愿意直接统治而已，所以既可以将它们的土地收归天朝所有（尽管实际上极少这样做），也不妨将天朝直属的土地赐给藩属，让它们为天朝守土，称为"守在四夷"。正因为天朝的体面和藩属的恭顺比领土更重要，所以在这场争端中，雍正和大臣们关注更多的还是安南的态度。鄂尔泰之所以反对雍正"赐地"的决定，主要还是顾虑安南今后的态度和"附近酋长相率效尤"的后果。而且一旦雍正作出决定，臣工们就只有歌颂圣德的份了。一部中国丧地史中，固然大多是外敌入侵强占的结果，但也不乏天朝大国慷慨大度的赏赐，或者根本不当一回事，以致数量不小的领土就这样莫名其妙地丢失了，甚至怎么丢了也弄不清楚。

这是我们应该永远记取的历史教训。

（本文所用资料均转引自笔者指导的博士生孙宏年君的博士学位论文《中越关系研究（1644—1858）》，主要有：《清世宗实录》《雍正朝汉文朱批奏折汇编》《史料旬刊》所载《雍正安南勘界案》《越史通鉴纲目》等。特此说明，并向孙君致谢。）

十二断片

清：乾隆"肃贪"

在清朝的历史上，尹壮图算不上是什么名人，他虽官居内阁学士、礼部侍郎，却没有什么突出的政绩；但他在乾隆五十五年（一七九〇年）至五十六年初的一段经历却值得读史者重视，至今仍能发人深省。关于此事，《清史稿·尹壮图传》有记载，《清高宗实录》所录上谕更多达十余次，兹径以辑为始末。

原来乾隆皇帝晚年，如发现各省总督、巡抚有错误或不称职的，往往采取罚款的办法，只要交了罚金就万事大吉。尹壮图认为这样做很不得体，于是就上了一疏（为便于阅读，以下引文已译为白话）：

　　督抚们自己犯了错误，皇上圣恩不马上撤他们的职，罚若干万两银子充公，也有督抚自己请求认罚若干万两的。这样做的结果，贪残的官员就以此为借口大饱私囊，就是清廉的也不得不指望下属赞助，以后遇到亏空营私一类重案，难免不会千方百计加以庇护。所以罚银虽然很严，却非但不能使他们感到羞愧和恐惧，反而会滋长无所谓的念头，请永远停止这一做法，将罚款改为记大过若干次。如这些人才识平庸，或者撤职罢官，或者调任京官，不要再让他们担任地方要职。

　　　　　　　葛剑雄写史：中国历史的二十个片断

尹壮图的意见显然并无不当，却在无意中犯了乾隆的大忌。原来当时吏治废弛，腐败成风，贪赃公行，督抚中的贪官污吏比比皆是。乾隆一方面要粉饰太平，所以除非实在掩盖不住，否则对督抚们绝不公开处理；另一方面又要显示自己明察秋毫，对督抚们不时要找些过失。而且由于乾隆挥金如土，国库早已逐渐空虚，让臣下自愿缴纳罚款，既没有横征暴敛的恶名，又增加了"计划外"收入，岂不妙哉！至于督抚们的钱从哪里来，就只能不闻不问了。尹壮图要改变这一做法，不仅断了乾隆的财路，而且等于是要他认错。如果真依了尹壮图的意见，不少督抚就得公开处分，大案要案一多，岂不是向歌舞升平的大好形势和他这位圣明天子脸上抹黑？

刚度过八十大寿庆典的乾隆头脑十分清楚，他知道要堵住尹壮图的口并非难事，要维护自己的光辉形象和国家的大好形势却要费一番心思，至少要先弄清楚尹壮图究竟掌握了多少证据。十一月十九日（一七九一年十二月二十四日），乾隆亲临乾清门听政，下了这样一道上谕：

一些督抚拿了优厚的俸禄，不能尽职，所以给予罚款充公的处分，让他们自己拿出钱来弥补罪过，只是偶然的做法，并没有形成制度。假如有人胆敢乘机向属员摊派，就是贪污徇私，自蹈重罪。要是将他们撤职罢官，或调任京官，名义上是加重处分，实际上反而宽大，他们都得感谢你尹壮图这个建议了。尹壮图恐怕出现这类弊病，要求永远停止罚银的做法，不是没有见地。殊不知朕因为督抚一时找不到合适的人选，所以只要没有犯贪赃枉法的罪行，为爱惜人才起见，不计较他们偶然的过失，从宽处理，照样录用。即使给予罚款，也都留作地方工程公用。这是考虑到督抚俸禄优厚，所犯错误还不到违法的程度，才采用罚款，以示薄惩。……但督抚中可能有人辜负了我的恩惠，昧着良心，以筹措公费为由，向部属伸手，而部属们也乘机摊派搜括以讨好上司，这种人也不能保证没有。……尹壮图既然上了这样的疏，当然必定确有见闻，应该将具体事实报上来。朕必定严加追究，从重处罚，决不稍有姑息。

尹壮图见皇上说了一番不得不如此的苦衷，又是一派虚心纳谏的态度，就将自己的见闻如实上报，殊不知正好落入了乾隆的圈套：

各省的督抚声名狼藉，吏治废弛。我在经过的直隶、山东、河南、湖广、江、浙、广西、贵州、云南等省考察官吏是否贤良，过往客商和当地百姓有一半都皱着眉头，摇头叹息。各省风气，大致都如此。但要问下令摊派或奉迎搜括的人，他们上司和下属之间内部勾结，外面人岂能了解？我只是道路上风闻，就随便写进了奏折，绝不敢轻易指出是谁来。……请皇上选派满洲大臣和我一起去各省秘密调查财政亏空的情况。

　　　　　　　　葛剑雄写史：中国历史的二十个片断

乾隆见引蛇出洞的目的已经达到，而尹壮图又没有掌握督抚们的具体罪证，立即穷追不舍，对尹的批判也开始上纲上线，十二月二十一日下了上谕：

尹壮图的覆奏朕反复看了几遍，并未指实一人一事，仍然只是拼凑一些没有根据的内容，拿空话来搪塞。朕五十五年间任用的督抚很多，凡是不计较他的小缺点而录用的，都是一时没有合适的人选，或者所犯的错误并不是贪污腐败一类触犯刑律的事情，因此才酌情从宽，重新起用。像王亶望、陈辉祖、国泰、郝硕等有贪黩营私劣迹，一经发觉，无不处以重刑，从不稍存宽贷。……至于说经过各省的商民"半皆蹙额兴叹"，竟然好像现在这世上，人民已经活不下去了。朕临御五十五年，对待百姓像子女一样，恩施优渥，四次普免天下钱粮，两次普免各省漕银，补助抚恤，救济贷款，贫穷百姓都受到实惠，这不是家喻户晓的事实吗？有天良的小民，感恩戴德还来不及，何至于"蹙额兴叹"，聚在一起发泄牢骚不满呢？或许这是尹壮图在途中偶然遇到一二受赋役困扰的小民向他陈诉，就应当据实奏闻，朕必定差大臣去调查办理。但这话是从谁那里听来的？在哪里见到过这种情况？也令他据实指出。

尹壮图要求选派满洲大臣，同他秘密往各省盘查亏空，朝廷从来没有这样的制度。况且各省吏治不同，仓库充足的自然不需盘查，即使偶然有亏缺的，一听到钦差起程的消息，早已设法弥补，名义上是盘查，实际上还是有名无实。合计天下州县，不下千余，即使经历数年，也不能全部查遍。其实尹壮图心里也明白，这事是办不到的，不过是自己揣量学问才干都属平庸，在朝廷不能升为侍郎，外放派不到学政，至于尚书、督抚的职位更难梦想，想借此奏折显示才能，或许能侥幸录用，又可借盘查为名，沿途进行恐吓讹诈，希望得到贿赂好处，可以名利兼收，此等居心，岂能逃得了朕的洞察？

朕自登位以来，至今五十五年，寿晋八秩，综览万机，自问勤政爱民，可以说无愧于天下，而天下万民也断不会昧着良心怨恨朕。现在离预定归政（乾隆六十年传位于太子）的时间只有几年了，还恐怕年老偷懒，稍有松懈，只是每天孜孜不倦，来报答上天庇佑的厚恩。每次召见内外大小臣工时，随时征询对朕办事情形的意见，都说朕精神强固，办事日益勤励。若如尹壮图所奏，则大小臣工都是用假话献媚，当面欺罔，而朕五十余年以来，竟是被蒙蔽，对外间一切情形全无照察，最终一无所知了。

让尹壮图将所奏直隶等省亏空在何处，兴叹的商民究竟是什么人，月选官议论某一职位亏空若干又是听自何人传说，一个个指实覆奏。若果然查询得实，朕从不肯让他们蒙混过关，自有办法。尹壮图不可仅用空言假话搪塞，自蹈欺罔的罪过！

此时尹壮图才知道上了乾隆大当，也意识到问题的严重性，他马上写了认罪书，承认自己措词不当，请求皇上治罪。但乾隆却不肯就此罢休，而是要充分利用这个跳出来的反面教员，在二十三日又下了上谕。

他首先指责尹壮图提这样的建议是为了讨好各省督抚，然后对尹的言词严加驳斥："若谓普天之下，岂不堪命，竟至疾首蹙额，怨及朕躬，则断断无此情理，朕不肯受其咎。"接着他历数"我朝自定鼎以来，深仁厚泽，浃洽人心"的事实，从世祖（顺治）、圣祖（康熙）、皇考（雍正）的德政，一直说到自己的励精图治，认为这些不但是胜国（明朝）所无，"即上溯三代，下迄宋元，亦复罕有伦比。""尹壮图于朕爱民勤政之意，懵然罔察，忍为此蹙额兴叹之语，几于摇惑人心，岂伊自外生成，独非大清之民乎？"简直是自绝于人民！

乾隆又以近日各省来京告状的人增多为例，说明这是由于平日爱民如子，连民间一些鸡毛蒜皮的争执也不容稍有冤枉，所以才会有那么多人来申诉，以至有人说他对此等小民"不啻如慈父之养骄子者"，"愚民感激深恩，尚能咸喻朕意，尹壮图身为大员，曾乡曲小民之不若矣！"

于是乾隆命户部侍郎庆成（满族人）带了尹壮图到山西省"切实盘查"，如有亏缺就治地方官的罪，"若所盘查仓库毫无亏缺，则是尹壮图以捕风捉影之谈，为沽名钓誉之举，不但诬地方官以贪污之罪，并将天下亿兆民人感戴真诚，全为泯灭，而朕五十五年以来子惠元元（将百姓当作子女）之实政实心，几等于暴敛横征之世。试令尹壮图清夜扪心，亦何忍为此耶？"他下令将"朕办理庶务之苦心及尹壮图莠言乱政之处"布告天下。爱憎分明的大臣们立即上书，要求将尹壮图撤职查办。可以肯定，全国大小臣工声讨尹壮图的滔天罪行，歌颂乾隆勤政爱民，洞察一切的奏章会像雪片一样飞向北京。乾隆却坚持让"事实"说话，对尹壮图不作组织处理，让他以高级官员的身份到各处"任意盘查"。

其实尹壮图盘查的结果已不问可知了。且不说各省地方官已有了充分准备的时间，要是真的给尹壮图查出什么问题，岂不辜负了皇上"办理庶务之苦心"，与"尹壮图莠言乱政"同流合污了吗？在这样的大是大非面前，地方官绝不会有半点含糊。到达大同后，果然仓库"丝毫并无短少"，所储粮食"石数亦属相符"，查不出任何问题，尹壮图只得覆奏皇上，承认自己"陈奏不实之咎，百喙难辞，恳即回京治罪"，但也申辩是出于"戆愚"，"冒渎圣听"，并说现在"昼夜赶程，诚恐偶冒霜露之疾，不能平安回京，以受朝廷处治，转非为臣之体"，请求让他早日回京接受处罚。

十二月初三，乾隆下了第四道上谕，指责尹壮图名义上认错，实际在造成他是"抗疏铮谏，朕不能容受直言"的假象，"居心巧诈，殆不可问"。他说尹壮图因为升不了官，又不能外放当学政多拿些养廉银，才采用这种手段，但奏疏中错别字不少，岂能担当教育士子的重任？还发挥充分的想象，如让尹壮图盘查到淮扬一带，盐商们害怕钦差大臣的声势，必定会大加贿赂，尹壮图就能名利双收了。这类伎俩就是庸主也不会受骗，"若朕烛照所及，情伪周知，小人心术，早已洞见肺肝"。尹壮图当我是什么人，敢用这等伎俩在我面前尝试吗？尹壮图要盘查外省仓库，是他自己的请求，虽然他也承认"大同如此，太原可知"，但他奏折内所指不止山西，"一省查无亏缺，恐不足以服其心，尚当前往山东及直隶正定、保定等处"。

同日，乾隆传谕军机大臣：庆成是钦差大臣，应按规定开支出差费，尹壮图是自愿去盘查，给他提供驿马（交通工具）已是格外开恩了，不能再给出差费。但他是穷书生，带的盘费大概不会多，如果不够用，可以让庆成在出差费和差役的口粮中酌情分一些给他。乾隆怕尹壮图过于紧张，要在路上有个三长两短，这场运动就搞不下去了，因此又要庆成转告："尹之谬妄之处，固难辞咎，然究系愚昧无知，其罪断不至死，亦不值治以重罪"；要他配合，继续盘查下去，以便"折服其心，无可借口"。尹壮图的奏折中曾提到，认罚最多的督抚所得养廉银，除应酬之外还有结余，钱是从哪里来的？又如何筹措那么多罚款？乾隆说山西巡抚书麟就是认罚的人，让庆成带着尹壮图，当面向书麟问问清楚。又通知直隶、山东、江、浙等省，如果尹壮图去盘查，只供应驿马，而庆成等应按例提供出差费。

在这道上谕收到之前，庆成已带领尹壮图回京。十二月初九，乾隆又发出上谕，令他们速回太原，务必当面向书麟调查，然后去正定、保定，再去山东济南，由旱路去江南等省。最后又指出尹壮图在前两次奏折中，将"桀骜"写成"傑骜"，将"孟浪"写成"梦浪"，新收到的奏折中又有错别字。同时断定尹壮图之所以会说各州县都有亏空，是因为往来各省时曾向地方官打秋风，地方官为找借口敷衍，就说有亏空。"此系外官常有陋习，而尹壮图遂信以为实，冒昧入告，又可借盘查为名，需索吓诈，其居心卑鄙，即此可见，安能逃朕洞察耶？"

尹壮图赴太原后上奏，书麟说历年积存的养廉银交罚款绰绰有余，何必再想其他办法。他承认自己说话"过当"，"业已倾心帖服，可否恳恩，即令回京待罪？"乾隆于十二日通过军机大臣传谕，让尹壮图继续去山东、江南。

十五日，乾隆又让军机大臣传谕，重申令尹壮图继续盘查各省。

尹壮图在山东上奏，"经过州县地方，百姓俱极安帖。随处体察，毫无兴叹情事。"二十八日，乾隆令军机大臣传谕，让尹壮图无论如何也得找出二三个来，不能支支吾吾，含糊其词。乾隆又发现了新的问题：尹壮图由北京丁忧回籍云南，只应该经过直隶、河南、湖广、贵州等省，怎么会经过江、浙、广西各省？自然故意绕道各处，与地方官交往，以便打秋风，必须老实交代。

事到如今，尹壮图知道再也不能为自己辩护，就直截了当承认自己捏造事实，欺骗皇上，请求治罪。大概乾隆觉得这场用"事实"来说话的批判运动还没有进行到底，下令他们按原计划查到江南，果然苏州的布政使库也毫无亏空。

五十六年正月初十，乾隆发表长篇上谕，指出原来任尹壮图为内阁学士，只是因为云南没有大员，才破格予以提拔，要说他的才干学问，当阁学已必侥幸，还想往上爬，"其希荣卑鄙之念，朕早已灼见其肺肝"。但对他这种"天良尽泯"的无稽之谈"不可不辨"，为此乾隆历数康熙、雍正和自己的政绩，从古代至明朝，只有汉文帝曾免过百姓一半田租，史官已传为美谈，从未如本朝再三再四普遍免除钱粮。尹壮图的话"不特诬及朕躬，并将亿兆黎民爱戴悃忱，全为泯灭，故不得不将朕子惠元元之实政实心，一一为剖析"。康熙、雍正年间，虽然法规严明、吏治整饬，但还是不免出了不少贪官奸臣，现在"纪纲整肃，内外大臣实无敢有营私玩法者"。"各省督抚，当此吏治肃清之际，即有不肖之心，亦必默化潜移，岂敢以身试法？"督抚们至多只让下面采买些果品，而受到尹壮图指责的书麟、长麟二人连这样的事也从未有过。尹壮图举不出任何事实，"有心欺罔，其咎实不可宽宥矣"。不仅如此，乾隆还发现尹壮图居然将年过七十岁的老母留在故乡，既然不能将老母接来北京，就应辞职回乡供养，"乃竟恋职忘亲，弃之不顾，尚得谓之人类乎？尹壮图不但无君，而且无亲，人伦丧失，岂可忝居朝列，玷辱缙绅？尹壮图着革职，交与庆成押带来京，交刑部治罪"。

押回北京后，尹壮图被解往刑部受审。正月十八日，乾隆谕军机责令尹壮图对要害问题逐一交代。二十日的一道上谕又着重指出，各省藩库存银数十百万两，不可能在钦差到达前的短时间内弥补巨大亏空，现在事实证明，山西、直隶、山东、江苏四省藩库毫无亏空，对四省布政使给予表彰提升。而在大学士九卿会同审讯下，"尹壮图俯首认罪，将希荣卑鄙、饰词谎奏各实情，逐一供吐"。如此"乖谬不敬，忠孝两亏"的弥天大罪自然会激起大学士、九卿的一致义愤，他们秉公执法，按照"挟诈欺公，妄生异议律"(制造假象欺骗政府，故意提出非法建议的罪名)问拟斩决，将尹壮图判处死刑，上报乾隆。

二月初四，乾隆对此案作了总结。他充分肯定群臣的正确立场，认为尹壮图即使不马上处决，也应该发配伊犁，以示惩戒，要是他还让尹官居原职，"不特无以安天下百姓之心，而朕亦转类矫情矣"。接着他以唐太宗与魏征的关系为例，具体说明了对"矫情"的态度：

> 　　以往唐太宗对待魏征，徒然以金帛作赏赐，博得纳谏的名气，其实并不是虚心听取意见。试想如果唐太宗果然从谏如流，魏征果然直言无隐，那么太宗缺德的事很多，就是他娶弟弟巢剌王（李元吉）的妃子，为何不听到魏征直言谏阻呢？当时君臣之间，争相作伪，不能互相以诚相待，而竟然能博得千载美名。朕一向不以为然。朕办理庶务，一秉大公至正，从来不肯弄虚作假以博取声誉，而对有罪臣子的处理，完全做到既宽大又公允。

　　他宣布：尹壮图的罪行"原难竟予从宽"，"然朕孜孜求治，兢惕为怀"，以前彭元瑞献上《古稀颂》，其中提到应该把歌颂视为规劝；现在尹壮图胡说八道，也不妨将他的诽谤当做规劝，所以不值得一下子处以重罪，对他特别开恩，免以刑事处罚，降为内阁侍读，但属革职留任，八年内没有过失，方能复职。

　　乾隆对尹壮图的处置颇能体现思想批判从严，组织处理从宽原则，将本来属于"敌我矛盾"的事当做"内部矛盾"处理。尹的处境颇似"帽子拎在群众手里"，八年之内如不安分守己是随时可以重新戴上的。乾隆下令将他对这一事件前因后果所作的深刻论述和英明决断的有关文件汇集起来，布告全国，让广大臣民都明白。

因内阁侍读并无缺额，尹壮图被安排为礼部主事，从副部级降为司局级。乾隆大概忘了曾经将尹壮图"恋职忘亲"斥为"人伦丧尽"，居然让他继续与母亲分离。倒是尹壮图知趣，以侍奉老母为由，辞职回乡去了。

本来，臣子给皇帝提了不合口味的意见，注定是不会有好下场的。清朝大臣因此而被充军到伊犁（今新疆）的，发遣到宁古塔（今黑龙江）的，以至被杀的并不少见。乾隆对尹壮图要采取如此特殊的方式，自然是有其深意的，或许是受了其父雍正皇帝的影响。当年雍正在审讯曾静、张熙、吕留良案时获悉民间流传他篡权夺位时，并不是将曾静等一杀了事，而是启发曾静的觉悟，让他写了《归仁录》，连同雍正的有关上谕、审讯时的问话与口供编为《大义觉迷录》刊行，并发至各州县学，向臣民宣讲。曾静、张熙也被宽大释放（吕留良已死）。雍正的目的，无非是希望通过这本书来证明自己从未篡权夺位，通过对曾、张的宽大来表明自己问心无愧和宽宏大量。乾隆逼着尹壮图到各省盘查，让尹自己承认别有用心造谣生事的罪行，再宽大处理，当然也是为了证明自己的勤政爱民、官吏的清明廉洁和百姓的安居乐业。有了尹壮图这个反面教员，就不会再有第二个尹壮图跳出来，看来乾隆达到了目的。

尹壮图获得宽大的原因，也在于他对乾隆的积极配合。他不仅及时认罪，还一次次"如实"报告沿途见闻："目击各省库项丰盈，他储充足，并无丝毫短缺，而往来数千里内复见商贾士民安居乐业，共享升平，实无地方官滋扰之事。""所过淮、扬、常、镇，以及苏州省会，正当新年庆贺之时，溢巷摩肩，携豚沽酒，童叟怡然自乐，并未闻有官吏滋扰之事。"他对大学士九卿的交代肯定相当彻底，将自己的罪行"实情"一一招供。要是尹壮图不识时务，一味对抗，这幕戏固然会演不下去，他的下场也就不会如此平安。另一方面，或许乾隆真的不得不发动一次规模更大的政治运动，清查出一个不大不小的反对派集团，刊行一本新的《大义觉迷录》，在全国开展大宣讲，使臣民们深刻体会大清的深恩厚泽和当今皇上的丰功伟业，认识歌舞升平的大好形势。

不过乾隆并没有取得完全胜利，至少没有取得自己的继承人嘉庆皇帝的认同。就在他以太上皇身份归天的次年，刚亲政的嘉庆就将乾隆宠信的权相和珅撤职下狱，逼令自杀；次年召尹壮图进京，重新起用。至此，乾隆晚年煞费苦心维持的"太平盛世"，包括这起尹壮图上疏事件的真相如何，已不言自明了。

图书在版编目(CIP)数据

　　葛剑雄写史:中国历史的二十个片断/葛剑雄著
. —上海:上海书店出版社,2022.3(2024.10 重印)
　　ISBN 978 - 7 - 5458 - 2140 - 6

　　Ⅰ.①葛…　Ⅱ.①葛…　Ⅲ.①历史事件-中国-古代
Ⅳ.①K220.5

　　中国版本图书馆 CIP 数据核字(2021)第 267380 号

责任编辑　俞诗逸　张　冉
封面设计　汪　昊

葛剑雄写史——中国历史的二十个片断
葛剑雄　著

出　　版　上海书店出版社
　　　　　(201101　上海市闵行区号景路 159 弄 C 座)
发　　行　上海人民出版社发行中心
印　　刷　苏州市越洋印刷有限公司
开　　本　890×1240　1/32
印　　张　10.125
字　　数　220,000
版　　次　2022 年 3 月第 1 版
印　　次　2024 年 10 月第 6 次印刷
ISBN 978 - 7 - 5458 - 2140 - 6/K · 433
定　　价　68.00 元